건전한 진로인식과 자아형성을 위한

유아진로교육

이경민 | 동명유치원

career education for young children

양성원

머리말

우리가 살아가는 사회는 지속적으로 변화하고 있다. 1,2,3차 산업혁명을 넘어 이제는 4차 산업혁명시대에 살고 있다. 인공지능(AI)과 로봇 등의 기술발전은 우리 사회를 변화시키고 우리의 일과 직업의 형태도 변화시키고 있다. 2016년 다보스 포럼에서는 2020년까지 인공지능과 로봇의 등장으로 기존의 일자리 710만 개가 소멸되고 새로운 일자리 200만 개가 창출될 것으로 예상하였다. 이렇듯 빠르게 변화하는 사회 속에서 더 이상 '평생직장'이라는 말은 존재하기 어렵게 되었고 '평생 직업시대', '평생 다(多)직업시대'라는 말이 더 적합하게 되었다. 현대사회에는 이미 약 2~4만여 종의 직업 분화가 이루어졌고, 또 앞으로도 직업의 분화 및 변화 추세는 더욱 복잡해질 것으로 예상된다. 또한 일부 미래학자들은 21세기에는 현존하는 직업의 50%가 없어지고 새로운 직종이 생겨나며, 존속하는 직종의 경우도 일의 방법이 많이 바뀔 것이라 예측하였다. 이처럼 직업은 살아 있는 생물과 같이 서슴없이 탄생, 발전, 퇴보, 소멸 등의 과정을 진행하고 있으며, 이러한 변화는 개인에게 뚜렷한 직업관의 형성, 직업적 적응능력, 자기 획득적인 직업선택능력을 요구하고 있다.

이러한 시대적, 사회적 요구에 따라 우리나라는 2015년 「진로교육법」이 시행되면서 초등학교와 중 · 고등학교에서 진로교육이 의무화되었으며 교육부는 각 학교급별 진로교육의 목표와 내용을 제시하였다. 그러나 아쉽게도 유아기의 진로교육은 여기에 포함되어 있지 않다. 또한 아직까지는 진로교육을 직업교육이라고 인식하는 경향이 많아 유아에게 진로교육은 너무 어렵다는 생각을 많이 하는 것도 사실이다. 그렇다면 유아기에는 진로교육을 하지 않아도 되는 것일까? 결론은 아니다. 진로교육이 유아기부터 시작되어야 한다는 학자들의 이론뿐 아니라 진로교육은 요람에서 무덤까지 평생교육의 개념으로 접근하여야 하며 그 시작은 유아기부터라는 주장과 연구들이 지속적으로 이루어지고 있다. 또한 유아교육과정인 누리과정에도 진로교육이라는 용어를 직접 사용하고 있지는 않지만 진로교육의 목표와 내용이 상당부분 포함되어 있다. 따라서 유아교육에서는 교육과정 안에서 직·간접적으로 진로교육이 이미 실시되고 있다고 할 수 있다.

유아기는 전인적 발달의 기초를 형성하며 올바른 가치관과 인생항로의 초석을 마련하는 시기로서 직업의 중요성, 직업의 다양성을 인식하여 미래의 직업에 대한 희망과 꿈을 키우기에 가장 기초적인 시기이다. 이 시기는 자기에 대한 인식이나 일과 직업 세계에 대한 인식과 태도, 의사결정의 기초를 형성하며, 유아기에 형성된 직업에 대한 개념과 태도는 이후 진로발달단계의 기초가 된다.

따라서 진로교육에서 유아기가 갖는 중요성과 유아의 발달적 특성을 고려할 때 진로교육은 유아기 때부터 실시할 필요성이 있다. 그러나 아직까지 유아를 위한 진로교육의 목표, 내용, 방법 등이 제대로 정립되어 있지 않기에 저자들은 유아에게 적합한 진로교육의 목표와 내용을 체계화하고 유아교육현장에서 실천 가능한 진로교육 방안들을 본 책에 담아내려고 노력하였다.

이 책은 크게 9개의 장으로 구성되어 있다. 1장부터 6장까지는 이론편으로 유아진로교육의 기본개념과 관련 이론, 목표, 내용 등을 다루고 있다. 1장은 '현대사회와 유아진로교육'으로 진로교육의 개념과 특징, 유아와 진로교육을 다루고 있다. 2장은 '진로발달이론'으로 Ginzberg, Super, Tuckman의 진로발달이론의 주요개념과 그 이론들이 유아기 진로교육에 주는 시사점 등을 다루고 있다. 3장은 '유아진로교육의 목표와 내용'으로 유아기에 적합한 진로교육의 목표, 내용을 다루면서 유·초연계 차원에서 초등학교 진로교육의 목표와 내용도 함께 비교·분석하였다. 4장은 '유아진로교육과 누리과정'으로 누리과정 속에 포함되어 있는 유아진로교육의 목표와 내용을 분석하였다. 5장은 '유아진로교육 방법'으로 유아진로교육의 교수–학습방법과 다양한 유아진로교육 접근법을 소개하고 있다. 6장은 '유아진로교육과 가정연계'로 가정연계를 통한 유아진로교육의 필요성과 운영방안 등을 다루고 있다. 7장부터 11장까지는 실제편으로 유치원에서 1년 동안 현장교사들과 함께 유아진로교육 프로그램을 계획, 실행, 평가하는 과정을 통해 현장에서 진로교육을 운영하기에 적절하고 효과적이었다고 검증된 접근법과 활동들을 실었다. 7장은 '그림책을 활용한 유아진로교육의 실제', 8장은 '역할놀이를 통한 유아진로교육의 실제', 9장은 '현장체험학습을 통한 유아진로교육의 실제', 10장은 '통합적 접근을 통한 유아진로교육의 실제', 11장은 '가정연계를 통한 유아진로교육의 실제'를 담았다.

이 책은 유아가 자신과 일에 대한 인식과 긍정적 가치를 형성하고 다양한 일과 직업에 대한 탐색과 체험을 통해 자신의 진로를 개척하고 민주시민의 기초를 형성하며 공동체 발전에 기여하는 사람으로 성장하기 위한 기초를 기르는 것을 목표로 구성된 것이다. 따라서 유아교육현장에서 진로교육뿐 아니라 사회성교육, 창의 · 인성교육, 리더십교육에도 활용하면 도움이 될 것이다.

마지막으로, 이 책을 집필하는 데 도움을 주신 삼성유치원, 삼평유치원, 한국유치원, 호성초병설유치원, 홍하유치원과 김희정, 위정임 선생님께 감사드린다. 아울러 책이 나올 수 있도록 수고해 주신 양성원 강철원 사장님과 편집부 여러분께 감사를 전한다.

2017년 2월

저자 일동

차 례

PART 01

이론편

PART

01

이론편

Chapter

01

현대사회와 유아진로교육

1. 진로교육의 개념과 특징

2. 유아와 진로교육

우리가 살고 있는 현대사회는 사회 · 경제적 패러다임이 산업사회에서 지식기반 경제사회를 넘어 창조기반 경제사회로 급속하게 변화하고 있다. 급변하는 경제, 사회적 변화에 현명하게 대처하기 위해 개인의 적성과 능력에 따라 진로를 탐색하고 추구하여 자아실현을 돕는 데 목적을 둔 진로교육은 필수적이다. 특히 유아기 진로교육은 진로인식단계에 있는 유아들에게 진로에 대한 기본개념과 태도를 형성하는 것을 돕고 이후에 이루어질 진로교육의 기초가 된다는 점에서 매우 중요하다. 따라서 이 장에서는 진로교육의 개념과 특징을 살펴본 후 유아와 진로교육에 대해 알아보고자 한다.

1. 진로교육의 개념과 특징

1) 진로교육의 개념

우리는 급변하는 세계화, 정보화 시대에 살고 있다. 이러한 변화는 우리의 생활환경, 삶의 방식, 직업에도 영향을 주고 있다. 예전에는 직업의 종류가 다양하지 않아 한번 직업을 갖게 되면 평생 그 직장에서 일하는 것이 일반적이었으며 성공적인 삶을 위한 진로선택의 폭이 한정적이었다. 그러나 현대사회에는 직업이 점차적으로 세분화되면서 자신의 재능과 적성에 따라 진로선택의 폭도 넓어져 다양한 직업선택이 가능해지면서 '평생 한 직장시대'라는 말 대신 '평생 직업시대', '평생 다(多)직업시대'라는 말이 더 적합하게 되었다. 현대사회에는 이미 약 2~4만여 종의 직업 분화가 이루어졌고, 앞으로도 직업의 분화 및 변화 추세는 더욱 복잡해질 것으로 예상된다(유흥준, 2000). 또한 일부 미래학자들은 21세기에는 현존하는 직업의 50%가 없어지고 새로운 직종이 생겨나며, 존속하는 직종의 경우도 일의 방법이 많이 바뀔 것이라 예측하였다. 이처럼 직업은 살아 있는 생물과 같이 서슴없이 탄생, 발전, 퇴보, 소멸 등의 과정을 진행하고 있으며(한국고용정보원, 2009), 이러한 변화는 개인에게 뚜렷한 직업관의 형성, 직업적 적응 능력, 자기 획득적인 직업선택력을 요구하고 있다. 하지만 수많은 직업이 존재하는 현대사회에서 자신의 적성과 흥미, 소질 등을 정확히 파악하여 원하는 진로를 선택하는 것은 매우 어려운 일이다.

현대산업사회를 살아가는 대부분의 사람들에게 진로문제가 절실하게 요구됨에도 불구하고, 오늘날 학교교육이 이에 제대로 대응하지 못하고 있다. 학생들에게 일과 직업 세계와 관련된 자아인식의 능력을 길러주지 못하고 오로지 주입식 주지교육에만 치우쳐 있어 사회 및 직업생활 준비의 적응문제가 심각하다. 각 대학의 신입생 실태보고서에 따르면 50~60%에 이르는 학생이 고3 이후에 학과 등을 선택하였으며(임연정, 2011), 한국직업능력개발원(2012)이 초 · 중 · 고 재학생 2만 4천 명을 대상으로 장래희망 직업조사를 실시한 결과에 의하면 초 · 중 · 고생이 공통으로 선호하는 장래직업은 교사, 연예인, 의사로 돈을 많이 버는 직업을 원하고 있는 것으로 나타났다. 이는 학생들 스스로 자신의 소질과 적성을 일찌감치 인식하고 그에 따라 자신의 진로를 설계하고 추진하는 과정이 원활하지 못함을 의미하며, 학생들이 각자의 재능과 소질, 적성을 살리기보다는 인기직업이나 돈을 많이 버는 직업에 대한 쏠림 현상이 강하다고 할 수 있다.

학생들에게 일과 직업에 대한 올바른 가치관이나 태도 및 윤리의 형성이 요구되나, 학생들이 인생의 목표 설정과 직업선택에 있어서 유연성과 다양성은 부족한 실정이다(김충기 외, 2011). 최근 불확실성의 증대, 고용불안, 청년실업의 증가 등과 같은 사회적 상황이 만들어내는 이러한 개인적 · 사회적 문제를 해결할 수 있는 하나의 방법으로 기대되면서 학교현장에서 진로교육의 중요성이 강조되고 있다(정철영, 2011).

과거에는 한 직업을 평생 고수하는 경우가 많았기 때문에 진로를 직업과 동일어로 취급하였지만 현대에는 과학 기술의 발달과 사회의 변화에 따라 직업의 종류가 다양해지고 그 직무 내용과 기능이 많이 변화되면서 진로와 직업의 구별이 필요해졌다. 진로는 career를 번역한 용어로 직업보다 더 넓은 의미를 갖는다. career의 어원은 '수레가 다니는 길을 따라간다' 는 뜻을 가진 carro에서 유래한 것으로 사전적 의미(국립국어원, 2016)는 '앞으로 나아갈 길'이다. 따라서 현대에 와서는 직업이 다양화되고 일생을 통해 여러 직업을 선택할 수 있는 가능성도 넓어짐에 따라 진로는 직업에 국한

되지 않고 일생을 통해 살아가는 방향이라는 넓은 의미로 사용하게 되었다(서울대학교 교육연구소, 2004).

'진로'란 생애 전반에 걸쳐 이루어지는 일과 관련된 모든 활동(한국고용정보원, 2008)의 총체적 개념으로 직업을 포함하여 개인이 일생동안 하는 일 전체를 포괄하는 개념으로 인식하게 되었으며, 오늘날 직업은 과거와 달리 생계의 수단보다는 사회봉사 및 자아실현을 위한 수단으로 더 중요한 의미를 갖게 되었다(이세나 · 최미화 · 서강석, 2009). 따라서 진로(career)란 '개인의 직업상 그리고 퇴직 후의 생활까지 포함한 인생 전반에 걸친 주요 경력의 과정'을 의미하는 것이다(장석민, 1986).

진로교육(career education)은 1970년대 이후 21세기를 향한 새로운 사회발전이 요구하는 교육의 방향을 개념화한 용어로, 그 이전에는 직업교육이란 말이 일반적으로 쓰였다. 직업관의 변화에 따라 진로교육의 개념도 변화하고 있다. 과거에는 직업을 생계유지의 수단으로 보았기 때문에 진로교육도 직업을 선택하고 선택한 직업 세계에 들어가 적응할 수 있도록 하기 위해 그 직업에서 요구하는 지식이나 기술, 기능을 배우게 하는 데 초점이 있었으나 점차 직업을 자아실현의 수단으로 보는 관점으로 변화함에 따라 진로교육은 직업교육보다 포괄적이고 현대적인 개념으로 직업을 통해 개인의 자아를 실현할 수 있도록 하는 인간교육 관점으로 바뀌고 있다(김충기 외, 2011).

진로교육에 대한 개념은 학자나 기관에 따라 다양하게 정의되고 있다. Tayler(1972)는 진로교육을 "학생들이 그들의 삶에 대하여 적절한 결정을 내리고 그들의 역할을 수행할 수 있는 능력을 배양하도록 돕기 위한 체계적이고 종합적인 과정"이라고 정의하였고, Evans(1973)는 진로교육을 "개인이 자신의 진로를 현명하게 선택하고 선택한 진로에서 계속적으로 발달할 수 있도록 돕는 교육적 작용"이라고 하였다. Bailey와 Stadt(1973)는 "진로교육이란 개인이 만족스럽고 생산적인 삶을 누릴 수 있도록 진로에 대한 방향을 세우고 선택하며, 그에 대한 준비를 하고 선택한 진로에 들어가 계속적인 발달을 꾀할 수 있도록 돕기 위하여 제공되는 일체의 경험"으로 정의하였다. Hoyt(1974)는 진로교육을 "일 지향적인 사회가치에 친숙케 하여 이 가치들을 자신의 인성적인 가치세계 속으로 통합하여 일을 통해 보람과 만족을 느끼는 삶을 살도록 조력하는 공교육"이라고 정의하였다.

서울대학교 교육연구소(2004)는 "진로교육은 개인의 진로선택, 적응, 발달에 초점을 둔 교육으로, 각 개인이 일의 세계를 인식 및 탐색하여 자기에게 적합한 일을 선택하고, 선택한 일을 잘 수행할 수 있도록 취학 전부터 시작하여 평생 학교, 가정, 사회에서 가르치고, 지도하고, 도와주는 활동의 총칭"이라고 정의하였다. 한국진로교육학회(2011)는 "진로교육이란 현명한 진로선택과 진로발달을 통하여 생산적 사회 구성원으로서 그리고 행복한 개인으로서 삶을 살 수 있도록 성장을 돕는 교육의 과정"이라고 규정하였다. 김충기 등(2016)은 "진로교육이란 청소년들이 자신의 적성, 흥미, 능력에 따라 적절한 진로를 찾고, 그에 필요한 지식과 기능, 태도를 배워서 적응과 발달을 꾀하도록 돕는 종합적인 교육활동"이라고 하였다.

여러 학자들과 기관들의 관점들을 종합해 보면 진로교육이란 개인이 행복한 삶을 살 수 있도록 자신의 진로를 현명하게 선택하고 지속적으로 발달시킬 수 있도록 돕는 교육과정이라 할 수 있다.

2) 진로교육의 특징

다양한 정의들을 중심으로 진로교육이 갖는 특징을 살펴보면 다음과 같이 다섯 가지로 정리할 수 있다.

첫째, 진로교육은 평생교육 차원의 접근이다

진로교육은 '요람에서 무덤까지' 라는 말이 있다. 이는 진로교육이 특정 시기에 한정된 것이 아니라 인간의 전 생애에 걸쳐 이루어져야 함을 함축한 말이다. 진로발달과정은 어느 한 시점에서 이루어지는 일회적인 과정이 아니라 유아기부터 노년기까지 연속된 발달과정이며, 특히 유아기에 형성된 직업에 대한 태도와 개념은 진로발달의 이후 단계에 기초가 된다(정철영, 2011). 따라서 진로교육은 인간의 전 생애에 걸쳐 이루어지며 삶에 지대한 영향을 미친다는 점에서 유아기까지 포함하여 모든 발달단계에서 체계적으로 수행되어야 할 생애교육이다.

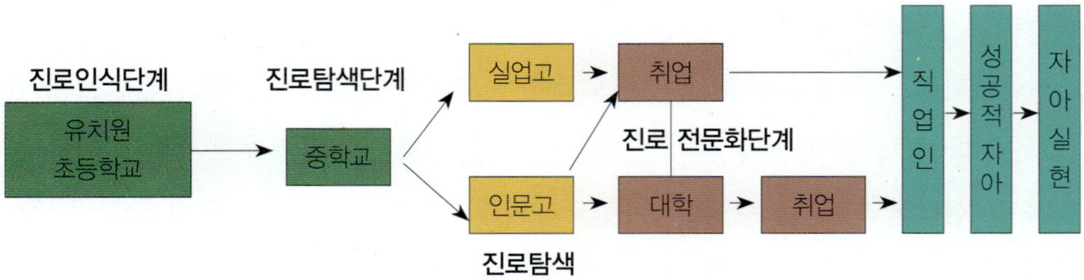

[그림 1-1] **진로교육의 단계모형**(김충기 외, 2011, p.209.)

둘째, 진로교육은 개인의 진로선택, 적응, 발달에 초점을 둔 교육이다

진로교육은 개인이 자신의 진로를 현명하게 선택하고 선택한 진로에 적응하고 발달할 수 있도록 돕는 것에 초점을 둔 교육(Evans, 1973)으로, 각 개인이 자기 자신의 일의 세계를 인식 및 탐색하여 자기에게 적합한 일을 선택하고, 선택한 일을 잘 수행할 수 있도록 취학 전부터 시작하여 평생 학교, 가정, 사회에서 가르치고, 지도하고, 도와주는 활동을 총칭한다(서울대학교 교육연구소, 2004). 이처럼 진로교육은 한 개인의 생애 직업 발달과 과정 내용을 가리키는 포괄적인 용어로써 자신의 흥미, 적성, 능력에 따라 적합한 진로를 찾고, 그에 필요한 지식과 태도 그리고 기능을 배워 적응과 발달을 이루도록 돕는 종합적인 교육활동(김충기, 2001)이라고 볼 수 있다.

셋째, 진로교육은 역할수행능력을 배양하도록 돕는 것이다

진로교육은 학생들이 삶에 대해 적절한 결정을 내리고, 그들의 역할을 수행할 수 있는 능력을 배양하도록 돕기 위한 체계적이고 통합적인 교육과정이다(Taylor, 1972). 하루가 다르게 변화하는 복잡 다양한 미래사회를 살아갈 아동들에게 의도적이고 체계적인 교육을 통해 아동들이 자신의 진로를 인식, 탐색할 수 있도록 도와주고 보다 합리적으로 자신의 진로를 현명하게 선택, 결정할 수 있도록 조력자 역할을 함으로써 미래 아동들이 자신의 역할을 잘 수행할 수 있는 능력을 기르도록 도와주는 통합적인 교육활동이다(김성실, 2003).

넷째, 진로교육은 행복한 개인으로서의 삶을 살 수 있도록 성장을 돕는 교육과정

이다

진로교육이란 현명한 진로선택과 진로발달을 통하여 생산적 사회구성원으로서 그리고 행복한 개인으로서 삶을 살 수 있도록 성장을 돕는 교육의 과정이다(한국진로교육학회, 2011). Bailey와 Stadt(1973)는 '진로교육이란 개인이 만족스럽고 생산적인 삶을 누릴 수 있도록 진로에 대한 방향을 세우고, 선택하며, 그에 대한 준비를 하고, 선택한 진로에 들어가 계속적인 발달을 꾀할 수 있도록 돕기 위하여 제공되는 일체의 경험'으로 정의하였다. 따라서 진로교육은 개인의 장래 생활을 만족할 수 있고 풍요롭게 지도해 줌으로써 선택한 진학 및 취업에 들어가서는 자신의 잠재력을 최대한 발휘하여 주어진 환경에 적극 적응하여 삶의 보람과 긍지를 느끼며 저마다의 행복한 인생을 누릴 수 있도록 도와주는 조직적이고 체계적인 교육활동 프로그램이다(김충기, 2005).

다섯째, 진로교육은 개인의 자아실현을 돕는 것이다

21세기는 세계화, 정보화의 시대이자 개성과 창의성 및 전문성이 최고로 강조되는 시기이다. 이러한 점에서 인간은 누구나 행복한 삶을 영위하기 위하여 개인의 소질과 적성을 살린 만족한 직업생활을 통한 자아실현의 꿈을 달성하고자 한다(정문성, 2007). 진로란 한 개인의 삶으로서 일과 관련된 인생행로이자 구체적으로는 한 개인이 가지는 직업의 총체로, 진로교육은 개인의 적성과 능력에 따라 진로를 탐색하고 추구하여 자아실현을 돕는 데 목적을 둔다.

2. 유아와 진로교육

1) 유아진로교육의 개념과 특성

인간은 누구나 행복한 삶을 살기를 원하며, 궁극적으로 자기의 소질과 적성을 살려서 만족한 직업생활을 통해 자아실현의 꿈을 달성하고자 한다. 진로교육은 이러한 인간의 꿈을 실현하기 위해 누구나 가지고 있는 잠재능력을 개발하여 자기의 소질, 적성, 능력, 인성에 알맞은 방향으로 살아갈 수 있도록 이끌어주는 것이며, 유아교육도 유아들이 미래상황에 잘 적응하고 주도할 수 있도록 인격형성을 돕는 제반 교육활동의 과정으로서 미래의 삶을 준비하는 과정이므로 별개의 것이라 할 수 없다.

진로발달은 삶의 어느 한 시점에서 이루어지는 일회적인 발달과정이 아니라 유아기부터 시작하여 아동기, 청소년기, 성인기, 노년기까지 일련의 의사결정과정과 관련된 연속된 발달과정으로 볼 수 있다(정철영, 1997). 유아기에 이루어지는 진로교육은 유아들이 미래 생활을 준비하고 적응하는 데 도움을 주는 평생교육의 연장선이라고 볼 수 있기 때문에 매우 중요한 의미를 갖는다(양계숙, 2004). 따라서 유아기부터 진로교육을 통해 지속적인 진로발달을 이루어가는 것이 중요하다. 특히, 유아기는 전인적 발달의 기초를 형성하며 올바른 가치관과 인생항로의 초석을 마련하는 시기로서 직업의 중요성, 직업의 다양성을 인식하여 미래 직업에 대한 희망과 꿈을 키우기에 가장 기초적인 시기이다. 이 시기는 자기에 대한 인식이나 일과 직업 세계에 대한 인식과 태도, 의사결정의 기초를 형성하며 이 시기에 형성된 직업에 대한 개념과 태도는 진로발달의 이후 단계에 기초가 된다(정철영, 2011). 따라서 진로교육에서 유아기가 갖는 중요성과 유아의 발달적 특성을 고려할 때 진로교육은 유아기 때부터 실시할 필요성이 있다.

유아기부터 인간으로서의 올바른 삶을 인식하고 그 방향성을 제시하는 것이 중요하게 부각되고 있다(김충기 외, 2011). 유아진로교육은 교육과 일의 세계를 연관시키기 위한 것으로 개인이 일생동안 수행하게 될 일을 준비하도록 하는 교육이며, 개인에게 일이 가능하고, 의미 있고 만족스럽게 인식하도록 돕는 것이다(정철영, 2004). 따라서 이때부터 직업에 대한 의식을 심어주어 미래사회를 살아갈 구성원들에게 자신의 적성과 소질 및 흥미 등을 조기에 발견하여 능력을 계발할 수 있도록 도와줌으로써 한 개인이 가지고 있는 가능성을 최대한 확장시킬 수 있도록 돕는 것이 유아기 진로교육의 핵심이다. 따라서 유아진로교육은 유아가 자신과 일에 대한 인식과 긍정적 가치를 형성하고 다양한 일과 직업에 대한 탐색과 체험을 통해 자신의 진로를 개척하고 민주시민의 기초를 형성하며 공동체 발전에 기여하는 사람으로 성장하기 위한 기초를 기르는 교육이다.

유아기 진로교육이 갖는 특성은 크게 세 가지로 정리해 볼 수 있다.

첫째, 유아기는 진로인식의 단계이다

진로인식(career awareness)은 개인의 자아발달과정에서 나와 일의 세계에 대해 인식하는 것으로(한국진로교육학회, 2011) 개인이 자신의 제반 특성을 파악하고 자신의 자아를 실현시킬 수 있는 것이 무엇인가를 나름대로 인지하고 사고하는 과정을 통해 자아의 정체감을 확인해가는 것이다. 여기에서 '인식'이라는 것은 '알아차림'이라는 소극적 의미를 벗어나, 자신의 모습을 직업 또는 일이라는 관점에서 조망함으로써 자신의 가능성을 발견하고 계발하도록 돕는 적극적인 교육의 과정이다(최동선, 2005).

유아기는 미래학업 및 직업 성취의 기초를 형성하고 성인 진로발달의 모체가 되는 중요한 시기로 이 시기의 발달과업(development task)은 미래에 대한 초보적인 관심을 가지고 자신의 삶을 스스로 조절하기 시작하며 진로의사결정에 대한 기본적인 개념을 가지고 진로선택과 관련된 계획 및 실행에 대한 자신감을 가지는 것이다. 따라서 유아진로교육은 이 과업을 달성하기 위하여 유아가 긍정적인 자아개념을 형성하여 유치원과 가정, 사회 등을 통해 일의 세계와 직업에 대한 이해를 넓히고 개념화하여 건전한 진로인식과 자아를 확립하는 데 중점을 두어야 한다. 그러나 이 단계는 구체적으로 진로선택이나 기능훈련을 강조해서는 안 된다. 일의 세계를 학습할 기회가 주어지는 정상적인 수업활동을 통하여 폭넓은 진로인식과 오리엔테이션을 주는 데 강조점을 주어야 한다. 즉, 인간이 만든 환경, 기술, 일의 존엄성, 다양한 직업군, 이런 것들에 의한 사회적 발달 등에 대한 인식의 기회를 제공하여야 한다(한국진로교육학회, 2011).

둘째, 유아기는 진로교육의 출발점이다

진로교육을 직업교육으로 이해하던 시기에는 많은 사람들이 진로교육은 청소년 시기에 이루어지는 것이라 생각했다. 그러나 진로교육의 패러다임이 변화하면서 직업전환이 평생에 걸쳐 꾸준히 일어나야 하고, 그 새로운 선택에 어렸을 때부터 형성된 개인의 역량이 중요한 비중을 차지하게 된다는 점에 주목하면서 '진로'가 취학 전까지 그 개념의 영역에 포함하게 되었으며 진로교육의 대상은 유치원부터가 당연하다(한국진로교육학회, 2011).

진로교육과정은 유아기부터 노년기까지 연속된 발달과정으로 유아기에 형성된 직업에 대한 태도와 개념은 이후 단계의 진로발달에 기초가 되며, 진로발달을 성취하지 못하거나 왜곡된다면 다음 단계의 진로발달에 계속적인 영향을 미치게 된다. 따라서 평생에 걸쳐 진행되는 진로교육의 출발점은 유아기로 보는 것이 바람직하며, 유아기의 효과적인 진로교육을 통해 발달단계에 맞는 진로개발역량을 개발하고 진로발달 과업을 제대로 달성할 수 있도록 지원하는 것이 필요하다.

셋째, 진로역량은 생애초기 기본학습능력이다

유아교육은 전 생애교육의 기초단계이다. 유아교육이 초 · 중등교육, 직업교육까지 연계되어 있다는 점을 감안할 때 생애초기 교육의 중요성은 더욱 크다. 이에 영유아기 때 반드시 갖추어야 할 핵심능력을 생애초기 기본학습능력으로 정의하였으며, 여기에는 기초 문해력, 핵심능력(의사소통능력, 문제해결능력, 자기주도적 학습능력, 대인관계능력), 시민의식(유아기 기본생활습관 형성), 직업관련 능력이 포함된다(정미라 외, 2007). 핵심능력, 시민의식, 직업관련능력 등 생애초기 기본학습능력의 대부분이 진로역량의 핵심요소들이다. 이는 진로교육은 교육이 지향해야 할 전인교육의 핵심이다(전라북도 교육정보과학원 교육과정 연구위원회, 2001)라는 말과 일맥상통한다 하겠다.

생애단계별로 투자 비용을 동일하게 산정할 경우, 영유아기의 인적자원 투자 대비 회수비율이 가장 크게 나타난다(Heckman & Masterov, 2004). 이는 어떤 단계의 교육보다도 유아기의 교육이 가장 효율적일 수 있음을 나타내는 것으로 유아기는 모든 발달의 기초를 형성하는 시기이며, 이 시기의 발달 정도는 개인의 전 생애 학습에 대한 태도나 학습 능력에 크게 영향을 미치기 때문이다. 따라서 유아진로교육은 생애초기 학습능력을 기르는 것이며 동시에 진로인식단계인 유아가 자기에 대한 인식이나 일과 직업 세계에 대한 인식과 태도, 의사결정의 기초를 형성함으로써 이후 진로단계가 잘 발달할 수 있는 기반을 마련하는 것이라 할 수 있다.

2) 유아진로교육의 필요성과 목적

유아진로교육의 목적은 유아들로 하여금 충분한 자기이해를 도와 자신의 소질, 적성, 능력, 인성에 알맞은 방향으로 자신의 잠재력을 최대한 발휘하도록 하며, 삶 속에서 지속적으로 발생하는 진로선택의 순간에 현명한 선택을 이끌어낼 수 있는 기초를 형성함으로써 행복한 삶을 영위하고 자아실현을 이룰 수 있도록 돕는 것이다. 유아진로교육의 필요성과 목적을 개인적 측면과 국가 · 사회적 측면으로 나누어 살펴보면 다음과 같다.

(1) 개인적 측면

✲ 긍정적 자아개념

유아기는 자아개념이 발달하는 중요한 시기이다. 유아기는 나와 타인에 대한 개념을 분리하면서 자신의 신체, 능력, 흥미 등에 대한 인식을 통하여 자신에 대해 평가를 시작하고 형성해나가는 시기이다. 이 시기에 형성된 자아개념은 학습, 사회관계 등 유아의 다른 발달 영역에 영향을 주며 이후 성인기의 자아개념에도 영향을 주기 때문에 유아기에 긍정적 자아개념을 형성하는 것은 매우 중요하다. 유아는 진로교육을 통하여 자신의 욕구, 흥미 등을 바탕으로 직업을 선택하고 직업 역할을 놀이로 표현하는 과정을 통해 자신의 특성, 흥미, 소질 등에 대해 인식할 수 있으며 자신에 대해 이해를 높임으로써 점차 긍정적인 자아개념을 형성할 수 있다.

✲ 대인관계 기초형성

유아는 또래, 교사, 부모 등 주변 사람들과의 상호작용을 통해 자아를 인식하고 자아개념을 형성하며, 관찰과 모방을 통해 배우고, 규칙 등에 의해 행동을 조절하며 자기중심성에서 점차 벗어나(교육과학기술부 · 보건복지부, 2012b) 다른 사람과 더불어 살아가는 사회적 능력과 문제해결을 위한 협상이나 공감하기와 같은 사회적 기술과 사회적 상호작용에 대한 지식을 발달시켜 나간다(박찬옥 외, 2008). 유아기의 사회적 기술이나 사회적 태도 부족은 성인이 되었을 때 직업생활에서 사회적 관계에 어려움이 나타날 수 있다(Mehaffey & Sanberg, 1992). 따라서 유아는 진로교육을 통하여 사회적 관계에 대한 인식, 기술, 태도 등에 대한 학습을 통하여 성공적인 사회구성원으로 살아가기 위한 능력을 습득할 수 있다.

✲ 개인의 적성과 능력 계발

복잡한 직업 세계에서 자신에게 가장 적합한 직업을 선택하고 성공적인 직업생활을 영위하기가 점점 어려워지고 있다. 다양한 직업에서 요구하는 지식, 적성, 기술 등을 파악하여 성공적으로 자기에게 맞는 일과 직업을 선택하기 위해서는 자신의 능력, 성격, 흥미, 적성, 신체적 특성 등에 대하여 올바른 이해가 필요하다(김봉환 외, 2000). 유아진로교육을 통해 자신에 대한 다양한 측면을 이해하는 것은 유아가 자신의 가능성을 지속적으로 계발하도록 하는 기초가 되며 합리적 선택의 기반이 된다(교육과학기술부, 2012b).

✲ 일과 직업에 대한 이해

일에 관련된 태도, 가치, 지식과 기능 등은 유아기 때부터 형성되기 시작하며 유아기는 직업과 진로에 대한 긍정적 개념을 인식함으로써 건강하고 유능한 시민으로 성장하는 토대를 마련할 수 있는 중요한 시기이다. 따라서 유아진로교육을 통해 유아는 일과 직업 세계에 대한 인식과 이해를 할 수 있으며, 나아가 일과 직업에 관련된 자신의 가치관을 형성하고 발달시켜 나갈 수 있다.

✲ 일에 대한 긍정적이고 개방적인 태도 형성

유아기는 직업과 진로에 대한 긍정적인 개념을 인식함으로써 건강하고 유능한 시민으로 성장하는 토대를 마련할 수 있는 중요한 시기이다. 유아기는 직업에 대한 가치관과 편견이 성인이 전달하는 정보에 의존하여 형성되고(Tuckman, 1974; 김충기 외, 2011 재인용) 직업이나 사회적 역할에 대해 고정관념이나 편견이 일상생활을 통해 암시적으로 형성되는 시기(York, 1991)이다. 따라서 유아진로교육을 통해 유아는 직업에 대한 올바른 사회적 가치관과 태도를 전달하는 과정을 통해 사회구성원으로서의 기초적 태도를 기를 수 있다.

✲ 기초적인 의사결정능력

올바른 진로결정을 위해서는 부모의 권유, 가족의 요청이나 필요에 의해서 장래 자신의 직업을 선택하기보다는 본인의 적성, 능력, 성격 등을 고려하여 결정됨을 인식해야 한다. 이와 같은 장래의 진로결정은 유치원 시기에 올바른 의사결정 태도를 통해 길러 줄 수 있다. 유아기 때부터 자신의 일을 스스로 계획하고 실천해 보는 경험을 통해 형성되며 유아 스스로 놀이를 계획하고, 계획에 따라 놀이하는 경험을 통해 의사결정능력이 발달한다(Casey & Lippman, 1991). 따라서 진로교육을 통해 유아는 미래의 현명한 진로결정의 기반이 되는 기초적인 의사결정능력을 발달시킬 수 있다.

(2) 국가·사회적 측면

✲ 다양한 인력개발

시시각각 급변하는 현대사회에서 직업은 점차 다양화되고, 변화의 폭도 넓어지고 있다. 이에 부응하기 위해서는 변화의 흐름에 맞춘 다양한 인력개발이 필수적이다. 진로교육은 사회와 국가발전에 필요한 다양한 인력개발에 기여할 수 있고, 국민들의 직업수행에 있어서 생산성과 적응을 긍정적으로 고양시킬 수 있다. 진로선택이란 한 순간의 단일적인 결정이 아니라 성장발달과정에서 오랜 기간에 걸쳐 구체적으로 결정된다. 그러므로 비록 유아들이 직업 세계에 대해 미숙하다고 할지라도 개인의 발달특성에 알맞은 진로교육이 원만하게 실시될 때 비로소 개인이 가지고 있는 잠재능력을 충분히 발휘할 것이다. 따라서 다양한 경험을 통해 유아기 때부터 자신의 흥미와 적성을 인식하고 발견할 수 있는 기회를 제공하는 것은 미래사회의 다양하고 전문적인 인력개발에 기여할 수 있다.

✲ 건전한 직업윤리관 확립

사회문화적 측면에서 진로교육이 필요한 중요한 이유 중 하나는 건전한 직업윤리관 확립이다. 일에 대한 올바른 태도와 가치, 건전한 직업윤리관 등은 단기간에 형성되는 것이 아니다. 따라서 유아기 때부터 진로교육을 통해 일과 직업에 긍정적 태도와 가치 형성을 위한 기초를 형성하고 근로정신을 함양하는 것은 장래의 건전한 직업윤리관을 가지고 원만한 직업생활을 하는 건전한 직업인을 양성하는 데 이바지할 수 있다.

Chapter

02

진로발달이론

1. Ginzberg의 진로발달이론
2. Super의 진로발달이론
3. Tuckman의 진로발달이론
4. 유아기 진로발달단계와 진로교육방안

진로발달이론은 체계적인 진로교육을 하기 위한 기초로 진로발달에 대한 이론과 접근방법은 학자에 따라 다양하게 분류되고 있다. Herr와 Crammer(1996)는 진로발달이론을 특성요인이론(trait-factor theory), 의사결정이론(decision theory), 사회이론(sociological theory), 심리이론(psychological theory), 발달이론(developmental theory)의 다섯 가지로 분류하였다. 첫째, 특성요인이론은 직업선택이 개인적 흥미나 능력 또는 일에 요구되는 특성에 관련된 개인의 특성에 있다고 보는 관점이다. 둘째, 의사결정론이론은 직업선택이 하나의 의사결정과정이란 착상에서 비롯되었으며, 개인이 여러 가지 선택 가능한 직업 중에서 자신의 투자가 최대한으로 보상받을 수 있는 직업을 선택한다는 것이다. 셋째, 사회이론은 개인을 둘러싼 사회 · 문화적 환경이나 사회구조와 같은 요인이 직업발달과 선택에 영향을 준다는 관점이다. 넷째, 심리이론은 주로 동기, 인성, 구조, 욕구와 같은 개인의 심리적 수단에 의해서 직업발달과 선택이 좌우되는 것이라고 본다. 다섯째, 발달이론은 인간발달의 개념을 진로지도에 도입한 것으로 비교적 오랜 기간 동안 개인발달과정에 초점을 두고 있다(김충기 외, 2016).

이 중 발달이론은 인간발달의 개념을 진로지도에 도입한 것으로 비교적 오랜 기간 동안 개인발달과정에 초점을 두고 있다. 진로인식부터 시작되는 진로발달이 원만하게 이루어져 진로선택까지 합리적으로 수행되기 위해서는 진로발달단계별 발달과업이 조화롭게 성취되어야만 한다. 진로발달이 다른 신체적 · 정신적 발달과 마찬가지로 어려서부터 발달하기 시작한다고 보는 진로발달이론에 의하면 진로발달 초기 단계에서부터 진로발달과업에 부합하는 체계적인 진로교육을 수행함으로써 그 이후 단계의 발달형성이 원만히 이루어질 수 있다고 보고 있으며(이종범 · 정철영, 2005), 유아기는 진로를 인식하는 단계로서 이 시기의 적절한 교육이 평생토록 영향을 미친다고 본다. 따라서 본 장에서는 여러 이론 중 진로발달을 생애발달의 과정으로 보며 유아기를 진로발달에 포함시킨 Ginzberg(1951), Super(1957), Tuckman(1974)의 발달이론을 중심으로 살펴보고자 한다.

1. Ginzberg의 진로발달이론

Ginzberg의 이론은 진로에 대한 발달적 관점을 최초로 제안한 것으로 경제학자, 심리치료학자, 사회학자, 심리학자로 구성된 Ginzberg와 동료들이 1930년대 후반 미국 콜럼비아 대학에서 진행된 인적자원에 대한 연구의 한 부분으로 개발되었다. 이 이론의 핵심은 인간의 신체와 정신이 발달하는 것처럼 직업에 대한 지식, 태도, 기능도 어려서부터 발달하기 시작하여 일련의 단계를 거치면서 발달한다는 것이다.

직업선택은 발달과정이며 일회적으로 결정되는 것이 아니라 수년간에 걸쳐 일련의 결정들이 이루어진다. 개인은 자신의 욕구, 능력, 가치관, 흥미 등의 내적 요인과 가정환경, 부모의 영향, 직업조건 등의 외적 요인 간의 타협을 통해 직업선택을 하게 되는데 이러한 능력은 나이가 들수록 발달한다는 것이다(김충기, 1986). 다시 말해서 직업선택이란 삶의 어느 한 시기에 이루어지는 일회적인 것이 아니라, 전 생애에 걸쳐 발달하는 일련의 의사결정과정이라는 것이다.

그는 "직업선택은 일생동안, 즉 사람이 일하는 동안 공존하는 것"이라고 주장하였으며, "직업선택은 일생동안의 의사결정과정이며, 사람들은 자신의 일로부터 상당한 만족을 추구한다. 이를 통해서 사람들은 자신의 변경된 진로목표와 직업 세계라는 현실 간의 조정을 어떻게 해 나갈 수 있는지를 반복적으로 재평가하게 되는 것이다." 라고 주장하였다(정문성, 2007).

Ginzberg 이론의 기본적인 요소를 정리하면 다음과 같다(김병숙 외, 1999).

첫째, 직업선택은 발달과정이며 일회적으로 결정되는 것이 아니라 수년간에 걸쳐 일련의 결정들이 이루어진다.

둘째, 직업선택 과정을 불가역적(irreversible)으로 보는 것은 타당하지 않다.

셋째, 직업선택은 타협(compromise)이라기보다는 적정화(optimization)라는 용어가 더 적절하다.

넷째, 직업선택은 일의 만족을 추구하기 위하여 일생동안 계속되는 과정이다.

Ginzberg 이론의 가장 큰 공헌은 이전과는 달리 직업선택을 발달적 관점에서 접근하였다는 것이다(이희영, 2003). Ginzberg는 20년간 연구를 거쳐 초기 이론을 수정하였는데, 후기 연구를 통해 진로발달을 전 생애적인 관점으로 보다 넓은 발달개념으로 보아 유아기 또한 진로발달 시기에 포함하였다는 데 의미가 있다.

Ginzberg는 진로발달단계를 환상기, 잠정기, 현실기로 나누어 제시하였다(Tolbert, 1980).

[그림 2-1] Ginzberg의 진로발달단계

✲ 환상기(fantasy period)

이 단계는 출생~10세에 해당되는 시기로 자신의 능력이나 가능성, 현실여건 등을 고려하지 않고 욕구를 중시하기 때문에 자신의 욕구와 충족을 직업선택으로 동일시하는 시기이다. 따라서 이 단계의 아동은 자기가 원하는 직업이면 무엇이든지 다 할 수 있다는 식의 환상 속에서 비현실적인 선택을 하는 경향을 갖게 된다. 또한 이 시기의 아동은 현실적인 요인을 인식하지 못하고 자기가 원하는 대로 특정 직업을 택해서 그 직업이 하는 일을 놀이를 통해 표출한다(김봉환 외, 2000). 이 시기 동안 아동은 점차 직업 지향이 되고, 어떤 활동을 최초로 좋아하게 되며, 이 시기 동안 경험하는 다양한 직업 역할을 통해 직업 세계에 대해 처음으로 가치판단을 하는 기회를 갖게 된다(강재태 외, 2003).

✲ 잠정기(tentative period)

이 단계는 11~17세에 해당되는 시기로 청소년 초기 단계에 속한다. 이 시기부터 직업선택 과정에서 흥미, 능력, 가치 등이 고려되긴 하지만 현실적인 요인들은 충분히 고려되지 않는다. 잠정적 선택 단계는 다시 흥미단계, 능력단계, 가치단계, 전환단계로 나뉜다.

① **흥미단계**(interest substage: 11~12세) : 이 시기는 자신이 좋아하는 것, 싫어하는 것에 따라 단정적인 결정을 내리기 시작하고 자신의 흥미에 맞는 직업을 선택하려는 경향을 나타낸다.

② **능력단계**(capacity substage: 13~14세) : 이 시기는 자신의 능력을 고려하여 흥미를 가지는 분야에서 과연 성공할 수 있는 능력을 가지고 있는지를 시험해 보기 시작한다. 이 세상에는 다양한 직업들이 있고 직업에 따라 보수나 훈련조건, 작업조건 등이 다르다는 것을 처음으로 인식하게 된다. 진로를 계획할 때 자기 능력을 고려하지만 극히 피상적이고 불완전하다.

③ **가치단계**(value substage: 15~16세) : 이 시기는 직업을 선택할 때 다양한 요인이 작용한다는 것을 인식하게 되고 자신의 가치관과 생애 목표에 따라 직업을 평가하게 된다. 이 시기부터 자신의 직업 스타일을 분명하게 지각하기 시작하며 자신이 좋아하는 직업에 관련된 정보를 알아보려고 한다.

④ **전환단계**(transition substage: 17세) : 이 시기는 직업선택에 대한 결정과 그에 따른 책임을 인식하게 되며 급여, 필요한 교육수준, 작업환경 등을 고려하기 시작한다.

✲ 현실기(realistic period)

이 단계는 18~24세에 이르는 시기로 현실적인 선택을 한다. 자신의 흥미, 능력, 가치뿐만 아니라 직업적 요구조건, 교육기회, 개인적 요인 등과 같은 현실 요인을 고려하여 타협을 통해 결정한다(김봉환 외, 2000). 현실적 직업선택 단계는 정서적 불안정, 개인적 문제, 재정적인 풍족함 등의 원인 때문에 늦어지기도 한다. 현실적 선택단계는 탐색단계, 구체화단계, 전문화단계로 구분된다.

① **탐색단계**(exploration substage) : 이 단계는 자신의 모든 역량과 현실을 고려하여 취업기회를 본격적으로 탐색하고 진로를 결정하려는 시기이다. 이 단계 동안에 개인은 진로 가능성을 2~3개로 좁히지만, 아직은 모호하고 우유부단한 시기이다.

② **구체화단계**(crystallization substage) : 이 단계는 구체적 진로분야가 정해지는 시기로 직업선택의 문제에서 내·외적 요인들을 고루 고려한다.

③ **전문화단계**(specification substage) : 이 단계는 개인이 구체적 진로를 위해서 직업이

나 전문분야를 선택하는 시기이다. 특정 직업이나 진로에 대해 구체적이고 전문적인 계획을 수립하고 고도로 세분화된 의사결정을 하며 필요한 전문적 훈련이나 교육을 받는다.

이러한 체계적인 과정은 청소년들이 직업을 선택하게 하는 적응과정에 기초하고 있다. 즉, 직업선택 과정은 아동기에서 성인초기까지의 사회 · 문화적 환경 속에서 개인이 조금씩 직업에 대하여 주관적으로 평가하는 지각의 과정이다. 개인은 이러한 단계를 통하여 직업을 선택하게 된다(Zunker, 1981).

〈표 2-1〉 Ginzberg의 진로발달단계와 특징

<table>
<tr><th colspan="2">단계</th><th>시기</th><th>특징</th></tr>
<tr><td colspan="2">환상기</td><td>출생
~10세</td><td>• 직업이 하는 일이 놀이활동을 통해 표출됨
• 직업선택에 있어 현실적 장애에 대한 고려가 없음
• 자신의 충동이나 욕구충족을 직업으로 동일시함</td></tr>
<tr><td rowspan="4">잠정기</td><td>흥미단계</td><td>11~12세</td><td>• 직업선택에 흥미가 가장 큰 영향을 미침</td></tr>
<tr><td>능력단계</td><td>13~14세</td><td>• 자신이 흥미를 느끼는 영역의 일을 잘 수행할 수 있는 능력을 갖추고 있는지의 여부를 평가하기 시작함</td></tr>
<tr><td>가치단계</td><td>15~16세</td><td>• 사회가 직업에 부여하는 가치가 다르며, 직업에 따라 주어지는 보상이 다름을 깨닫기 시작함</td></tr>
<tr><td>전환단계</td><td>17세</td><td>• 직업선택에 대한 구체적이고 현실적인 결정의 필요성을 인식함</td></tr>
<tr><td rowspan="3">현실기</td><td>탐색단계</td><td rowspan="3">18~
24세</td><td>• 자신의 흥미, 능력, 가치, 직업의 요구조건, 교육기회, 개인적 요인 등의 현실요인을 고려하고 본격적으로 취업기회를 탐색함</td></tr>
<tr><td>구체화단계</td><td>• 내 · 외적 요인들을 고루 고려하여 구체적 진로 분야를 정함</td></tr>
<tr><td>전문화단계</td><td>• 직업선택의 구체화 및 직업유형의 결정화를 통해 구체적 계획을 수립함</td></tr>
</table>

2. Super의 진로발달이론

Super는 Ginzberg가 제시한 진로발달이론의 한계를 지적하고 직업선택 및 진로발달에 대한 여러 견해들을 종합하여 진로발달에 있어서의 개인적 요인과 환경적 요인 간의 상호작용을 강조하는 하나의 통합적인 이론을 구축하였다(안이환, 2013). Super의 발달이론은 개인의 능력, 흥미, 인성 등의 차이에 따라 적합한 직업 환경이 각각 있다고 보았으며 진로인식의 발달과정이 바로 개인의 자아개념을 발달 또는 실현시킨다고 주장하였다. 이러한 과정은 개인과 사회적 요인 간의 타협과 종합의 결과로 나타나며 자아개념은 타고난 능력, 신체적 특징, 다양한 역할수행의 기회, 역할수행의 결과에 대한 주위의 반응 등에 의해 형성된다고 보았다. 그는 개인의 일부는 개인의 심리 · 생리적 속성에 의해, 그리고 일부는 의미 있는 타인을 포함하는 환경 요인에 의해 인간 발달의 한 측면으로써 직업 발달을 해나가게 된다고 보고 이러한 자신의 이론을 개인적 요인과 환경 요인과의 상호작용을 강조하는 통합적인 접근법이라고 하였다.

Super는 의사결정과 진로발달은 다양한 심리학, 자기개념이론, 발달과업, 생애단계의 사회학과 같은 변인들이 결합된 현상이라고 하면서 진로발달과정에 대한 다면적 측면 접근을 하였다. 이 직업발달의 이론은 모든 발달이론들 중에서 가장 종합적이고 그리고 일반적으로 다양한 연구에 의해서 지지를 받으며, 발달개념의 타당한 설명을 제공해 준다(Osipow, 1983). Super의 이론은 개인의 직업발달의 과정을 자아실현과 생애발달의 과정으로 본 점과 자아개념의 직업자아개념으로서의 전환, 진로유형, 진로성숙, 진로발달단계에 초점을 맞추면서 진로발달과정을 체계적으로 기술하고 있다는 점에서 진로발달이론 중에서 가장 역동적이고 포괄적인 이론으로 평가되고 있다.

Super는 진로발달이론에 대한 14가지 전제를 제시하였다(Super et al., 1996).

① 개인은 능력, 성격, 가치, 욕구, 흥미, 특성, 자아개념에 각자 차이가 있다.

② 이러한 차이로 인해 개인은 각기 다른 직업적 자질을 갖고 있다.

③ 각 직업군에는 그 직업에서 요구하는 특징적인 능력, 흥미, 성격적 특성이 있다.

④ 개인의 직업선호, 능력, 환경, 자아개념은 시간의 흐름과 경험에 따라 변화한다.

⑤ 변화과정은 일련의 생애단계로 성장기, 탐색기, 확립기, 유지기, 쇠퇴기로 구분된다.

⑥ 개인의 진로유형 본질은 부모의 사회경제적 수준, 개인의 지적 능력, 교육, 기술, 성격적 특성(욕구, 가치, 흥미, 자아개념), 진로성숙 등에 의해 결정된다.

⑦ 특정한 진로발달단계에서 환경과 개인의 요구에 부응하는지의 성공 여부는 이러한 요구에 대처하는 개인의 준비성에 달려 있다.

⑧ 개인의 준비성은 하나의 단일한 특성이 아니다.

⑨ 개인의 능력과 흥미의 성숙을 촉진시키고, 자아개념의 발달과 현실검증을 도와줌으로써 진로발달이 이루어질 수 있다.

⑩ 진로발달은 직업적 자아개념을 발달시키고 실천해 가는 과정이다.

⑪ 개인적 요인과 사회적 요인 간의 타협, 자아개념과 현실 간의 타협 과정은 상담, 면접, 수업, 클럽활동, 여가활동, 취업활동 등을 통해 이루어진다.

⑫ 직업만족도와 생활만족도는 개인이 얼마만큼 자신의 능력, 욕구, 가치, 흥미, 성격적 특성, 자아개념에 알맞은 적절한 진로를 찾아 종사하느냐에 달려 있다.

⑬ 일을 통한 만족의 정도는 자아개념의 수행 정도에 비례한다.

⑭ 일과 직업은 개인의 성격 형성에 중요한 역할을 한다.

Super는 일생에 걸친 진로발달단계를 대순환(maxcycle)으로 명명하고, 각 발달단계마다 다시 성장기–탐색기–확립기–유지기–쇠퇴기가 존재한다고 주장하면서 이것을 소순환(minicycle)이라고 지칭함으로써 진로발달의 역동적 관점을 채택하였다(안이환, 2013).

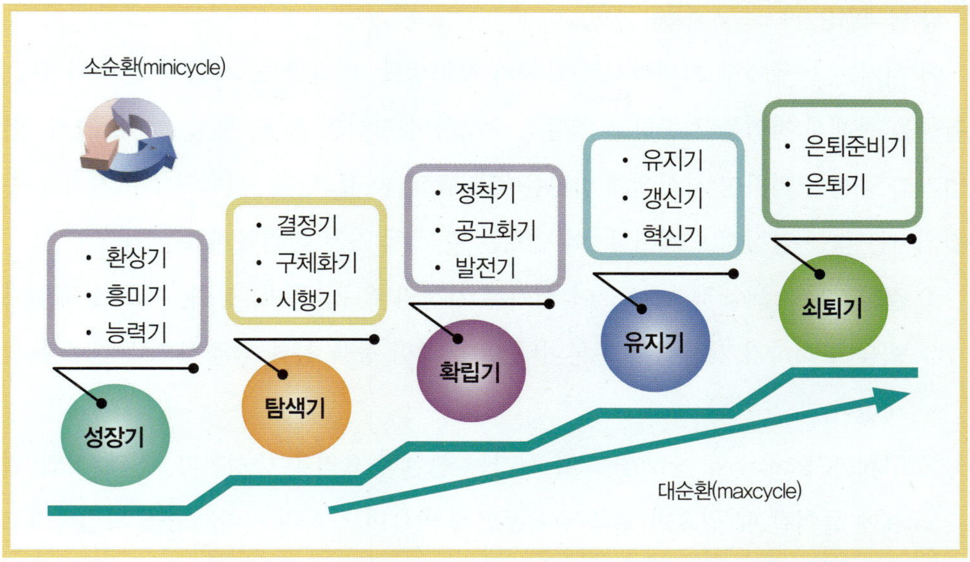

[그림 2-2] Super의 진로발달단계

Super는 진로발달의 단계를 성장기, 탐색기, 확립기, 유지기, 쇠퇴기의 과정으로 나누고 각 단계별로 독특하고 특징적인 행동을 규정하였다(Tolbert, 1980).

✲ 성장기(growth stage)

이 시기는 출생부터 시작하여 14세까지로 이 단계의 아동은 가정과 학교에서 중요한 타인에 대해 동일시를 통해 자아개념을 발달시켜 나간다. 이 시기는 자아개념과 관련한 능력, 태도, 흥미, 욕구가 발달하는 때로 이 단계의 초기에는 욕구와 환상이 지배적이지만 사회참여와 현실 검증력이 발달함에 따라 점차 흥미와 능력을 중시하게 된다. 이 단계는 세 가지 하위단계로 나뉜다.

① **환상기**(fantasies: 4~10세) : 이 시기는 아동의 욕구가 지배적이며 역할 수행이 중시된다.

② **흥미기**(interests: 11~12세) : 이 시기는 진로의 목표와 내용을 결정하는 데 있어서 아동의 흥미가 중시된다.

③ **능력기**(capacities: 13~14세) : 이 시기는 진로선택에 있어서 능력을 중시하며 직업에서 훈련조건을 중시한다.

✲ 탐색기(exploration stage)

이 시기는 15세에서 24세까지로 자신의 학교생활, 여가활동, 시간제 일 등과 같은 활동을 통해서 자아를 검증하고 역할을 수행하며 자신의 욕구, 적성, 흥미, 가치, 취업기회 등을 고려하여 자신에게 알맞은 직업탐색을 시도한다. 선택이 좁아지지만 종결되지는 않는 잠정적 단계이다. 이 단계는 다시 세 가지 하위단계로 나뉜다.

① **결정기**(crystallizing: 15~17세) : 이 시기는 자신의 욕구, 흥미, 능력, 가치와 취업기회를 고려하기 시작하며 토론이나 일의 경험 등을 통해 잠정적으로 진로를 선택한다.

② **구체화기**(specifying: 18~21세) : 이 시기는 현실적 요인을 중시한다. 장래 직업 세계에 들어갈 때 필요한 교육이나 훈련을 받으며 자신의 자아개념을 확립하려고 한다.

③ **시행기**(implementing: 22~24세) : 이 시기는 자기에게 적합하다고 판단되는 직업을 선택해서 취업하기 시작한다.

✲ 확립기(establishment stage)

이 시기는 25세에서 44세까지의 시기로 자신에게 적합한 분야를 발견해서 직업에 종사하고 생활의 터전을 잡으려고 노력한다. 이 시기는 두 단계로 나뉜다.

① **정착기**(stabilizing: 25~30세) : 이 시기는 직접 직업에 종사하면서 자신이 선택한 직업이 자신의 자아개념을 적절히 나타낼 수 있는지를 평가하고 자신이 입문한 직업에서 성공하는 데 필요한 기술을 가지고 있는지를 확인한다. 자신이 선택한 일의 세계가 적합하지 않을 경우에 적합한 일을 발견할 때까지 한두 차례 변화를 시도한다.

② **공고화기**(consolidating: 31~44세) : 직업에 정착하게 됨에 따라 점차 신뢰할만한 생산자가 되어가고, 긍정적인 평판이 발달하게 된다. 만약 공고화기에서 직업 안정을 찾지 못하면, 탐색기로 재순환이 시작되며 보다 적절한 직업선택이 다시 결정되고, 구체화되는 과정을 거치게 된다.

③ **발전기**(advancing: 31~44세) : 이 시기는 진로유형이 안정되는 시기로, 개인은 자신

이 속한 직업에서 신뢰를 받고 높은 봉급과 책임 있는 지위로 승진하기 시작하면서 자신의 직업 세계에서 안정과 만족감, 소속감, 지위 등을 얻게 된다.

✽ **유지기**(maintenance stage)

이 시기는 45세에서 65세까지로 유지, 갱신, 혁신의 발달과제와 대면하게 된다. 많은 사람들이 이미 정해진 직업에 정착하여 그것을 유지하기 위해 노력하고, 자신의 지위와 상황을 향상시키기 위해서 지속적인 노력하며 비교적 만족스런 삶을 살아간다. 만약 새로운 직업을 선택하게 되면 탐색–확립–유지의 과업을 통한 재순환을 하게 된다.

✽ **쇠퇴기**(decline stage)

이 시기는 65세 이후로 정신적 · 신체적 능력이 저하되고, 직업활동에 대한 흥미가 감소하기 시작한다. 이 시기의 주요과제는 은퇴준비로 은퇴준비기에는 은퇴 이후의 삶에 대해 신중히 생각하고 준비하여야 하며, 은퇴기에는 직업전선에서 은퇴하여 다른 역할과 활동을 찾아 은퇴 이후 생활에 적응하는 것이 과제이다.

3. Tuckman의 진로발달이론

Tuckman은 초등학교 시기의 진로의식이 예상외로 성숙되어 있다고 보고 초등학교 학생의 진로발달 수준과 과업에 초점을 맞추어 이 시기의 진로발달을 집중적으로 연구하였다. Tuckman(1974)의 이론은 진로발달이 어린 연령에게도 필요하고 실행될 수 있는 교육이라는 것을 알려주며, 유아기의 진로발달도 보다 집중적으로 연구하여 단계별로 제시하였다. 그의 이론은 유치원에서 고등학교까지의 발달에 관한 것으로 하나의 결정적인 이론이라기보다는 검증해 볼 만한 가설을 제시한 것이라고 평가되고 있다(김충기 외, 2016). Tuckman은 자아인식, 진로인식 및 진로의사결정이라는 세 가지 요소를 포함하는 8단계의 진로발달이론을 제시하였다.

[그림 2-3] Tuckman의 진로발달단계

✲ 일방적 의존성의 단계

이 단계는 대략 유치원에서 초등학교 1학년까지의 과정으로 이 단계에서의 진로발달은 외적 통제에 의존한다. 부모나 교사 등의 성인에게 일방적으로 의존하며 자신의 능력, 적성, 흥미보다는 성인의 의견을 따르는 시기로 노동문화에 대한 정보와 가정에서 사용하는 도구들을 중심으로 진로의식을 형성한다.

✲ 자기주장의 단계

이 단계는 초등학교 1~2학년에 해당한다. 이 시기의 아동은 조금씩 자율성을 가지고 친구의 선택과 같은 단순한 형태의 선택을 할 수 있게 되어 일에 대한 지식과 정보, 간단한 개념을 이해하기 시작한다.

✲ 조건적 의존성의 단계

이 단계는 초등학교 3~4학년에 해당하며 자아를 인식하고 보다 독립적인 존재가 되는 시기이다. 자아인식의 초점은 동기와 욕구, 그리고 친구와의 관계형성에 주어진다.

✲ 독립성의 단계

이 단계는 초등학교 4학년에 해당하며 일의 세계를 이론적으로 탐색하고 기술과 직업 세계에 대한 인식, 사회 내에서의 자신의 위치 등을 생각하고 진로결정에 대한 관심을 갖게 된다.

✲ 외부지원의 단계

이 단계는 초등학교 5~6학년 시기이며 외부 승인이나 인정을 구하고 직업적 흥미와 목표, 작업조건, 직무내용 등 구체적인 정보에 관심을 갖는다.

✲ 자기결정의 단계

이 단계는 중학교 1~2학년에 해당하며 자아개념이 명백하고 자기주장의 노력이 있다. 자신의 규칙과 규범을 설정하고 직업관에 관심을 가지며 의사결정 요인들을 현실적으로 지각한다. 또한 과거에 탐색한 자아상과 능력을 포함하는 자아인식 요소에 초점을 두고 자아인식을 위해 노력하며 직업군을 탐색하기 시작한다.

✲ 상호관계의 단계

이 단계는 중학교 3학년에서 고등학교 1학년에 해당하며 직업 가치, 일의 보상, 직업 풍토, 의사결정의 효율성에 대해 관심을 가지고 또래 문화와 교우관계를 중시하는 관점에서 진로를 선택하게 된다.

✲ 자율성의 단계

이 단계는 고등학교 2~3학년에 해당하며 개인은 직업에 대한 탐색과 아울러 자기자신에 대한 인식을 확고히 한다. 진로문제에서 자신의 적합성 여부, 교육조건, 선택 가능성에 초점을 두면서 대안을 점차 축소시켜 나간다(김충기, 2000).

〈표 2-2〉 Tuckman의 진로발달단계와 특징

단계	시기	특징
1단계 일방적 의존성의 단계	유치원~ 초등학교 1학년	• 진로발달은 외적통제에 의존함 • 부모나 교사 등 성인에게 일방적으로 의존함 • 노동문화에 대한 정보와 가정에서 사용하는 도구를 중심으로 진로의식 형성함
2단계 자기주장의 단계	초등학교 1~2학년	• 조금씩 자율성을 갖게됨 • 일에 대해 간단한 지식이나 개념을 이해하기 시작함
3단계 조건적 의존성의 단계	초등학교 3~4학년	• 자아인식을 시작하여 보다 독립적인 존재로 성장함 • 자아인식의 초점을 동기와 욕구, 그리고 친구와의 관계형성에 주어짐
4단계 독립성의 단계	초등학교 4학년	• 일의 세계를 이론적으로 탐색함 • 진로결정에 관심을 가지며 직업과 자신에 대한 요인들을 고려할 수 있음
5단계 외부지원의 단계	초등학교 5~6학년	• 외부의 승인이나 인정을 구함 • 직업적 흥미와 목표, 작업조건, 직무내용 등에 관신을 갖게 됨
6단계 자기결정의 단계	중학교 1~2학년	• 자아개념이 명백함 • 자아인식을 위해 노력함 • 진로관련 직업군을 탐색함
7단계 상호관계의 단계	중학교 3학년~ 고등학교 1학년	• 또래문화와 교우관계를 중시함 • 집단의 가치에 따라 생애선택을 하게 됨
8단계 자율성의 단계	고등학교 2~3학년	• 탐색적 직업활동과 새로운 경험을 시도할 준비가 되어 있음을 알게 됨

4. 유아기의 진로발달단계와 진로교육방안

우리는 앞에서 Ginzberg, Super, Tuckman의 이론에 대해 알아보았다. 이 학자들의 견해를 종합하면 진로선택은 한순간의 결정이 아니라 성장발달과정에서 오랜 기간에 걸쳐 계속적 · 구체적으로 결정된다. 따라서 유아들도 그들의 발달특성에 적합한 단계적이고 체계적인 진로교육을 실시하여 개인이 가지고 있는 잠재력을 최대한 발휘할 수 있도록 하여야 한다. 그러므로 여기에서는 이들의 이론 중 유아기에 해당되는 진로발달단계와 특징을 정리해 보고 이론들에 근거하여 유아들에게 진로교육을 어떻게 할 것인지에 대한 구체적 지도방안을 도출해 보고자 한다.

첫째, Ginzberg의 진로발달이론에서 유아기는 환상적 단계에 속한다. 이 시기의 유아들은 자기의 능력, 적성, 흥미, 현실적 제약을 등을 고려하지 않고 욕구를 중시하기 때문에 무엇이든 하고 싶고 그것을 할 수 있다고 믿는다. 따라서 비현실적인 선택을 하는 경향을 가지며 현실적인 장애를 의식하지 못하고 놀이 활동을 통해 직업에서 하는 일을 표출하려는 특징을 가지고 있다. Ginzberg는 성인기의 진로결정이 유아기의 진로발달에서부터 영향을 받는 연속적인 결정과정이라 하였다. 따라서 유아기부터 적절한 진로발달을 위한 교육이 필요하다. 유아진로교육을 계획 · 실행할 때 유아가 어떤 직업이든 될 수 있다는 자신감을 갖는 환상기에 속한다는 점을 감안하여 유아에게 현실적 직업만을 제시하기보다는 유아의 개인적 · 현실적 요인을 넘어서는 다양한 직업적 역할을 안내하여 폭넓은 직업에 대한 경험을 할 수 있도록 하여야 한다. 또한 유아기는 놀이를 통해 직업에 대한 탐색이 이루어지는 시기이므로 유아의 흥미를 반영한 놀이중심의 교수 · 학습 방법으로 유아진로교육을 실시하여야 한다.

둘째, Super의 진로발달이론에서 유아기는 성장기에 속하며 그 중에서도 환상기에 속한다. 이 시기 유아의 자아개념은 가정과 학교에서 주요인물과 동일시함으로써 발달되며 욕구와 환상이 지배적이고 역할수행이 중요시된다. 유아는 가정과 학교에서 중요한 타인을 통해 직업적 역할 수행을 배워나가므로, 교사나 부모와 같은 의미 있는 성인의 직업에 대한 모델과 안내, 교육이 중요하다. 따라서 유아진로교육 시 교사는 유아에게 다양한 방법을 통해 직업적 역할(role)모델을 제시하여야 하며, 부모교육 등을 통해 부모가 자녀에게 직업적 역할과 직업의 긍정적인 가치관 및 태도를 심어줄 수 있도록 지원하여야 한다. 또한 일생동안 진로발달에 큰 영향을 미치는 자아개념이 유아기부터 형성된다는 점을 감안할 때 유아가 자신에 대해 인식하고 자신에 대한 긍정적 자아개념을 형성할 수 있는 다양한 활동과 기회를 제공하여야 한다.

셋째, Tuckman의 진로발달이론에서 유아기는 진로발달 1단계인 일방적 의존성

단계에 속한다. 대략 유치원에서 초등학교 1학년까지를 노동문화에 대한 정보와 가정에서 사용하는 도구들을 중심으로 하여 진로를 인식하게 되는 과정으로 보았다. 유아기에도 진로가 발달하는 단계이므로 교사와 부모는 유아에게 다양한 직업정보를 적극적으로 전달해 줄 필요가 있다. 또한 가정에서 유아에게 전달하는 직업적 정보와 매체가 중요하므로 유아교육기관뿐 아니라 가정에서도 유아에게 다양한 직업적 정보를 전달하고 올바른 직업적 가치관과 태도를 전달할 수 있도록 가정연계를 통한 진로교육이 이루어져야 한다.

〈표 2-3〉 Ginzberg, Super, Tuckman 이론에 나타난 유아기 진로발달단계와 진로교육방안

Ginzberg	
발달단계(시기)	환상기 (출생~10세)
특징	• 놀이활동으로 자신의 욕구 표현 • 직업선택에 있어 현실적인 조건보다는 충동이나 욕구가 우선
진로교육방안	• 다양한 직업 세계 안내 • 흥미를 중시한 놀이중심의 교육
Super	
발달단계(시기)	성장기 (출생~14세)
특징	• 유아기는 성장기 중 환상기에 속함 • 능력, 태도, 흥미, 자아개념과 관련된 요구들 발달 • 욕구와 환상이 지배적 • 가정과 학교에서 중요한 타인에 대하여 동일시함으로써 아동의 자아개념과 관련된 흥미, 능력, 가치 등 발달
진로교육방안	• 다양한 직업적 역할모델 제시 • 다양한 활동을 통해 긍정적 자아개념 형성 기회 제공 • 부모교육 실시
Tuckman	
발달단계(시기)	1단계 (유치원~초등학교 1학년)
특징	• 유아기는 1단계 일방적 의존성의 단계에 속함 • 노동문화에 대한 정보와 가정에서 사용하는 도구들을 중심으로 하여 진로인식
진로교육방안	• 다양한 직업 정보 제공 • 가정연계 진로교육

Chapter

03

유아진로교육의 목표와 내용

1. 유아진로교육의 목표
2. 유아진로교육의 내용
3. 유아진로교육과 초등학교 진로교육의 비교

2015년 12월「진로교육법」이 시행되었으며 이에 따라 교육부는 진로교육목표체계를 통해 학교 진로교육의 방향성과 목표, 내용에 대한 지침을 제시하였으나 유아를 위한 진로교육의 목표와 내용은 제시되어 있지 않다. 그러나 유치원교육과정에는 오래전부터 진로교육의 목표와 내용이 포함되어 있었으며 현재 시행 중인 누리과정에도 진로교육의 목표와 내용이 상당부분 포함되어 있다. 또한 교육현장에서도 다양한 접근방법으로 진로교육 관련 활동들을 실시하고 있다. 초등학교처럼 국가수준의 유아진로교육 목표와 내용이 제시되지는 않았지만 유아교육과정의 내용에 포함되어 있으며 교육현장에서 실제 교육되고 있다면 유아진로교육의 목표와 내용을 구체화할 필요가 있다. 따라서 여기에서는 교육부(2015)에서 제시한 초등학교 진로교육의 목표와 내용을 유아의 발달과 수준에 적합하게 수정하여 유아진로교육의 목표와 내용을 구성하였다.

교육부(2015)는 학교 급별 진로교육의 목표를 통해 '자기이해와 사회적 역량', '일과 직업 세계의 이해', '진로탐색', '진로디자인과 설계'라는 네 가지 대영역을 구성하고 하위역량요소를 초 · 중 · 고 학교 급별로 동일하게 유지하면서 비중이나 수준에 차이를 두도록 하고 있다. 따라서 유아진로교육도 초등학교 진로교육과의 연계성을 고려하여 대영역은 교육부(2015)의 진로교육 영역과 동일하게 하였으며 각 영역에 속하는 하위역량요소는 교육부(2015)의 초등학교 진로교육 내용을 토대로 이영대 외(2005)와 한국진로교육학회(2011)가 제시한 유치원와 초등학교 단계의 진로교육 목표와 내용을 종합한 후 유아의 발달과 수준에 적합하게 수정하여 구성하였다. 세부적인 내용과 설명은 다음과 같다.

1. 유아진로교육의 목표

> 자신을 존중하고 일에 대한 기초적 이해와 긍정적 태도를 형성하며
> 일과 직업에 대한 탐색과 체험을 통해 진로인식을 기른다

유아진로교육의 목표는 자신을 존중하고 다른 사람과의 긍정적인 상호작용을 하며 일에 대한 기초적 이해와 긍정적 태도를 형성하고 일과 직업에 대한 탐색과 체험을 통해 진로인식을 기르는 데 있다. 유아진로교육에서는 먼저, 유아가 자신에 대해 긍정적으로 생각하고 다른 사람과 원만한 대인관계를 맺으며 더불어 생활할 수 있는 능력을 기르는 데 강조점을 둔다. 이를 기초로 유아가 다양한 일과 직업에 관심을 갖고 직업과 우리 생활과의 연관성을 생각해 보며 일에 대한 긍정적인 태도를 기르도록 해야 하며 다양한 방법과 체험을 통해 직업 관련 정보를 탐색하는 데 관심을 갖도록 해야 한다. 또한 진로를 설계하고 계획할 수 있는 능력의 기초가 되는 의사결정과 자기 일을 계획하고 실천하는 것이 중요하다는 인식을 기르는 데 중점을 둔다.

1) 자신에 대해 긍정적으로 생각하고 다른 사람과의 긍정적 상호작용을 통해 더불어 생활할 수 있는 능력과 태도를 기른다.
2) 다양한 일과 직업에 관심을 갖고 직업과 우리 생활과의 연관성을 생각해 보며 일에 대한 긍정적인 태도를 기른다.
3) 다양한 방법과 체험을 통해 직업 정보를 탐색하는 데 관심을 갖는다.
4) 일상생활에서 스스로 의사결정을 하는 것과 자기 일을 계획하고 실천하는 것이 중요하다는 인식을 기른다.

2. 유아진로교육의 내용

1) 자기이해와 사회적 역량 개발

이 영역에서는 자신에 대한 긍정적인 개념을 형성하고 자신의 장단점, 특성에 대하여 비교적 정확하고 객관적인 이해를 하도록 노력하고, 다양한 상황과 맥락 속에서의 자신의 존재를 이해하고 타인과 적절하게 관계 맺고 소통할 수 있는 역량을 길러야 한다(교육과학기술부, 2012b). 유아교육 단계에서는 긍정적인 자아개념의 형성이 가장 큰 과제이며 다른 사람과의 긍정적 상호작용의 기초를 마련하도록 한다.

(1) 자기 이해와 긍정적 자아개념 형성

교육목표	교육내용
자신에 대해 알아본다.	• 나에 대해 관심을 갖는다. • 내가 좋아하는 것과 싫어하는 것을 알아본다. • 내가 잘하는 것과 못하는 것을 알아본다.
자신에 대해 긍정적으로 생각하고 자신이 소중한 존재임을 인식한다.	• 나는 소중한 사람임을 안다. • 나에 대해 긍정적으로 생각한다.

유아기는 자아개념이 형성되기 시작하는 시기로 자아개념은 진로발달에 영향을 미치는 매우 중요한 요인이다. 자아개념형성을 위해서는 유아가 자신에 대해 관심을 가지고 자신이 좋아하는 것과 싫어하는 것이 무엇인지, 잘하는 것과 못하는 것이 무엇인지를 알아보면서 자신에 대해 알고 이해하는 것이 중요하다. 유아기에 형성된 자아개념은 유아기를 지나도 지속적으로 영향을 미치기 때문에 유아가 자신에 대해 알고 이해할 수 있는 다양한 교육적 경험을 제공하는 것이 필요하다.

유아의 자아개념형성에서 가장 중요한 것은 유아가 자신을 소중하고 사랑받을 만한 가치가 있는 존재로 인식하는 것이다. 이러한 긍정적 자아개념은 원만한 사회생활을 하기 위한 가장 필수 요건이므로 유아가 사람마다 각기 다른 모습, 고유한 특성 및 능력을 가지고 있다는 것을 인식하고 자신의 특성들을 긍정적으로 받아들임으로써 자신을 소중한 존재로 인식할 수 있도록 지도하여야 한다. 유아가 긍정적인 자아존중감을 형성하기 위해서는 자신 및 주변 환경에 대한 관심과 이해를 바탕으로 자기 스스로가 소중한 이유에 대해 생각해 볼 수 있는 경험을 제공하여야 한다.

(2) 다른사람과의 긍정적 상호작용

교육목표	교육내용
자신과 다른 사람의 차이를 알고 존중할 수 있다.	• 가족, 친구, 교사 및 주변 사람과 화목하게 지낸다. • 나와 다른 사람의 차이에 관심을 갖고 차이점을 알아본다. • 나와 다른 사람의 생각, 감정, 문화 등을 존중한다.
때와 장소, 대상과 상황에 맞게 의사소통할 수 있다.	• 다른 사람의 이야기를 끝까지 주의 깊게 듣는다. • 듣는 사람의 생각과 느낌을 고려하여 말한다. • 때와 장소, 대상에 알맞게 말한다.

유아의 대인관계 형성능력은 유아가 다른 사람과 원만한 관계를 맺고 유지해 나가는 데 있어 매우 중요한 능력으로써, 긍정적인 대인관계는 자아개념과 진로발달의 기초가 되며 매우 중요한 사회적 능력이다.

유아는 일상의 생활 속에서 많은 타인과 관계를 맺고 있으며 타인들과의 만족스러운 대인관계 속에서 자기 자신과 타인에 대한 이해, 수용, 개방을 통해 보다 풍부하고 완성된 인간으로 성장하고 발달하게 된다. 즉, 대인관계는 다른 사람을 대하는 내적 성격과 외적 행동성을 포함하는 것으로 다른 사람의 감정과 생각을 존중하는 가운데 서로가 서로를 긍정적으로 수용하는 것이다(이원영 · 박찬옥 · 노영희, 1993). 따라서 원만한 대인관계를 형성하기 위해서는 상대방의 사고, 감정, 의도 등을 이해하고 존중하며 원하는 것을 정확하게 전달할 수 있는 의사소통능력이 있어야 한다(Parker & Asher, 1987).

따라서 유아의 원만한 대인관계형성을 위해 유아가 주변 사람들과 친밀감을 갖고 잘 어울릴 수 있도록 지도하고 자신과 다른 사람의 차이점을 알아보고, 사람은 누구나 각기 생김새나 성격, 성별, 사고방식, 문화 등에 차이가 있는 서로 다른 존재임을 알고 그 차이를 존중할 수 있는 다양한 경험과 활동을 제공하여야 한다. 또한 원만한 대인관계를 형성하는 데 필요한 사회적 기술을 기르기 위해서는 자신이나 타인의 감정을 알고 적절하게 표현할 있는 의사소통능력이 필요하다. 그러므로 유아가 다른 사람의 말을 잘 듣고 이해한 다음 자신의 의견을 말할 수 있는 의사소통능력을 기를 수 있도록 기회를 제공하여야 하며 유아가 자신의 생각과 느낌을 상대방에게 잘 전달하여 이해시키고 설득하기 위해서는 때와 장소, 대상을 고려하는 것이 필요하다는 것을 이해하고 실천할 수 있도록 지도하여야 한다(교육부 · 보건복지부, 2015).

2) 일과 직업 세계 이해

일과 직업 세계의 이해 영역에서는 학생들이 일과 직업의 중요성과 가치, 직업 세계의 구성이나 체계를 이해하고, 건강한 직업의식을 배양해야 한다(교육과학기술부, 2012b). 유아교육에서는 일과 직업에 대해 인식하고 직업과 우리 생활과의 연관성을 직업 세계를 이해하고 직업에 대한 긍정적인 가치관 형성과 자신의 일을 열심히 하는 태도를 형성하도록 한다.

(1) 일과 직업에 대한 인식

교육목표	교육내용
생활주변에서 볼 수 있는 일과 직업에 대해 알아본다.	• 주변 사람들이 하는 일에 관심을 갖는다. • 다양한 직업에 관심을 갖고 알아본다.
직업과 우리 생활과의 연관성을 알아본다.	• 직업과 우리 생활이 서로 관련되어 있음을 알아본다. • 모든 직업이 소중함을 안다.

유아는 부모와 주위사람의 직업을 인식하는 데서 진로를 인식하기 시작하며(임연정, 2011) 일상생활 속에서 만나는 다양한 사람들이 하는 일에 관심을 갖고 일하는 사람들의 고유한 역할이나 기능이 있음을 이해해 나간다(교육부 · 보건복지부, 2015). 따라서 유아가 가족이 하는 일과 직업에 대해 알아보는 것으로부터 시작하여 주변 사람들의 다

양한 직업에 대해 관심을 갖고 직업의 종류와 하는 일에 대해 알아보는 것이 필요하다. 이는 유아가 사람들이 하는 일에 대해 알아보고 일의 즐거움을 느끼게 하며, 세상에는 다양한 직업과 일이 있다는 것에 관심을 갖게 한다. 유아는 이러한 직업들이 자신의 생활에 어떤 도움을 주는지를 알아봄으로써 유아의 생활과 다양한 직업들이 어떤 연관성을 가지고 있는지를 인식하고 모든 직업이 소중하다는 것을 알 수 있다. 따라서 유아가 일과 직업에 대해 인식하는 것을 돕기 위해 부모와 주위의 다양한 직업들을 탐색할 수 있는 기회를 제공하여야 한다.

(2) 일에 대한 긍정적 태도

교육목표	교육내용
직업에 대한 긍정적인 태도를 형성한다.	• 직업을 갖는 이유를 알아본다. • 직업에 대한 긍정적인 태도를 기른다.
자신에게 주어진 일을 열심히 하는 태도를 기른다.	• 다른 사람과 한 약속이나 규칙을 지킨다. • 다른 사람과 서로 돕고 협력한다. • 가정과 유치원에서 내가 할 수 있는 일을 알아보고 실천한다. • 내가 해야 할 일을 열심히 하는 태도를 기른다.
직업에 대한 개방적 태도를 기른다.	• 남자와 여자가 하는 일에 구분이 없음을 안다. • 직업에 대한 개방적 인식을 형성한다.

사람들이 직업을 갖고 일을 하는 것은 돈을 벌기 위한 경제적인 이유도 있지만 일을 함으로써 보람과 기쁨을 얻으며 다른 사람들에게 도움을 줄 수 있다고 하는 일에 대한 가치를 인식하고 일에 대한 긍정적인 태도를 기르는 것이 중요하다.

직업인으로서 갖추어야 할 성실성과 책임감은 유아기 때부터 자신에게 주어진 일을 열심히 하고 작은 일에 최선을 다하는 습관과 태도에서 시작되며 이 시기에 형성된 태도와 습관은 평생 지속된다. 따라서 유아가 협력하며 약속이나 규칙 등 사회적으로 중요하게 공유하는 가치를 실천하며 공동체 구성원이 되는 기본소양을 기를 수 있도록 유아기부터 약속, 규칙, 질서, 배려, 협동, 책임감 등 실천 위주의 기본생활 습관교육이 이루어져야 한다(교육부 · 보건복지부, 2015).

이러한 습관과 태도 형성을 위해 다른 사람과의 약속, 규칙지키기를 실천하고 습관화하여야 하며 집단의 한 구성원으로 즐겁게 협조하고 친구들의 요청에 자발적으로 응하는 참여와 협력의 자세도 가질 수 있도록 지도하여야 한다. 또한 유아가 가정과 유치원에서 자신이 할 수 있는 일을 알고 참여해 보면서 협동심과 공동체의식을 발전시키게 된다. 따라서 교사는 유아가 자신의 수준에서 가족, 친구, 선생님에게 도움이 될 수 있는 일에 대해 알아보고 실천해 봄으로써 자신의 역할에 대해 생각해 보고, 유아 자신의 임무나 의무를 중요하게 여기고 책임 있게 행동하는 습관과 태도를 기를 수 있도록 지도하여야 한다(교육부 · 보건복지부, 2015).

직업에 대한 편견과 고정관념은 어린 시절부터 형성되기 때문에(교육부, 2015) 유아기 때부터 올바른 직업관을 가질 수 있도록 노력해야 한다. 따라서 돈을 많이 버는 직업이 좋다, 힘든 일은 좋지 않다, 남자와 여자가 하는 일이 따로 있다 등과 같은 편견이나 고정관념 없이 모든 직업은 소중하며 성(性)의 차이가 없음을 인식함으로써 직업에 대한 개방적 태도를 기를 수 있도록 지도하여야 한다.

3) 진로 탐색

진로탐색 영역에서는 앞으로 자신의 진로를 구성하게 되는 직업과 교육기회에 대하여 이해하고 체계적으로 탐색하는 역량을 기르는 데 중점을 둔다(교육과학기술부, 2012b). 유아교육에서는 주변의 직업에 대하여 정보를 탐색하고 수집하는 기초적인 역량을 함양하도록 한다.

(1) 직업정보의 탐색

교육목표	교육내용
여러 가지 방법으로 직업정보를 탐색한다.	• 책, TV, 인터넷 등에서 접한 다양한 직업에 관심을 갖는다. • 내가 좋아하는 것과 관련된 직업에 대해 알아본다.
직업과 관련된 다양한 체험활동을 경험한다.	• 직업과 관련된 체험활동에 즐겁게 참여한다. • 체험활동을 통해 알게 된 점을 다양한 방법으로 표현해 본다.

유아들은 생활주변에서 다양한 일과 직업을 직접적으로 접하기도 하기만 책, TV, 컴퓨터 등의 매체를 통해 간접적으로 접할 기회를 많이 갖는다. TV를 통해 월드컵 경기를 볼 때는 유아들이 축구선수에 관심을 많이 보이고, 요리프로그램을 보면 요리사에 관심을 갖게 된다. 이와 같이 유아들의 생활 속에서 친숙한 책, TV, 컴퓨터 등은 직업에 대한 새로운 관심을 갖게 하기도 하고, 관심 있는 직업에 대해 좀 더 알아볼 수 있는 정보를 제공하기도 한다. 따라서 유아들이 다양한 직업에 관심을 가질 수 있도록 하는 방법으로 책, TV, 컴퓨터 등을 활용하기도 하고 관심 있어 하는 직업에 대한 정보를 찾는 다양한 방법에 대해 알아봄으로써 여러 가지 방법으로 직업정보를 탐색해 보는 경험을 제공하여야 한다.

유아기는 구체적이고 직접적인 활동과 놀이를 통한 교육이 가장 효과적이다. 따라서 유아들이 다양한 일과 직업에 대해 이해할 수 있도록 직업과 관련된 다양한 체험활동을 제공하는 것이 중요하다. 그러므로 유치원에서는 지역사회와의 연계를 통해 우리 동네의 다양한 직업현장에서 직접체험하고 전문가들과의 만남을 통해 직업에 대한 궁금증을 알아보는 활동으로 유아들이 직업과 관련된 체험활동에 즐겁게 참여할 수 있는 기회를 제공하여야 한다. 또한 이러한 활동 후에는 체험활동을 통해 알게 된 점을 다양한 방법으로 표현해 볼 수 있는 시간을 마련함으로써 유아들이 직업에 대한 인식을 좀 더 구체화하고 이해를 높일 수 있도록 지도하는 것이 효과적이다.

4) 진로디자인과 준비

이 영역에서는 자기이해와 다양한 진로탐색을 바탕으로 자신의 진로를 적극적이고 창의적으로 설계하고 적절한 계획을 수립하고 준비하는 역량을 기른다. 이를 위해서는 합리적으로 의사결정을 할 수 있는 역량을 기르고, 선택한 진로경로를 이행하기 위해서 적절하게 진로계획을 수립하고 지속적으로 진로계획을 수정 · 보완하여 충실한 진로준비를 수행하는 역량을 함양해야 한다(교육과학기술부, 2012b). 유아교육에서는 의사결정의 중요성 인식과 계획과 실천의 중요성 인식에 중점을 둔다.

(1) 의사결정의 중요성 인식

교육목표	교육내용
일상생활에서 의사결정의 중요성을 인식한다.	• 일상생활에서 의사결정이 필요한 상황을 알아본다. • 여러 가지 의사결정 방법이 있음을 인식한다. • 다양한 상황에서 스스로 의사결정을 내리는 경험을 해 본다. • 내가 내린 의사결정에는 책임이 따름을 안다.

인간은 누구나 끊임없이 크고 작은 선택과 결정을 하며 살아간다. 끊임없이 어떠한 선택을 해야만 하는 우리의 삶에서 의사결정능력은 인간에게 요구되는 필수적인 능력이라 할 수 있다. 의사결정능력은 개인이나 집단의 목표를 효과적으로 달성하기 위해 자기의 책임을 인식하는 가운데 합리적인 사고 과정을 통해 최선의 대안을 선택, 결정하는 능력으로 진로결정뿐 아니라 인생 전반에 지대한 영향을 미친다. 유아기는 의사결정과정에 참여함으로써 의사결정능력을 키워 나가야 하는 중요한 시기로 이 시기의 의사결정 경험은 이후 청소년기, 성인기로 이어지는 의사결정력에 영향을 미치며 본인의 적성, 능력, 성격 등을 고려하여 과학적 · 합리적 자료를 근거로 자신의 진로를 결정할 수 있는 능력의 기초가 된다. 유아는 선택권이 제공될 때, 대안을 생각하고, 정보를 찾아보고, 결과를 고려하고, 결과에 대한 책임을 수용하는 등 의사결정 기술을 연습하게 된다(Hendrick, 2000). 유아 스스로 선택, 결정하는 경험을 통해 자율성과 독립심을 기르고 계획한 활동의 결과에 대한 책임감을 갖게 되며, 자신의 생각과 행동을 조절하는 자기조절 능력이 발달한다(양옥승, 2003). 따라서 유아가 의사결정자로서 능동적으로 참여하고 자신이 하고 싶은 일을 고민하여 스스로 선택하고 계획을 세워보는 경험과 기회를 많이 제공하는 것이 중요하다. 자유선택활동 시간에 유아 스스로 무엇을 할 것인가를 생각해 보고 하고 싶은 놀이를 자유롭게 선택하여 놀이하거나 놀이 과정에서 생기는 다양한 문제상황을 해결하기 위해 스스로 판단하고 의사결정하는 경험을 할 수 있게 지도하여야 한다. 또한 일과 속에서 갈등이 발생했을 때 스스로가 우선순위를 정해 보도록 하여 자신의 선택에 따른 결과를 예측해보는 기회를 갖도록 하고(교육부 · 보건복지부, 2015) 자신의 의사결정에는 책임이 따름을 알 수 있도록 하는 것이 중요하다.

(2) 계획과 실천의 중요성 인식

교육목표	교육내용
일상생활에서 계획과 실천의 중요성을 인식한다.	• 유치원에서 놀이를 계획하고 실천하는 경험을 한다. • 일상생활에서 계획을 세우고 실천해 보면서 계획의 중요성을 인식한다.
자신의 꿈을 그려본다.	• 나의 꿈과 관련된 미래의 모습을 그려본다.

진로교육에서 자신의 진로를 계획하고 실천하는 태도를 기르는 것이 매우 중요하다. 이러한 태도는 유아기 때부터 자신의 일을 스스로 계획하고 실천해 보는 경험을 통해 형성되며 유아 스스로 놀이를 계획하고, 계획에 따라 놀이하는 경험을 통해 의사결정능력이 발달한다(Casey & Lippman, 1991). 유아가 하고자 하는 일들을 스스로 계획하고 실천하며 활동의 결과를 평가해 볼 수 있는 경험을 통해 계획을 중요성을 인식할 수 있게 되므로 유아 스스로 해야 할 일을 알아보고 계획하여 실천해 보는 것이 중요하다. 따라서 유아가 자유선택활동시간에 하고 싶은 놀이를 계획해서 놀이한 후 평가해 볼 수 있게 함으로써 계획-실천-평가의 과정에 익숙할 수 있도록 지도하고 유아가 자신이 시작한 일을 스스로 끝까지 마무리할 수 있는 기회를 제공하여 자신이 이룬 것에 대해 긍정적으로 생각할 수 있는 기회를 제공하여야 한다(교육부 · 보건복지부, 2015).

〈표 3-1〉 유아진로교육의 영역별 목표와 내용

영역		영역별 목표와 내용
대영역	중영역	
Ⅰ. 자기 이해와 사회적 역량 개발	자기 이해와 긍정적 자아개념 형성	**자신에 대해 알아본다.** • 나에 대해 관심을 갖는다. • 내가 좋아하는 것과 싫어하는 것을 알아본다. • 내가 잘하는 것과 못하는 것을 알아본다. **자신에 대해 긍정적으로 생각하고 자신이 소중한 존재임을 인식한다.** • 나는 소중한 사람임을 안다. • 나에 대해 긍정적으로 생각한다.

	다른 사람과의 긍정적 상호작용	**자신과 다른 사람의 차이를 알고 존중할 수 있다.** • 가족, 친구, 교사 및 주변 사람과 화목하게 지낸다. • 나와 다른 사람의 차이에 관심을 갖고 차이점을 알아본다. • 나와 다른 사람의 생각, 감정, 문화 등을 존중한다. **때와 장소, 대상과 상황에 맞게 의사소통할 수 있다.** • 다른 사람의 이야기를 주의 깊게 듣는다. • 듣는 사람의 생각과 느낌을 고려하여 말한다. • 때와 장소, 대상에 알맞게 말한다.
Ⅱ. 일과 직업 세계 이해	일과 직업에 대한 인식	**생활주변에서 볼 수 있는 일과 직업에 대해 알아본다.** • 주변 사람들이 하는 일에 관심을 갖는다. • 다양한 직업에 관심을 갖고 알아본다. **직업과 우리 생활과의 연관성을 알아본다.** • 직업과 우리 생활이 서로 관련되어 있음을 알아본다. • 모든 직업이 소중함을 안다.
	일에 대한 긍정적 태도	**직업에 대한 긍정적인 태도를 형성한다.** • 직업을 갖는 이유를 알아본다. • 직업에 대한 긍정적인 태도를 기른다. **자신에게 주어진 일을 열심히 하는 태도를 기른다.** • 다른 사람과 한 약속이나 규칙을 지킨다. • 다른 사람과 서로 돕고 협력한다. • 가정과 유치원에서 내가 할 수 있는 일을 알아보고 실천한다. • 내가 해야 할 일을 열심히 하는 태도를 기른다. **직업에 대한 개방적 태도를 기른다.** • 남자와 여자가 하는 일에 구분이 없음을 안다. • 직업에 대한 개방적 인식을 형성한다.
Ⅲ. 진로 탐색	직업 정보의 탐색	**여러 가지 방법으로 직업정보를 탐색한다.** • 책, TV, 인터넷 등에서 접한 다양한 직업에 관심을 갖는다. • 내가 좋아하는 것과 관련된 직업에 대해 알아본다. **직업과 관련된 다양한 체험활동을 경험한다.** • 직업과 관련된 체험활동에 즐겁게 참여한다. • 체험활동을 통해 알게 된 점을 다양한 방법으로 표현해 본다.
Ⅳ. 진로 디자인과 준비	의사결정의 중요성 인식	**일상생활에서 의사결정의 중요성을 인식한다.** • 일상생활에서 의사결정이 필요한 상황을 알아본다. • 여러 가지 의사결정 방법이 있음을 인식한다. • 다양한 상황에서 스스로 의사결정을 내리는 경험을 해 본다. • 내가 내린 의사결정에는 책임이 따름을 안다.

	계획과 실천의 중요성 인식	**일상생활에서 계획과 실천의 중요성을 인식한다.** • 유치원에서 놀이를 계획하고 실천하는 경험을 한다. • 일상생활에서 계획을 세우고 실천해 보면서 계획의 중요성을 인식한다. **자신의 꿈을 그려본다.** • 나의 꿈과 관련된 미래의 모습을 그려본다.

3. 유아진로교육과 초등학교 진로교육의 비교

유아진로교육의 목표와 내용이 초등학교 진로교육의 목표, 내용과 어떻게 연계되어 있으며 각 영역별 내용이 유아와 초등 간에 어떠한 차이가 있는지를 비교하여 표로 제시하면 다음과 같다.

〈표 3-2〉 유아진로교육과 초등학교 진로교육의 목표 비교

유아진로교육	초등학교 진로교육
자신을 존중하고 일에 대한 기초적 이해와 긍정적 태도를 형성하며 일과 직업에 대한 탐색과 체험을 통해 진로인식을 기른다.	자신과 일에 대한 이해와 긍정적 가치를 형성하고 다양한 진로탐색과 체험을 바탕으로 자신의 꿈을 찾고 진로를 설계할 수 있는 진로개발역량의 기초를 배양한다.
1) 자신에 대해 긍정적으로 생각하고 다른 사람과의 긍정적 상호작용을 통해 더불어 생활할 수 있는 능력과 태도를 기른다.	1) 긍정적 자아개념을 형성하고 자신의 흥미와 적성을 탐색하며 타인을 배려하고 의사소통하는 역량의 기초를 기른다.
2) 다양한 일과 직업에 관심을 갖고 직업과 우리 생활과의 연관성을 생각해 보며 일에 대한 긍정적인 태도를 기른다.	2) 일과 직업의 의미와 역할, 직업 세계의 다양성과 변화를 이해하고 일에 대한 긍정적이고 개방적인 태도를 형성한다.
3) 다양한 방법과 체험을 통해 직업정보를 탐색하는 데 관심을 갖는다.	3) 진로에서 학습의 중요성을 이해하고 바른 학습 태도를 가지며 다양한 방법과 체험을 통해 직업 정보를 탐색하는 능력을 키운다.
4) 일상생활에서 스스로 의사결정을 하는 것과 자기 일을 계획하고 실천하는 것이 중요하다는 인식을 기른다.	4) 자기 이해와 다양한 진로탐색을 바탕으로 자신의 진로를 설계하고 계획할 수 있는 기초적인 의사결정과 계획수립 역량을 기른다.

〈표 3-3〉 유아진로교육과 초등학교 진로교육의 내용 비교

<table>
<tr><th colspan="4">Ⅰ. 자기이해와 사회적 역량 개발</th></tr>
<tr><th colspan="2">유아진로교육</th><th colspan="2">초등학교 진로교육</th></tr>
<tr><th>영역</th><th>영역별 목표와 내용</th><th>영역</th><th>영역별 목표와 내용</th></tr>
<tr><td rowspan="2">자기 이해와 긍정적 자아 개념 형성</td><td>자신에 대해 알아본다.
–나에 대해 관심을 갖는다.
–내가 좋아하는 것과 싫어하는 것을 알아본다.
–내가 잘하는 것과 못하는 것을 알아본다.</td><td rowspan="2">자기 이해 및 긍정적 자아 개념 형성</td><td>자신의 장점 및 특성을 찾아본다.
–자신의 흥미와 적성을 찾아 자신의 특성을 알아본다.
–자신이 잘하는 것과 좋아하는 것을 계발할 수 있도록 노력한다.
–자신의 장점을 통해 자신감을 갖고 행동한다.</td></tr>
<tr><td>자신에 대해 긍정적으로 생각하고 자신이 소중한 존재임을 인식한다.
–나는 소중한 사람임을 안다.
–나에 대해 긍정적으로 생각한다.</td><td>자신이 소중한 존재임을 안다.
–자신을 긍정적으로 받아들이는 태도를 갖는다.
–가정과 학교 등 여러 환경 속에서 나를 소중히 여기는 생활을 실천한다.</td></tr>
<tr><td rowspan="2">다른 사람과의 긍정적 상호 작용</td><td>자신과 다른 사람의 차이를 알고 존중할 수 있다.
–가족, 친구, 교사 및 주변 사람과 화목하게 지낸다.
–나와 다른 사람의 차이에 관심을 갖고 차이점을 알아본다.
–나와 다른 사람의 생각, 감정, 문화 등을 존중한다.</td><td rowspan="2">대인 관계 및 의사 소통 역량 개발</td><td>대인관계의 중요성을 이해하고 타인을 배려할 수 있다.
–가족, 친구, 이웃 등 주변 사람과 친밀하게 지낸다.
–나와 같이 다른 사람도 소중함을 알고 행동한다.
–서로 다른 생각, 감정, 문화 등을 이해한다.</td></tr>
<tr><td>때와 장소, 대상과 상황에 맞게 의사소통할 수 있다.
–다른 사람의 이야기를 주의 깊게 듣는다.
–듣는 사람의 생각과 느낌을 고려하여 말한다.
–때와 장소, 대상에 알맞게 말한다.</td><td>대인관계에서 의사소통의 중요성을 이해하고 의사소통할 수 있다.
–대인관계에서 의사소통의 중요성을 안다.
–대화 상대와 상황에 맞게 잘 듣고 적절하게 말한다.</td></tr>
<tr><th colspan="4">Ⅱ. 일과 직업 세계 이해</th></tr>
<tr><th colspan="2">유아진로교육</th><th colspan="2">초등학교 진로교육</th></tr>
<tr><th>영역</th><th>영역별 목표와 내용</th><th>영역</th><th>영역별 목표와 내용</th></tr>
<tr><td rowspan="2">일과 직업에 대한 인식</td><td>생활주변에서 볼 수 있는 일과 직업에 대해 알아본다.
–우리 동네 사람들이 하는 일에 관심을 갖는다.
–다양한 직업에 관심을 갖고 알아본다.</td><td rowspan="2">변화 하는 직업 세계 이해</td><td>일과 직업의 의미와 역할을 이해한다.
–주변의 직업들이 없는 자신의 생활을 상상해 보고 모든 일과 직업의 소중함을 이해한다.
–일과 직업의 다양한 역할과 기능을 설명한다.</td></tr>
<tr><td>직업과 우리 생활과의 연관성을 알아본다.
–직업과 우리 생활이 서로 관련되어 있음을 알아본다.
–모든 직업이 소중함을 안다.</td><td>일과 직업의 다양한 종류와 변화를 이해한다.
–생활 속의 다양한 직업을 찾아보고 각 직업이 하는 일을 설명한다.
–현재의 직업들이 변화해온 모습을 이해한다.</td></tr>
</table>

영역	영역별 목표와 내용	영역	영역별 목표와 내용
일에 대한 긍정적 태도	**직업에 대한 긍정적인 태도를 형성한다.** –직업을 갖는 이유를 알아본다. –직업에 대한 긍정적인 태도를 기른다.	건강한 직업 의식 형성	**직업에 대한 긍정적인 태도를 형성한다.** –자신의 일을 즐기는 직업인의 사례를 통해 좋아하는 일을 하는 것의 기쁨과 보람을 이해한다. –자신이 직업을 가져야 하는 이유와 이를 통해 얻을 수 있는 긍정적 가치를 말한다.
	자신에게 주어진 일을 열심히 하는 태도를 기른다. –다른 사람과 한 약속이나 규칙을 지킨다. –다른 사람과 서로 돕고 협력한다. –가정과 유치원에서 내가 할 수 있는 일을 알아보고 실천한다. –내가 해야 할 일을 열심히 하는 태도를 기른다.		**맡은 일에 최선을 다하는 태도를 기른다.** –자신이 맡은 일에 최선을 다한 사람의 사례를 탐색한다. –가정과 학교에서의 자신의 역할과 책임을 알아보고 최선을 다하는 태도를 기른다.
	직업에 대한 개방적 태도를 기른다. –남자와 여자가 하는 일에 구분이 없음을 안다. –직업에 대한 개방적 인식을 형성한다.		**직업에 대한 편견과 고정관념을 극복하여 개방적인 인식을 형성한다.** –직업에 대해 떠오르는 생각을 통해 자신이 지닌 고정관념이나 편견이 무엇인지 설명한다. –직업에 대한 편견과 고정관념을 극복한 사례를 통해 직업에 대한 개방적인 태도를 기른다.
Ⅲ. 진로탐색			
유아진로교육		초등학교 진로교육	
영역	영역별 목표와 내용	영역	영역별 목표와 내용
		교육 기회의 탐색	**진로에서 학습이 중요함을 이해하고 바른 학습 태도를 갖는다.** –자신의 미래 진로를 위해 공부를 해야 하는 이유에 대해 설명한다. –공부에 대해 긍정적이고 적극적인 태도를 기른다. –자신에게 효과적인 학습방법을 알아본다.
			학교의 유형과 특성을 이해하고 탐색한다. –초등학교 이후의 학습경로를 안다. –학교의 유형이 다양하다는 것을 안다.
직업 정보의 탐색	**여러 가지 방법으로 직업정보를 탐색한다.** –책, TV, 인터넷 등에서 접한 다양한 직업에 관심을 갖는다. –내가 좋아하는 것과 관련된 직업에 대해 알아본다.	직업 정보의 탐색	**여러 가지 방법으로 직업정보를 탐색하고 수집한다.** –책, TV, 인터넷 등에서 접한 다양한 직업에 대해 탐색한다. –존경하거나 닮고 싶은 인물의 직업경로를 알아본다.

<table>
<tr><td></td><td>직업과 관련된 다양한 체험활동을 경험한다.
–직업과 관련된 체험활동에 즐겁게 참여한다.
–체험활동을 통해 알게 된 점을 다양한 방법으로 표현해 본다.</td><td></td><td>다양한 체험활동을 통해 직업을 이해한다.
–체험활동의 의미와 구체적인 방법을 안다.
–다양한 체험활동을 통해 알게 된 직업의 특징과 소감에 대해 말한다.</td></tr>
<tr><td colspan="4">Ⅳ. 진로디자인과 준비</td></tr>
<tr><td colspan="2">유아진로교육</td><td colspan="2">초등학교 진로교육</td></tr>
<tr><td>영역</td><td>영역별 목표와 내용</td><td>영역</td><td>영역별 목표와 내용</td></tr>
<tr><td rowspan="2">의사 결정의 중요성 인식</td><td rowspan="2">일상생활에서 의사결정의 중요성을 인식한다.
–일상생활에서 의사결정이 필요한 상황을 알아본다.
–여러 가지 의사결정 방법이 있음을 인식한다.
–다양한 상황에서 스스로 의사결정을 내리는 경험을 해 본다 .
–내가 내린 의사결정에는 책임이 따름을 안다.</td><td rowspan="2">진로 의사 결정 능력 개발</td><td>다양한 의사결정 방법을 안다.
–일상생활에서 의사결정이 필요한 상황을 알아본다.
–여러 가지 의사결정 방법과 특성을 이해한다.</td></tr>
<tr><td>다양한 상황에서 스스로 의사결정을 내릴 수 있다.
–일상의 여러 문제에 대해서 스스로 의사결정을 내린다.
–자신의 주요 의사결정 방법을 알고 그에 대한 장단점을 이해한다.</td></tr>
<tr><td rowspan="2">계획과 실천의 중요성 인식</td><td>일상생활에서 계획과 실천의 중요성을 인식한다.
–유치원에서 놀이를 계획하고 실천하는 경험을 한다.
–일상생활에서 계획을 세우고 실천해 보면서 계획의 중요성을 인식한다.</td><td rowspan="2">진로 설계와 준비</td><td>진로 계획 수립의 중요성을 이해한다.
–계획을 세워 진행한 일과 그렇지 않은 일의 차이를 이해한다.
–일상의 여러 가지 일을 계획을 세워 실천해 보고 계획의 중요성을 말한다.</td></tr>
<tr><td>자신의 꿈을 그려본다.
–나의 꿈과 관련된 미래의 모습을 그려 본다.</td><td>자신의 꿈과 끼에 맞는 진로를 그려본다.
–자신이 좋아하는 일, 잘하는 일을 찾아본다.
–자신의 꿈과 관련된 미래의 자신의 모습을 그려본다.
–자신의 꿈을 담아 진로계획을 세워본다.</td></tr>
</table>

Chapter

04

유아진로교육과 누리과정

1. 누리과정의 유아진로교육 관련 목표
2. 누리과정의 유아진로교육 관련 내용

우리나라 유아교육은 2012년에 「3–5세 연령별 누리과정」이 고시되어 현재 누리과정에 의거하여 교육이 이루어지고 있다. 국가수준의 교육과정은 기본교육과정으로 교사가 교육과정을 계획 · 수립할 때 이를 우선 반영하여야 한다. 누리과정을 살펴보면 진로교육이라는 용어를 직접 사용하지 않지만 5세 누리과정에서 추구하는 인간상이 '폭넓은 교양을 바탕으로 진로를 개척하는 사람'이며, 3–5세 누리과정의 구성방향으로 '질서, 배려, 협력 등 기본생활습관과 바른 인성을 기르는 것에 중점을 둔다'를 제시하고 있다. 또한 유아의 심신의 건강과 조화로운 발달을 도와 민주시민의 기초를 형성하는 것을 목적으로 '자신을 존중하고 다른 사람과 더불어 생활하는 능력과 태도를 기른다'를 제시하고 있어 진로교육을 통해 올바른 인성을 바탕으로 사회공동체의 구성원으로 살아갈 수 있는 민주시민을 길러야 함을 강조하면서 실제적으로 교육과정에 진로교육의 목표와 내용이 포함되어 있다. 유아를 위한 진로교육을 구성하기 위해서는 교육과정에 제시된 진로교육 관련 목표와 교육내용이 무엇인지를 살펴볼 필요가 있다. 따라서 여기에서는 3–5세 누리과정에 포함된 진로교육 관련 교육목표와 내용을 살펴보고자 한다.

1. 누리과정의 유아진로교육 관련 목표

3–5세 연령별 누리과정은 신체운동 · 건강 영역, 의사소통 영역, 사회관계 영역, 예술경험 영역, 자연탐구 영역의 5개 영역으로 구성되어 있으며, 이 중 유아진로교육과 관련된 내용은 '사회관계 영역'과 '의사소통 영역'에 주로 제시되어 있다. 3–5세 연령별 누리과정 해설서와 교사용 지침서의 '사회관계 영역'과 '의사소통 영역'에 명시된 내용 중에서 유아진로교육에 관한 내용들을 정리하여 살펴보면 다음과 같다.

자신을 소중히 여기며 자율성을 기른다.

유아기는 긍정적인 자아 인식을 바탕으로 자신을 소중하게 생각하고 존중하며 자신의 삶을 스스로 판단하여 실천하는 자율성을 갖추어가는 시기이다. 유아는 자신의 외모, 가족 관계와 가족 구조의 특성, 성별, 연령, 사회경제적 여건 등 자신을 구성하고 있는 여러 특성을 인식하고 긍정적으로 수용함으로써 다른 사람도 이해하고 존중하며 배려하게 된다. 이를 위해 유아가 자신에게 관심을 갖고 알아보는 것에서 출발하여 다른 사람과의 차이를 인정하고 존중하며 자신을 긍정적으로 소중하게 대하는 것이 중요하다. 또한 유아가 스스로 할 수 있는 일에 대하여 알아보고 실천하며 자신이 원하는 일을 계획하고 실행해 보는 경험을 통해 자율성과 주도성을 가질 수 있게 된다. 이를 위해 유아가 자신에 대하여 알아보고 스스로를 소중하게 여기며, 자신이 스스로 해야 할 일을 알아보고 계획하여 실천해 보는 데 강조점을 둔다.

자신과 타인의 감정을 알고, 자신의 감정을 적절하게 표현하고 조절한다.

유아기는 감정이 분화하며 표현능력이 발달하는 시기이자, 자신을 포함하여 다른 사람들이 다양한 감정을 가질 수 있음을 인식하고 이해하여 자신 및 타인의 감정에 대한 조망 능력과 공감 능력의 기초를 키워나가는 시기이다. 유아가 원만한 대인관계를 형성하는 데 필요한 사회적 기술을 기르기 위해서는 자신이나 타인의 감정을 알고 적절하게 표현하며 조절할 수 있는 능력이 필요하다. 따라서 유아 수준에서 자신과 타인의 다양한 감정에 주의를 기울이며 감정을 사회적으로 인정될 수 있는 방향으로 조절하여 표현해야 하는 것을 아는 것은 중요하다. 또한 다른 사람의 감정이 나와 다를 수 있으며 다른 사람의 감정 역시 중요하다는 것도 생활 속에서 경험하도록 해야 한다. 나아가 다른 사람의 감정을 고려하지 않고 행동하면 다른 사람에게 상처를 줄 수 있다는 것을 알아야 한다. 이러한 정서표현과 조절은 이후 타인과의 사회적 관계 형성에 영향을 주게 된다. 이를 위해 유아가 자신의 감정을 알고 표현하며, 타인의 감정에 대하여도 관심을 갖고 공감할 수 있도록 하고, 자신의 감정을 상황에 적합하게 조절할 수 있도록 한다.

가족과 화목하게 지내며 서로 협력한다.

유아기는 유아가 가족과 밀접한 관계를 갖는 시기로 가족에 대한 이해와 소중함을 알도록 하는 데 적절한 시기이다. 유아기부터 가족의 소중함에 대한 태도를 강조하고 부모와 조부모, 형제에게 애정과 친밀감을 느끼며 가족의 소중함을 알도록 하는 것이 중요하다. 또한 세상에 다양한 가족이 있음을 유아가 이해하고 인정하며, 가족의 소중함을 느끼고, 가족이 있어 행복하다는 것을 인식하는 것이 중요하다. 이를 위해 유아가 가족에 대한 이해를 바탕으로 가족구성원과 화목하게 지내며 가족을 기쁘게 하는 일을 찾아보고, 가족이 어려움에 처했을 때 서로 위로하며 협력할 수 있도록 한다.

친구, 공동체 구성원들과 서로 돕고, 예의 · 규칙 등 사회적 가치를 알고 지킨다.

유아기는 가족 외에 친구와 교사, 이웃 등 타인과의 사회적 관계가 확장되면서 상호작용이 빈번해지는 시기이다. 이 시기는 다른 사람과 원만한 관계를 형성하고 협력할 수 있는 사회적 능력과 기술을 습득하기에 적합하다. 사회적 관계를 형성하는 데 필요한 질서, 배려, 협력 등 바른 인성을 기르는 것이 중요하며 전인 발달이 고루 이루어지는 것이 필요하다. 그러므로 이 영역에서는 사회적 존재인 유아가 친구와 협력하며 갈등이 발생할 경우 이를 긍정적으로 해결하는 방법을 습득하도록 한다. 교사나 이웃과도 협력하며 화목하게 지내도록 하고, 정직, 배려, 예의, 공공규칙 등 사회적으로 중요하게 공유하는 가치를 실천하며 공동체의식을 갖춘 민주 시민으로 성장하는 데 중점을 둔다.

우리 동네, 우리나라, 다른 나라에 관심을 가진다.

매체의 발달로 인하여 유아가 자신이 속한 지역사회와 우리나라를 대표하는 것들, 그리고 세계 여러 나라에 대해 경험하는 기회가 과거보다 다양하고 풍부해졌다. 또한 유아기는 다름에 대한 편견 없이 다양한 문화를 경험하기 시작하는 데 적당한 시기이다. 유아가 내가 사는 동네, 지역사회, 우리나라에 대한 이해를 바탕으로 세계 다양한 나라와 문화에 대하여도 관심을 갖도록 하는 것은 다양성을 수용할 수 있으므로 중요하다. 이를 위해 유아가 자신이 속한 동네에 대해 알아보고 직업의 종류에 대하여 알아보도록 한다. 그리고 우리나라의 전통에 대한 이해와 자부심을 토대로 편견 없이 다양한 나라, 인종, 문화에 관심을 갖고 존중할 수 있도록 하는 데 중점을 둔다.

다른 사람의 말을 주의 깊게 듣는 태도와 이해하는 능력을 기른다.

의사소통을 위해서는 먼저 다른 사람의 말을 주의 깊게 듣는 태도와 그 내용을 이해하는 능력이 매우 중요하다. 유아는 성인에 비해 주의집중 시간이 짧아 말소리의 강약을 조절하는 등 집중하여 들을 수 있는 환경을 마련해 주는 것이 중요하다. 유아는 자기중심적인 특성 때문에 자기가 전달하고자 하는 말을 먼저 하고 싶어 하지만 듣고 말하는 순서를 지켜야 타인과의 소통이 원활이 이루어질 수 있음을 생활에서 경험하도록 해야 한다. 유아는 교사나 친구들과의 일상 대화와 다양한 듣기 활동을 통해 낱말, 문장, 문장과 문장의 관계 등을 이해하게 된다. 유아는 아직 잘 모르는 낱말이 사용되거나 복잡한 문장일 경우 듣고 이해하는 것이 어려울 수 있으므로, 말하는 사람의 표정, 시선, 몸짓을 활용하여 전달함으로써 유아가 상대방이 전하는 이야기의 의미와 의도를 파악할 수 있도록 한다.

자신의 생각과 느낌을 말하는 능력을 기른다.

유아는 생후 처음으로 울음으로 자신의 느낌을 표현하다가 점차 어휘가 급증하고 문장을 구성하면서 좀 더 정확하게 자신의 의도를 낱말과 문장을 사용하여 전달하는 능력이 발달해 간다. 말하기에 적절한 음성의 높낮이와 속도, 예의에 맞는 말하기 태도도 유아기에 증진되어 간다. 그러나 '버스'를 '버드'라고 발음하는 것처럼 조음능력도 아직 완성되지 않고 복문 사용도 어려워한다. 유아가 일상생활 속에서 경험하고 있는 것들을 자유롭고 편안하게 말로 표현할 수 있도록 지원해 주어야 한다. 유아가 낱말과 문장으로 말하되, 상황에 맞게 바른 태도로 말하는 능력을 기르도록 한다. 유아의 말하기는 곧 자신의 느낌이나 생각, 경험을 담고 있으므로 유아가 다양한 사전

경험을 할 수 있는 기회를 제공해 준다.

이와 같은 누리과정의 목표는 유아가 자신을 인식하여 긍정적으로 자아개념을 형성하고 일에 대한 기초적 이해와 긍정적 태도를 형성하여 건전한 진로인식을 형성하는 유아진로교육의 목표와 연관이 있음을 알 수 있다.

2. 누리과정의 유아진로교육 관련 내용

1) 자기이해와 사회적 역량 개발

이 영역에는 누리과정의 사회관계 내용 중 '나를 알고 소중히 여기기', '가족과 화목하게 지내기', '공동체에서 화목하게 지내기', '사회적 가치를 알고 지키기', '나와 다른 사람의 감정 알고 표현하기', '나의 감정 조절하기'와 의사소통 내용 중 '바른 태도로 듣기', '상황에 맞게 바른 태도로 말하기'가 속한다.

(1) 나를 알고 소중히 여기기

'나를 알고 소중히 여기기'에서는 나에 대하여 관심을 갖고 알아보며, 나와 다른 사람의 차이에 관심을 가져보도록 한다. 또한 나와 다른 사람의 차이점을 알아보고, 신체적 · 사회적 · 문화적 차이를 알고 존중하며, 나아가 나를 긍정적으로 생각하고 소중하게 여기도록 한다.

3세	4세	5세
나에 대해 관심을 갖는다.	나에 대해 알아본다.	
나와 다른 사람의 차이에 관심을 갖는다.	나와 다른 사람의 차이점을 알아본다.	나와 다른 사람의 신체적 · 사회적 · 문화적 차이를 존중한다.
나를 소중하게 여긴다.	나에 대해 긍정적으로 생각하고 나를 소중하게 여긴다.	

'나에 대해 관심을 갖는다.'는 유아가 자신에 대한 관심을 기초로 긍정적인 자아개념을 형성할 수 있도록 하는 내용이다. 만 3세 유아는 나의 몸에는 무엇이 있는지, 하루 동안 무엇을 하고 지내는지, 무엇을 먹는지, 어디서 누구와 사는지 등을 이야기해 보거나, 나의 이름, 나이, 성별이나 모습 등 기초적인 내용을 살펴봄으로써 자신에 대해 관심을 가질 수 있게 된다.

'나에 대해 알아본다.'는 자신이 언제, 어디서 태어났는지 자신의 출생에 대해 이야기해 봄으로써 현재 자신의 존재가 어디에서부터 시작되었는지 알 수 있도록 하는 내용이다. 만 4, 5세 유아는 나의 몸의 신체적 특징들을 살펴보고, 몸 이외에 나의 생각과 마음에 대해서도 이야기해 본다. 자신이 아기 때 찍은 사진, 입었던 옷이나 신발, 사용했던 물건이나 장난감 등을 현재의 것과 비교해 보면서 자신의 몸과 생각이 성장하고 있으며, 앞으로도 계속 변화된다는 것을 이해하게 된다. 이와 함께 현재 모습 및 다양한 욕구나 필요, 그에 따른 행동들이 인정받고 존중받고 있음을 느끼게 하는 것이 중요하다.

'나와 다른 사람의 차이에 관심을 갖는다.'는 유아가 자신 이외의 사람과 다르다는 것에 관심을 가지고 타인을 이해하고 존중하는 태도의 기초를 기르기 위한 내용이다. 만 3세 유아는 일상생활 속에서 가족이나 친구들과 생활함으로써 다른 사람의 생김새나 성별, 성격, 생각의 차이에 관심을 갖고 다른 사람들의 생각과 특징이 나와 다름을 서서히 인식할 수 있게 된다.

'나와 다른 사람의 차이점을 알아본다.'는 나와 다른 사람의 같은 점을 알아보는 것을 시작으로 차이점에 대해서도 알아보는 내용이다. 만 4세 유아는 나이, 성별, 사는 곳, 가족 형태, 생일, 좋아하는 음식이나 놀이, 잘하는 것 등을 이야기 나눔으로써 서로의 차이를 인정하고, 서로 다르지만 함께 살아가는 것이 중요함을 알게 된다.

'나와 다른 사람의 신체적 · 사회적 · 문화적 차이를 존중한다.'는 자신에 대한 이해를 바탕으로 사람은 누구나 각기 생김새나 성격, 성별, 사고방식, 문화 등에 차이가 있는 서로 다른 고유한 존재임을 알고 그 차이를 존중하도록 하는 내용이다. 만 5세 유아가 자신의 성에 대해 명확히 알 수 있도록 남 · 녀의 신체적 차이나 양성 평등에 대한 활동 및 사회적 · 문화적 관점을 찾아보고 존중할 수 있는 다양한 활동 경험을 하게 된다.

'나를 소중하게 여긴다.'는 자신이 소중하며 가치 있는 존재라고 느끼도록 자신을 이해하며 자신의 생각과 마음에 귀 기울이는 태도를 기르기 위한 내용이다. 만 3세 유아가 자신이 가지고 있는 능력을 인정받고 만족감을 느낄 수 있도록 유아 자신이 한 일이나 활동 결과물을 친구 또는 다른 사람들에게 소개하고 지원 받을 수 있는 기회를 제공하거나 유아의 장점과 능력을 다른 사람 앞에서 격려해 주어 유아에게 서로를 칭찬할 수 있는 기회를 만들어 성취와 기쁨을 느끼도록 한다. 이를 통해 유아는 자신이 소중한 사람이라는 자존감과 자신감을 형성할 수 있다.

'나에 대해 긍정적으로 생각하고 나를 소중하게 여긴다.'는 자신의 외모, 성, 행동, 정서, 능력, 흥미 등에 대한 긍정적인 자아존중감을 형성할 수 있도록 돕는 내용이다. 이는 주로 친밀한 관계 형성과 활발한 사회적 상호작용을 통해 긍정적인 정서를 경험함으로써 이루어진다. 따라서 만 4, 5세 유아 스스로가 자신이 소중한 이유에 대해 생각해 볼 수 있는 활동을 제공하거나 다양한 친구관계의 체험을 통해 자신을 둘러싼 사람들에게 사랑받고 소중하게 여겨지고 있다는 것을 확인할 수 있도록 한다.

(2) 가족과 화목하게 지내기

'가족과 화목하게 지내기'에서는 가족과 화목하게 지내는 내용을 다루고 있다.

3세	4세	5세
		가족과 화목하게 지낸다.

'가족과 화목하게 지낸다.'는 유아가 가정에서 부모 및 형제, 자매와 화목하게 지냄으로써 가정 밖에서 다른 사람과도 원만하게 지낼 수 있는 사회적 능력을 기르기 위한 내용이다. 만 5세 유아가 가족과 화목하게 지내기 위해 부모, 형제, 자매 그리고 조부모에게 어떻게 예의를 갖추어 행동하며 애정과 신뢰를 쌓아가는지 알아보는 내용이 포함된다. 가족과 함께 경험한 일, 서로 사랑을 주고받으며 협력한 일, 형제 간의 갈등을 해결하는 방법 등을 알아봄으로써 가족구성원의 감정에 대하여 공감하며

긍정적인 갈등해결 방법을 함께 생각해 보는 내용이 포함된다. 또한 유아가 가족과 화목하게 지낼 수 있도록 가정과 연계한 다양한 경험도 포함한다. 긍정적인 가족과의 관계를 통해 유아의 성격과 인성발달을 도모할 수 있다.

(3) 공동체에서 화목하게 지내기

'공동체에서 화목하게 지내기'는 교사나 주변 사람들과 서로 화목하게 지내는 것이 중요하다는 것을 아는 내용으로 구성되어 있다.

3세	4세	5세
교사 및 주변 사람과 화목하게 지낸다.		

'교사 및 주변 사람과 화목하게 지낸다.'는 또래 외에 교사 및 주변 사람과 화목하게 지내며 함께 어울려 사는 공동체의 기쁨을 느끼고, 이를 통해 정서적 지지와 지원, 친밀감 같은 긍정적 경험을 하는 내용이다. 만 3, 4, 5세 유아가 친구 및 교사, 주변의 다른 사람들과 친근감을 갖고 잘 어울릴 수 있도록 다양한 경험을 통하여 긍정적인 마음을 갖도록 하며, 다른 사람에게 쉽게 접근하고 어울릴 수 있는 친밀감 등의 사회성을 기를 수 있도록 한다.

(4) 사회적 가치를 알고 지키기

'사회적 가치를 알고 지키기'는 다른 사람의 생각, 행동을 존중하고 다른 사람을 배려해야 함을 알도록 하는 내용이다.

3세	4세	5세
	다른 사람의 생각, 행동을 존중한다.	다른 사람을 배려하여 행동한다.

'다른 사람의 생각, 행동을 존중한다.'는 다른 사람의 말과 행동, 생각이 나와 차이가 있음을 이해하고, 이러한 다른 생각과 행동을 인정하고 존중하며 수용할 줄 아는

태도를 길러야 한다는 내용이다. 만 4세 유아가 서로 다름을 인정하고 존중하는 교육을 통하여 다름에 대해 이해하고 인정하며 수용하는 것을 배우기도 하지만 오히려 편견이나 고정관념을 갖게 될 수도 있으므로 다른 사람의 의견에 대해서도 경청하고 존중하는 경험을 갖도록 하여 민주 시민으로서의 역량과 자질을 키울 수 있도록 한다.

'다른 사람을 배려하여 행동한다.'는 상대방의 마음을 이해하기 위해 입장을 바꿔 생각하는 관점의 전환과 공감 능력을 키워서 타인에 대한 배려가 구체적인 말과 행동으로 나타나도록 하는 내용이다. 배려는 다른 사람을 도와주거나 보살펴 주려고 마음을 쓰는 일이다. 만 5세 유아가 다른 사람을 돕거나 보살필 때는 자신의 생각과 감정만이 아니라 상대방의 의견이나 감정, 그리고 상황을 고려해야 함을 알게 하며, 사회적 약자에 대한 배려와 도움의 필요성에 대해 이해하고 실천하는 것을 경험해 보도록 한다. 그리고 배려는 도움이나 보살핌이 필요한 사람에게만 하는 것이 아니라 일상에서도 규칙을 지키거나 예절을 지키는 등 다른 사람을 불편하지 않게 하는 것임을 알게 한다. 또한 다른 사람에 대한 배려는 나를 포함하여 모두가 조화롭고 행복하게 살아가는 방법이라는 것을 알게 한다.

(5) 나와 다른 사람의 감정 알고 표현하기

'나와 다른 사람의 감정 알고 표현하기'는 자신에게 여러 가지 감정이 있음을 알고 자신의 감정을 표현해 보는 내용으로 구성된다. 다른 사람의 감정에 관심을 가지고 이를 알아가며 타인의 감정에 공감하는 내용을 포함한다.

3세	4세	5세
자신에게 여러 가지 감정이 있음을 안다.	자신의 감정을 알고 표현한다.	
다른 사람의 감정에 관심을 갖는다.	다른 사람의 감정을 안다.	다른 사람의 감정을 알고 공감한다.

'자신에게 여러 가지 감정이 있음을 안다.'는 유아가 자신의 다양한 감정에 대해 알아보는 내용이다. 만 3세 유아가 자신에게 슬프고, 기쁘고, 화나는 등 다양한 감정이

있음을 알도록 하는 내용을 다룬다. 또한 유아는 다양한 상황에 따라 감정이 다르게 나타난다는 것을 알고, 때에 따라서는 속상하면서도 슬프고, 화가 나서 눈물이 나는 등 복합적인 감정이 있음을 아는 내용을 다룬다.

'자신의 감정을 알고 표현한다.'는 유아 자신이 느끼는 감정을 알고 이를 표현하는 능력을 기르기 위한 내용을 다룬다. 만 4, 5세 유아가 자신에게 다양한 감정이 있음을 인식하고, 이러한 감정은 동일한 것이 아니라 상황에 따라 변화될 수 있음을 이해하도록 하는 내용이다. 기쁠 때는 기쁜 표현을 하고 슬플 때는 억누르거나 참기보다 슬픔을 표현하며 화가 날 때도 화를 표현할 수 있다는 것을 알도록 한다. 나아가 슬플 때에 항상 눈물이 나는 것이 아니라 기쁠 때도 눈물이 날 수 있고, 놀라거나 걱정이 되어도 화가 날 수 있는 것처럼 복합적인 감정에 대해서도 이해하는 내용을 포함한다. 이를 통해 유아는 복합적인 정서 상태를 이해하고 건강한 정서 발달을 이루어 나갈 수 있다.

'다른 사람의 감정에 관심을 갖는다.'는 자신의 감정을 바탕으로 다른 사람의 복합적인 감정에 대해서도 관심을 가질 수 있도록 하는 내용이다. 만 3세 유아가 자신과 마찬가지로 타인에게도 기쁘고, 슬프고, 화가 나는 등 다양한 감정이 있다는 것에 관심을 갖는 내용을 담고 있다.

'다른 사람의 감정을 안다.'는 다른 사람도 자신과 마찬가지로 다양한 감정을 느낀다는 것을 아는 내용이며, 이러한 감정이 상황에 따라 변화될 수 있다는 것을 알도록 하는 내용이다. 만 4세 유아가 타인이 기쁘거나 슬픈 감정을 표현하는 것을 아는 것뿐 아니라 슬플 때만이 아니라 화가 날 때도 우는 등 표현되는 감정과 실제 감정이 다를 수 있다는 것을 이해하는 내용도 포함된다.

'다른 사람의 감정을 알고 공감한다.'는 다른 사람이 느끼는 감정을 이해하고 공감하는 기초 능력을 기르기 위한 내용이다. 이 내용에는 만 5세 유아가 사회적 상호작용에서 가장 중요한 능력인 상대방의 정서 이해와 공감, 그리고 표현에 관한 경험이 포함된다. 자신 외에 다른 사람의 다양한 감정을 느껴 보고 이해하며, 자신이 이해한 타인의 감정을 표현해 봄으로써 공감을 경험해 보는 내용도 포함된다.

(6) 나의 감정 조절하기

'나의 감정 조절하기'에서는 자신의 감정을 조절해 보고 자신의 감정을 상황에 맞게 조절하는 경험에 대하여 다룬다.

3세	4세	5세
자신의 감정을 조절해 본다.		자신의 감정을 상황에 맞게 조절한다.

'자신의 감정을 조절해 본다.'는 유아가 자신의 감정과 타인의 감정에 대한 이해를 바탕으로 부정적인 감정을 그대로 표현하기보다 조절해 볼 수 있도록 하는 내용이다. 만 3, 4세 유아가 감정을 긍정적으로 표현하는 방식과 부정적으로 표현하는 방식에 차이가 있음을 알고 부정적인 표현은 긍정적으로 조절하는 방법에 대한 내용을 포함한다. 자신의 감정을 조절해 봄으로써 자기 조절력 발달을 도모할 수 있다.

'자신의 감정을 상황에 맞게 조절한다.'는 유아가 우리가 속한 사회 및 문화에서 수용되는 방식을 알고 자신의 감정 및 관련된 행동을 통제하고 조절할 수 있도록 하는 내용이다. 유아는 자신이 느끼는 감정이 긍정적인 감정이든 부정적인 감정이든 이를 있는 그대로 받아들이는 것이 중요하다. 그러나 만 5세 유아는 자신이 가지고 있는 다양한 감정을 상황에 맞게 적절하게 표현해야 하며, 사회적으로 수용될 수 있는 올바른 감정 표현 방식에 대하여 알아야 한다. 자신의 감정 표현이 다른 사람과의 관계에 어떤 영향을 미칠 수 있는지 생각해 보고, 때와 상황에 맞게 감정을 조절할 수 있도록 한다. 또한 갈등이 발생할 경우 문제 해결 과정에서 자신의 감정을 적절하게 조절하고 활용할 수 있는 기회를 제공함으로써 자신의 감정 조절 및 활용 능력을 보다 긍정적으로 발달시켜 나간다.

(7) 바른 태도로 듣기

'바른 태도로 듣기'는 다른 사람이 말을 할 때, 유아가 그 말하는 사람을 바라보며 주의 깊게 끝까지 듣는 내용이다.

3세	4세	5세
말하는 사람을 바라보며 듣는다.	다른 사람의 이야기를 주의 깊게 듣는다.	다른 사람의 이야기를 끝까지 주의 깊게 듣는다.

'말하는 사람을 바라보며 듣는다.'는 듣기의 가장 기본적인 태도로서 시선을 말하는 사람에게 고정하여 그 사람의 말소리를 듣는 내용이다. 전하는 말의 의미를 파악하기 위해서는 우선 그 사람을 바라보며 집중하는 것이 필요하다. 주의집중 시간이 짧은 만 3세의 경우, 유아가 말하는 사람의 표정이나 시선, 몸짓, 입모양 등을 동시에 바라보면서 내용을 들을 수 있도록 경험을 제공하고 이들의 듣기 주의집중 시간을 조금씩 늘려가도록 한다.

'다른 사람의 이야기를 주의 깊게 듣는다.'는 말하는 사람에게 시선을 고정함은 물론 그 사람이 전달하고자 하는 이야기 속 낱말, 문장, 담겨진 의미를 집중하여 주의 깊게 듣도록 하는 내용이다. 만 4세 유아는 흥미로운 주제의 이야기에 좀 더 오랫동안 주의를 기울이게 된다. 따라서 새롭고 아직 관심이 없는 내용의 이야기일 경우에는 시간을 두고 천천히 내용을 소개하고 그 내용이 이해될 수 있도록 관련된 경험을 사전에 제공한다.

'다른 사람의 이야기를 끝까지 주의 깊게 듣는다.'는 말하는 사람이 전달하는 내용을 유아가 끝까지 집중하여 듣는 내용이다. 만 5세가 되면서 유아의 주의집중 시간이 길어지고 다양한 낱말이나 문장에 대한 이해도 향상된다. 따라서 좀 더 긴 이야기라 하더라도 사건의 인과 관계, 이야기 속에 내포된 의도, 이야기에서 사용된 낱말과 문장 등을 고려해가며 끝까지 집중하여 듣도록 한다.

(8) 상황에 맞게 바른 태도로 말하기

'상황에 맞게 바른 태도로 말하기'는 유아가 때와 장소, 대상과 상황을 고려하고 말할 때는 상대방을 바라보며 차례를 지켜 말하며, 점차 듣는 사람의 생각과 느낌을 고려하여 말할 수 있는 능력을 기르도록 하는 내용이다. 또한 유아가 바르고 고운 말을 사용하도록 하는 내용을 포함한다.

3세	4세	5세
	듣는 사람의 생각과 느낌을 고려하여 말한다.	
상대방을 바라보며 말한다.	차례를 지켜 말한다.	때와 장소, 대상에 알맞게 말한다.
바르고 고운 말을 사용한다.		

'듣는 사람의 생각과 느낌을 고려하여 말한다.'는 유아가 듣는 사람을 바라보며 상대방의 생각과 느낌을 고려하여 말하는 내용이다. 상대방의 느낌과 생각을 고려하여 말하기 위해서는 유아가 자신의 느낌과 생각이 존중받고 있다는 것을 스스로 느끼는 것이 우선되어야 한다. 그러고 나서 점차 일상생활 속에서의 다양한 경험과 활동을 통해 단순히 자신의 생각과 느낌을 일방적으로 말하는 것이 아니라 상대방의 기분과 감정을 배려하여 말하는 능력과 태도를 기르는 것이 중요하다.

'상대방을 바라보며 말한다.'는 유아가 듣는 사람에게 시선을 고정시키며 말하도록 하는 내용이다. 만 3세 유아는 듣는 사람을 바라보며 말하기보다는 종종 다른 곳을 쳐다보거나 시선을 여러 장소로 이동시키면서 말한다. 유아가 자신의 생각을 잘 전달하기 위해서는 듣는 사람이 자신의 말에 관심을 갖도록 해야 하며 이를 위해 만 3세 유아는 우선 듣는 사람을 바라보며 말하는 태도를 기르는 것이 중요하다.

'차례를 지켜 말한다.'는 서로 존중하고 배려하면서 차례를 지켜 말하는 태도를 기르는 내용이다. 만 4세 유아는 우선 다른 사람이 말할 때 끼어들지 않기, 여러 사람이 함께 이야기를 나눌 때는 손을 들어서 말하는 순서를 정하고, 자기 순서를 지켜 차례대로 말하기 등과 같은 이야기 나누기 규칙을 서로 지켜야 함을 알고 이러한 태도를 기르도록 지원한다.

'때와 장소, 대상에 알맞게 말한다.'는 유아가 자신의 생각과 느낌을 상대방에게 잘 전달하여 이해시키고 설득하기 위해서 때와 장소, 대상을 고려하는 것이 필요하다는 것을 이해하고, 실천하는 내용이다. 만 5세 유아는 때와 장소, 대상에 따라 목소리의 크기와 강약을 조절하고 또래, 선생님, 부모 등 대상에 따라 존댓말이나 상대방에게 적절한 언어적 표현을 해야 한다. 예를 들면, 유아가 시장, 병원, 박물관 등 공공장소에 나갔을 때, 다른 친구의 부모나 동생을 만났을 때 상대방에게 알맞게 말할 수 있어야 함을 알고 다양한 기회를 자주 갖도록 한다.

'바르고 고운 말을 사용한다.'는 유아가 우리나라의 고운 말을 바르게 사용하는 내용이다. 최근 대중매체의 영향으로 유아들이 유행어나 신조어 등을 자주 접하고 이를 사용하는 일이 빈번해지고 있다. 바르고 고운 말 사용하기는 주변 사람들의 말하기 모델이 중요하며 가정과 기관이 서로 연계하여 노력하여야 한다. 또한 새로운 낱말에 관심을 갖고 다양한 어휘를 습득하여 사용하게 되는 만 3, 4세부터 시작하여 사물과 상황에 적합한 낱말과 문장으로 다양하게 말할 수 있게 되는 만 5세에 이르기까지 지속적으로 길러야 하는 의사소통의 기본예절이다.

〈표 4-1〉 누리과정의 '자기이해와 사회적 역량 계발' 관련 내용

<table>
<tr><th rowspan="3">진로교육
영역</th><th colspan="6">3-5세 누리과정</th></tr>
<tr><th rowspan="2">내용</th><th colspan="3">연령별 세부내용</th><th rowspan="2">내용범주</th><th rowspan="2">영역</th></tr>
<tr><th>3세</th><th>4세</th><th>5세</th></tr>
<tr><td rowspan="3">자기이해
및
긍정적
자아개념
형성</td><td rowspan="3">나를 알고
소중히
여기기</td><td>나에 대해
관심을 갖는다.</td><td colspan="2">나에 대해 알아본다.</td><td rowspan="3">나를 알고
존중하기</td><td rowspan="6">사회
관계</td></tr>
<tr><td>나와 다른 사람의
차이에 관심을
갖는다.</td><td>나와 다른
사람의 차이점을
알아본다.</td><td>나와 다른 사람의
신체적 · 사회적 ·
문화적 차이를
존중한다.</td></tr>
<tr><td>나를 소중하게
여긴다.</td><td colspan="2">나에 대해 긍정적으로 생각하고
나를 소중하게 여긴다.</td></tr>
<tr><td rowspan="3">다른
사람과의
긍정적
상호작용</td><td>가족과
화목하게
지내기</td><td colspan="3">가족과 화목하게 지낸다.</td><td>가족을
소중히
여기기</td></tr>
<tr><td>공동체에서
화목하게
지내기</td><td colspan="3">교사 및 주변 사람과 화목하게 지낸다.</td><td rowspan="2">다른
사람과
더불어
생활하기</td></tr>
<tr><td>사회적
가치를
알고 지키기</td><td></td><td>다른 사람의
생각, 행동을
존중한다.</td><td>다른 사람을
배려하여
행동한다.</td></tr>
</table>

<table>
<tr><td rowspan="7">다른 사람과의 긍정적 상호작용</td><td rowspan="2">나와 다른 사람의 감정 알고 표현하기</td><td>자신에게 여러 가지 감정이 있음을 안다.</td><td colspan="2">자신의 감정을 알고 표현한다.</td><td rowspan="3">나와 다른 사람의 감정 알고 조절하기</td><td rowspan="3">사회관계</td></tr>
<tr><td>다른 사람의 감정에 관심을 갖는다.</td><td>다른 사람의 감정을 안다.</td><td>다른 사람의 감정을 알고 공감한다.</td></tr>
<tr><td>나의 감정 조절하기</td><td colspan="2">자신의 감정을 조절해 본다.</td><td>자신의 감정을 상황에 맞게 조절한다.</td></tr>
<tr><td>바른 태도로 듣기</td><td>말하는 사람을 바라보며 듣는다.</td><td>다른 사람의 이야기를 주의 깊게 듣는다.</td><td>다른 사람의 이야기를 끝까지 주의 깊게 듣는다.</td><td>듣기</td><td rowspan="4">의사소통</td></tr>
<tr><td rowspan="3">상황에 맞게 바른 태도로 말하기</td><td></td><td colspan="2">듣는 사람의 생각과 느낌을 고려하여 말한다.</td><td rowspan="3">말하기</td></tr>
<tr><td>상대방을 바라보며 말한다.</td><td>차례를 지켜 말한다.</td><td>때와 장소, 대상에 알맞게 말한다.</td></tr>
<tr><td colspan="3">바르고 고운 말을 사용한다.</td></tr>
</table>

2) 일과 직업 세계 이해

이 영역에는 누리과정의 사회관계 내용 중 '지역사회에 관심 갖고 이해하기', '사회적 가치를 알고 지키기', '가족과 협력하기', '친구와 사이좋게 지내기', '공동체에서 화목하기 지내기', '나의 일 스스로 하기'가 속한다.

(1) 지역사회에 관심 갖고 이해하기

'지역사회에 관심 갖고 이해하기'는 지역사회에 대한 관심을 통해 우리 동네의 이름과 우리 동네가 갖고 있는 다양한 특성, 함께 어울려 사는 사람들과 동네 이웃의 다양한 직업 등 지역사회와 다양한 이웃들에 대한 구체적인 특성들을 알아보는 내용이다. 또한 일상생활에서 돈의 필요성과 쓰임새 등을 알아보는 것을 내용으로 한다.

3세	4세	5세
우리 동네 사람들에 관심을 갖는다.	우리 동네 사람들이 하는 일에 관심을 갖는다.	다양한 직업에 관심을 갖는다.

'우리 동네 사람들에 관심을 갖는다.'는 유아가 자신이 살고 있는 동네에 함께 살고 있는 사람들에 관심을 갖고 존중하는 태도를 갖도록 하는 내용이다. 만 3세 유아는 매일 일상생활 속에서 만나는 동네 사람들의 모습을 통해 사람과 사람 사이의 관계 속에서 자신을 인식하기 시작하므로 가족들과 공공기관이나 생활관련 공간에서 만난 사람들의 다양한 모습에 관심을 갖고 여기서 얻은 경험을 역할놀이로 표현해 보는 것을 포함한다. 또한 다른 사람을 존중하는 태도로써 예절 바른 행동과 말, 친절을 표현하는 웃는 얼굴로 인사하고 말하는 것의 중요성에 대해 알도록 하는 것도 함께 다룬다.

'우리 동네 사람들이 하는 일에 관심을 갖는다.'는 우리 동네에 사는 사람들의 다양한 모습을 탐색하는 수준에서 더 나아가 우리 동네의 공공기관과 생활관련 공간에서 서비스를 제공하는 사람들의 일에 대해 관심을 갖고, 여러 사람이 있는 곳에서 지켜야 할 공공규칙 및 예절을 경험하도록 하는 내용이다. 만 4세 유아가 일상생활 속에서 만나는 다양한 사람들 중에는 공공기관에서 우리를 도와주는 일을 하기도 하고, 의식주와 관련된 생활공간에서 일하는 사람들이 있다는 것을 알고 그 고유한 역할과 기능이 있음을 이해해 나가는 것을 다룬다. 또한 유아가 일상의 다양한 상황에서 사회일원으로서 지켜야 할 규칙이나 유아가 만나는 대상 또는 상황에 따라 어울리는 언행을 할 수 있도록 예의범절 등의 내용을 포함한다.

'다양한 직업에 관심을 갖는다.'는 우리 동네에 사는 사람들이 하는 일에 대한 관심을 확대하여 다양한 직업에 대해 관심을 갖고 직업과 우리 생활과의 중요한 연관성을 생각해 봄으로써 직업의 소중함과 살아가기 위해 노력하는 일들에 대해 알아보는 내용이다. 만 5세 유아가 직업을 갖는 이유, 직업의 종류와 하는 일 등에 대한 경험을 놀이해 봄으로써 직업을 통한 사회경제적 활동의 의미를 알고 자신의 장래희망을 생각해 보는 내용을 함께 다룬다.

(2) 사회적 가치를 알고 지키기

'사회적 가치를 알고 지키기'는 약속과 공공규칙을 지켜야 함을 알고 습관을 기르는 것을 중점적으로 다룬다.

3세	4세	5세
약속과 규칙을 지켜야 함을 안다.	다른 사람과 한 약속이나 공공규칙을 지킨다.	

'약속과 규칙을 지켜야 함을 안다.'는 약속과 규칙의 의미와 중요성을 알고 다른 사람과의 약속이나 모두가 정한 공공의 규칙을 지키는 노력이 필요함을 아는 내용이다. 만 3세 유아가 약속에는 부모 형제와의 약속, 친구와의 약속, 교사와의 약속 등이 있음을 알고 약속을 지키면 좋은 점, 약속을 지키지 않아서 속상했던 경험들에 대하여 이야기 나누며 약속의 중요성을 알고 잘 지킬 수 있도록 한다. 또한 공공장소의 의미를 이해하고, 지켜야 할 규칙을 알아보고 왜 지켜야 하는지를 이해하며, 화장실 사용하기, 놀이기구 및 엘리베이터 타기, 교통신호 지키기, 쓰레기 버리기 등의 장소나 상황별로 공공규칙을 알아보도록 한다.

'다른 사람과 한 약속이나 공공규칙을 지킨다.'는 약속과 규칙을 지키는 것은 공동체 생활에서 반드시 필요한 도덕적 규범이며 사회가 건강하고 질서 있게 유지되는 기본임을 알고 다른 사람과의 약속, 질서, 규칙 지키기를 실천하고 습관화하여 공동체의 구성원이 되는 기본소양을 기르도록 하는 내용이다. 다른 사람과의 약속과 질서, 공공규칙을 지키는 행동을 만 4, 5세 유아가 선택하고 통제하는 법을 습득하도록 하여 자율적이며 민주적인 시민으로 성장하는 데 밑거름이 되도록 한다. 특히, 유아 스스로 규칙을 정하고 지키며, 친구 또는 부모, 교사와 한 약속에 대해 책임을 지도록 하여 유아가 도덕적 가치 규범의 중요성을 내재화하도록 한다.

(3) 가족과 협력하기

'가족과 협력하기'에서는 유아가 자신의 가족구성원과 각자의 역할에 대해 알아보며 다양한 가족의 구조에 대해 알아보는 내용을 다룬다. 나의 가족을 위해 내가 할 수 있는 일을 찾아보고 실천하며 가족 간에 서로 도울 수 있는 방법을 알아보는 내용으로 구성되어 있다.

3세	4세	5세
가족을 위하여 내가 할 수 있는 일을 알아본다.	가족을 위하여 내가 할 수 있는 일을 알아보고 실천한다.	가족은 서로 도와야 함을 알고 실천한다.

'가족을 위하여 내가 할 수 있는 일을 알아본다.'는 집에서 가족을 위해 자신이 할 수 있는 일에 대하여 알아보는 내용이다. 만 3세 유아가 가족구성원의 한 사람으로서 자신의 수준에서 가족에게 도움이 될 수 있는 일에 대하여 알아보고 친구들과 경험을 공유하는 내용을 다룬다. 이를 통해 가족구성원으로서 자부심을 가지며 긍정적인 자존감을 형성하는 기초가 될 수 있다.

'가족을 위하여 내가 할 수 있는 일을 알아보고 실천한다.'는 가족구성원에게는 부모로서의 역할, 자녀로서의 역할, 그리고 형제자매 또는 조부모와의 관계와 역할 등 다양한 관계와 역할이 있음을 이해하고 자신의 가족과 협력하여 잘 지내도록 하는 내용이다. 만 4세 유아가 가족 공동체의 의미와 목표를 이해하고 가족을 위하여 자신이 할 수 있는 일을 알고 실천하는 방법이 포함된다. 가족을 위해 실천할 수 있는 일에 대하여 친구들과 경험을 공유하도록 하는 내용을 포함하고 있다.

'가족은 서로 도와야 함을 알고 실천한다.'는 가족이 서로 도움을 주고받는 관계이며 유아 자신도 가족을 위해 도움을 줄 수 있는 존재임을 알도록 하는 내용이다. 또한 유아가 가족에게 도움을 줄 수 있는 구체적인 방법을 찾아서 실천하는 내용을 다룬다. 만 5세 유아가 자신도 가족들로부터 도움을 받고 있고, 구체적으로 받았던 도움들을 기억하며 도움을 받을 때의 기분이나 마음에 대하여도 알아본다. 마찬가지로 부모님이 집안일로 힘들어 하실 때, 몸이 아플 때, 형제가 속상한 일이 생겼을 때 등 가족에게 도움이 필요한 상황을 알고, 유아수준에서 도움을 줄 수 있는 방법을 찾아본 후 실천하는 내용을 다룬다. 이를 통해 유아는 가족과 서로 협력하여 지내는 가운데 공동체 생활에 대한 가치와 바람직한 행동의 표본을 알아가도록 한다.

(4) 친구와 사이좋게 지내기

'친구와 사이좋게 지내기'는 유아가 친구와 함께 놀이하고 협동하는 내용을 다룬다.

3세	4세	5세
친구와 함께 놀이한다.	친구와 협동하며 놀이한다.	

'친구와 함께 놀이한다.'는 유아가 친구를 알고, 친구들과 바람직한 관계를 형성하며 유지하는 능력을 기르는 내용이다. 만 3세 유아가 친구들에게 다가가서 친밀감을 표현하며, 친구들을 사귀고 협력하여 함께 놀이하는 기쁨을 느끼도록 한다.

'친구와 협동하며 놀이한다.'는 친구와 서로 협동하며 놀이하는 기쁨과 공동체 의식을 체험하도록 하는 내용이다. 만 4, 5세 유아가 친구들과 함께 생각하고 행동하면서 협동의 즐거움을 느끼고 집단 체험활동을 통해 서로의 흥미와 재주는 다르고 차이가 있지만 함께 참여하는 즐거움을 경험하도록 한다. 더불어 협동하는 속에서 집단의 한 구성원으로 즐겁게 협조하고 친구들의 요청에 자발적으로 응하는 참여와 협력의 자세도 가지도록 한다.

(5) 공동체에서 화목하게 지내기

'공동체에서 화목하게 지내기'는 도움이 필요할 때는 다른 사람과 서로 도움을 주고 받을 수 있으며 상호 협력할 수 있다는 것을 알아보는 내용이다.

3세	4세	5세
	도움이 필요할 때 다른 사람과 도움을 주고받는다.	다른 사람과 도움을 주고받고, 서로 협력한다.

'도움이 필요할 때 다른 사람과 도움을 주고받는다.'는 유아가 도움이 필요할 때는 다른 사람으로부터 도움을 받기도 하고 다른 사람을 도와줄 수 있다는 것을 아는 내용이다. 만 4세 유아가 혼자 노력하는 것도 중요하지만 혼자만의 힘으로는 모든 것

을 다 잘할 수 없으며, 때로는 도움이 필요할 때가 생기고 이럴 때에는 다른 사람에게 도움을 청하고 받는 것이 바람직한 관계를 형성하고 더 나은 성취와 발전을 이룰 수 있음을 알고 실천하도록 한다.

'다른 사람과 도움을 주고받고, 서로 협력한다.'는 우리 사회는 모두가 더불어 사는 공동체로서 가족, 이웃, 친척, 친구, 교사 등 다른 사람들과 서로 도움을 주고받으며 협력하여 생활해야 한다는 내용이다. 만 5세 유아에게 누군가 힘들고 어려운 상황에 처했을 때 상대방에게 도움을 주고, 반대로 내가 곤란한 상황에서 친구, 교사, 이웃 등 다른 사람에게 도움을 청하고 도움을 받는 과정을 통해 서로 돕고 협력하는 것이 공동체 사회의 중요한 덕목임을 알게 한다. 또한, 타인에 대한 공감 능력을 키워 다른 사람이 도움을 요청하기 전에 미리 그들의 어려움을 알고 먼저 다가가 묻고 도움을 줄 수 있는 사회성을 기르도록 한다.

(6) 나의 일 스스로 하기

'나의 일 스스로 하기'에서는 내가 할 수 있는 일을 알아보고 직접 경험해 보며 내가 할 수 있는 일은 스스로 하도록 하는 내용이다.

3세	4세	5세
내가 할 수 있는 일을 알아본다.	내가 할 수 있는 일을 해 본다.	내가 할 수 있는 일을 스스로 한다.

'내가 할 수 있는 일을 알아본다.'는 식습관, 청결, 휴식, 배변, 의생활 등 일상생활에 필요한 기본생활습관 등과 같이 자신이 할 수 있는 일을 스스로 할 수 있도록 돕는 내용이다. 음식을 제자리에 앉아서 먹기, 식사 후 뒷정리하기, 손 씻기, 필요할 때에 휴식하기, 스스로 옷 입고 벗기 등 만 3세 유아가 일상생활에서 스스로 할 수 있는 일들을 자발적으로 실천하며 성취감을 느낄 수 있도록 한다.

'내가 할 수 있는 일을 해 본다.'는 유아가 할 수 있는 일을 경험하고 생활화함으로써 자율성과 독립성을 발달시키는 내용이다. 이를 위해 만 4세 유아가 스스로 경험할 수 있는 환경과 기회를 제공하고 노력을 기울여 이루어 놓은 행동이나 활동의 결과물에 대해 인정과 격려를 함으로써 유아가 스스로 능력이 있다고 느끼고 자신을 조절할 수 있도록 돕는다.

'내가 할 수 있는 일을 스스로 한다.'는 가정과 기관에서 다양한 과제를 시도하고 이를 통하여 성공적인 경험을 함으로써 자신의 능력에 대한 자신감을 갖게 하는 내용이다. 만 5세 유아는 일상생활에 필요한 기본생활습관뿐만 아니라 가정과 기관에서 내가 스스로 할 수 있는 일에 대해 알아봄으로써 자신의 역할에 대해 생각해 보고, 유아 자신의 임무나 의무를 중요하게 여겨 책임 있게 행동하도록 한다.

〈표 4-2〉 누리과정의 '일과 직업 세계 이해' 관련 내용

<table>
<tr><th rowspan="3">진로교육 영역</th><th colspan="6">3-5세 누리과정</th></tr>
<tr><th rowspan="2">내용</th><th colspan="3">연령별 세부내용</th><th rowspan="2">내용범주</th><th rowspan="2">영역</th></tr>
<tr><th>3세</th><th>4세</th><th>5세</th></tr>
<tr><td>일과 직업에 대한 인식</td><td>지역사회에 관심 갖고 이해하기</td><td>우리 동네 사람들에 관심을 갖는다.</td><td>우리 동네 사람들이 하는 일에 관심을 갖는다.</td><td>다양한 직업에 관심을 갖는다.</td><td>사회에 관심 갖기</td><td rowspan="6">사회관계</td></tr>
<tr><td rowspan="5">일에 대한 긍정적 태도</td><td>사회적 가치를 알고 지키기</td><td>약속과 규칙을 지켜야 함을 안다.</td><td colspan="2">다른 사람과 한 약속이나 공공규칙을 지킨다.</td><td>다른 사람과 더불어 생활하기</td></tr>
<tr><td>가족과 협력하기</td><td>가족을 위하여 내가 할 수 있는 일을 알아본다.</td><td>가족을 위하여 내가 할 수 있는 일을 알아보고 실천한다.</td><td>가족은 서로 도와야 함을 알고 실천한다.</td><td>가족을 소중히 여기기</td></tr>
<tr><td>친구와 사이좋게 지내기</td><td>친구와 함께 놀이한다.</td><td colspan="2">친구와 협동하며 놀이한다.</td><td rowspan="2">다른 사람과 더불어 생활하기</td></tr>
<tr><td>공동체에서 화목하게 지내기</td><td></td><td>도움이 필요할 때 다른 사람과 도움을 주고 받는다.</td><td>다른 사람과 도움을 주고 받고, 서로 협력한다.</td></tr>
<tr><td>나의 일 스스로 하기</td><td>내가 할 수 있는 일을 알아본다.</td><td>내가 할 수 있는 일을 해 본다.</td><td>내가 할 수 있는 일을 스스로 한다.</td><td>나를 알고 존중하기</td></tr>
</table>

3) 진로탐색

이 영역에는 누리과정의 자연탐구 내용 중 '기초적인 자료 수집과 결과 나타내기'가 해당된다.

(1) 기초적인 자료 수집과 결과 나타내기

'기초적인 자료 수집과 결과 나타내기'는 일상생활에서 탐구하고자 하는 문제를 해결하기 위해 필요한 자료를 모으고, 정리하고, 결과를 나타내고, 해석하는 여러 과정을 포함한다. 유아는 탐구하려는 문제를 위해 자료를 수집하고, 수집한 자료의 결과에 기초하여 특성과 경향성을 파악하게 된다.

3세	4세	5세
	필요한 정보나 자료를 수집한다.	

'필요한 정보나 자료를 수집한다.'는 유아가 일상생활에서 만나는 수많은 정보나 자료 중에서 필요한 정보를 선별하여 수집할 수 있도록 하는 내용이다. 만 4, 5세 유아는 필요한 정보나 자료를 수집하기 위해서 의견 조사하기, 책 찾아보기, 관찰하기, 실험하기 등의 다양한 방법 중에서 탐구하려는 문제에 가장 적절한 방법을 선택하는 경험을 한다. 이러한 경험은 유아가 범람하는 정보 속에서 자신에게 유용한 정보를 취사 선택할 수 있는 능력을 기르는 데 기초가 된다.

〈표 4-3〉 누리과정의 '진로탐색' 관련 내용

진로교육 영역	3-5세 누리과정					
	내용	연령별 세부내용			내용 범주	영역
		3세	4세	5세		
직업 정보의 탐색	기초적인 자료수집과 결과 나타내기		필요한 정보나 자료를 수집한다.		수학적 탐구	자연 탐구

4) 진로디자인과 준비

이 영역에는 누리과정의 사회관계 내용 중 '나의 일 스스로 하기'가 속한다.

(1) 나의 일 스스로 하기

여러 가지 일들 중에서 내가 하고 싶은 일을 선택해 보고 계획하여 실행해 보는 내용이다.

3세	4세	5세
내가 하고 싶은 일을 선택해 본다.	하고 싶은 일을 계획하고 해 본다.	

'내가 하고 싶은 일을 선택해 본다.'는 유아가 자신이 하고 싶은 일을 고민해 보고 선택함으로써 자율성을 향상시키는 내용이다. 만 3세 유아가 '무엇을 할 것인가'를 생각해 보고 자유선택활동 시간에 하고 싶은 놀이를 자유롭게 선택해서 놀이해 보거나, 극놀이에서 하고 싶은 역할을 선택하여 참여하는 것 등이 이에 해당된다.

'하고 싶은 일을 계획하고 해 본다.'는 유아가 하고자 하는 일들을 스스로 계획하고 실천하며 활동의 과정과 결과를 평가해 볼 수 있는 경험을 통해 주도성을 발달시키기 위한 내용이다. 이를 위해 만 4, 5세 유아 자신이 시작한 일을 스스로 끝까지 마무리 할 수 있는 기회를 제공하여 자신이 이룬 것에 대해 긍정적으로 생각할 수 있는 내용을 포함한다. 자유선택활동 시간에 하고 싶은 놀이를 계획해서 놀이한 후 평가해 볼 수 있게 하거나 일과 속에서 갈등이 발생했을 때 스스로가 일의 우선순위를 정해 보도록 하여 자신의 선택에 따른 결과를 예측해 보는 기회를 갖도록 한다.

〈표 4-4〉 누리과정의 '진로디자인과 계획' 관련 내용

<table>
<tr><th rowspan="3">진로교육 영역</th><th colspan="6">3-5세 누리과정</th></tr>
<tr><th rowspan="2">내용</th><th colspan="3">연령별 세부내용</th><th rowspan="2">내용 범주</th><th rowspan="2">영역</th></tr>
<tr><th>3세</th><th>4세</th><th>5세</th></tr>
<tr><td>의사결정/계획과 실천 중요성 인식</td><td>나의 일 스스로 하기</td><td>내가 하고 싶은 일을 선택해 본다.</td><td colspan="2">하고 싶은 일을 계획하고 해 본다 .</td><td>나를 알고 존중하기</td><td>사회 관계</td></tr>
</table>

3-5세 누리과정에서 유아진로교육과 관련된 내용들을 표로 정리하면 다음과 같다.

〈표 4-5〉 누리과정의 유아진로교육 관련 내용

<table>
<tr><th colspan="2">진로교육영역</th><th colspan="6">3-5세 누리과정</th></tr>
<tr><th rowspan="2">대영역</th><th rowspan="2">중영역</th><th rowspan="2">내용</th><th colspan="3">연령별 세부내용</th><th rowspan="2">내용범주</th><th rowspan="2">영역</th></tr>
<tr><th>3세</th><th>4세</th><th>5세</th></tr>
<tr><td rowspan="6">자기 이해와 사회적 역량 개발</td><td rowspan="3">자기이해 및 긍정적 자아개념 형성</td><td rowspan="3">나를 알고, 소중히 여기기</td><td>나에 대해 관심을 갖는다.</td><td colspan="2">나에 대해 알아본다.</td><td rowspan="3">나를 알고 존중하기</td><td rowspan="6">사회 관계</td></tr>
<tr><td>나와 다른 사람의 차이에 관심을 갖는다.</td><td>나와 다른 사람의 차이점을 알아본다.</td><td>나와 다른 사람의 신체적 · 사회적 · 문화적 차이를 존중한다.</td></tr>
<tr><td>나를 소중하게 여긴다.</td><td colspan="2">나에 대해 긍정적으로 생각하고 나를 소중하게 여긴다.</td></tr>
<tr><td rowspan="3">다른 사람과의 긍정적 상호작용</td><td>가족과 화목하게 지내기</td><td colspan="3">가족과 화목하게 지낸다.</td><td>가족을 소중히 여기기</td></tr>
<tr><td>공동체에서 화목하게 지내기</td><td colspan="3">교사 및 주변 사람과 화목하게 지낸다.</td><td rowspan="2">다른 사람과 더불어 생활하기</td></tr>
<tr><td>사회적 가치를 알고 지키기</td><td></td><td>다른 사람의 생각, 행동을 존중한다.</td><td>다른 사람을 배려하여 행동한다.</td></tr>
</table>

<table>
<tr><td rowspan="7">자기 이해와 사회적 역량 개발</td><td rowspan="7">다른 사람과의 긍정적 상호작용</td><td rowspan="2">나와 다른 사람의 감정 알고 표현하기</td><td>자신에게 여러 가지 감정이 있음을 안다.</td><td colspan="2">자신의 감정을 알고 표현한다.</td><td rowspan="3">나와 다른 사람의 감정 알고 조절하기</td><td rowspan="3">사회 관계</td></tr>
<tr><td>다른 사람의 감정에 관심을 갖는다.</td><td>다른 사람의 감정을 안다.</td><td>다른 사람의 감정을 알고 공감한다.</td></tr>
<tr><td>나의 감정 조절하기</td><td colspan="2">자신의 감정을 조절해 본다.</td><td>자신의 감정을 상황에 맞게 조절한다.</td></tr>
<tr><td>바른 태도로 듣기</td><td>말하는 사람을 바라보며 듣는다.</td><td>다른 사람의 이야기를 주의 깊게 듣는다.</td><td>다른 사람의 이야기를 끝까지 주의 깊게 듣는다.</td><td>듣기</td><td rowspan="4">의사 소통</td></tr>
<tr><td rowspan="3">상황에 맞게 바른 태도로 말하기</td><td></td><td colspan="2">듣는 사람의 생각과 느낌을 고려하여 말한다.</td><td rowspan="3">말하기</td></tr>
<tr><td>상대방을 바라보며 말한다.</td><td>차례를 지켜 말한다.</td><td>때와 장소, 대상에 알맞게 말한다.</td></tr>
<tr><td colspan="3">바르고 고운 말을 사용한다.</td></tr>
<tr><td rowspan="3">일과 직업 세계 이해</td><td>일과 직업에 대한 인식</td><td>지역사회에 관심 갖고 이해하기</td><td>우리 동네 사람들에 관심을 갖는다.</td><td>우리 동네 사람들이 하는 일에 관심을 갖는다.</td><td>다양한 직업에 관심을 갖는다.</td><td>사회에 관심 갖기</td><td rowspan="3">사회 관계</td></tr>
<tr><td rowspan="2">일에 대한 긍정적 태도</td><td>사회적 가치를 알고 지키기</td><td>약속과 규칙을 지켜야 함을 안다.</td><td colspan="2">다른 사람과 한 약속이나 공공규칙을 지킨다.</td><td>다른 사람과 더불어 생활하기</td></tr>
<tr><td>가족과 협력하기</td><td>가족을 위하여 내가 할 수 있는 일을 알아본다.</td><td>가족을 위하여 내가 할 수 있는 일을 알아보고 실천한다.</td><td>가족은 서로 도와야 함을 알고 실천한다.</td><td>가족을 소중히 여기기</td></tr>
</table>

일과 직업 세계 이해	일에 대한 긍정적 태도	친구와 사이좋게 지내기	친구와 함께 놀이한다.	친구와 협동하며 놀이한다.		다른 사람과 더불어 생활하기	사회관계
		공동체에서 화목하게 지내기		도움이 필요할 때 다른 사람과 도움을 주고받는다.	다른 사람과 도움을 주고받고, 서로 협력한다.		
		나의 일 스스로 하기	내가 할 수 있는 일을 알아본다.	내가 할 수 있는 일을 해 본다.	내가 할 수 있는 일을 스스로 한다.	나를 알고 존중하기	
진로 탐색	직업 정보의 탐색	기초적인 자료 수집과 결과 나타내기		필요한 정보나 자료를 수집한다.		수학적 탐구	자연 탐구
진로 디자인과 준비	의사결정/계획과 실천 중요성 인식	나의 일 스스로 하기	내가 하고 싶은 일을 선택해 본다.	하고 싶은 일을 계획하고 해 본다.		나를 알고 존중하기	사회관계

Chapter

05

유아진로교육의 방법

교사가 유아진로교육을 효과적으로 실기하기 위해서는 기본적인 교수-학습방법과 운영방법을 이해하고 유아의 흥미와 발달수준 등을 고려하여 다양하게 접근할 필요가 있다. 이에 본 장에서는 유아진로교육을 보다 효과적으로 실기하기 위한 교수-학습방법과 운영방법을 살펴보고 유아에게 적합한 진로교육의 접근법과 그 특징을 사례와 함께 살펴보고자 한다.

1. 유아진로교육의 교수-학습방법

1) 유아진로교육은 놀이중심으로 이루어지도록 한다

놀이는 유아의 생활이자 학습 자체라고 할 수 있다. 놀이를 하면서 유아는 다른 사람들과 관계를 맺고, 주변에 대한 지적 호기심을 충족시키며 삶에 필요한 지식, 기능, 태도를 익히고 사고를 확장해 간다. 놀이는 즐거워서 자발적으로 하는 것이므로 유아가 정서적 긴장이나 두려움 없이 많은 것을 배우고 익히는 학습의 기회가 된다. 따라서 놀이를 통해 가르치고 배우는 것이 유아기에 가장 적합한 교수 · 학습방법이 된다(교육부 · 보건복지부, 2015). 유아진로교육의 교수 · 학습도 유아에게 놀이처럼 즐거운 과정이 되었을 때 진로에 대한 효과적인 학습의 기회를 제공할 수 있다. 따라서 유아가 흥미에 기초한 놀이중심으로 교육활동에 적극적으로 참여함으로써 직업에 대해 관심을 갖고 올바른 진로인식을 할 수 있도록 하여야 한다.

2) 유아진로교육은 체험중심으로 이루어지도록 한다

진로교육은 다양한 경험을 통하여 일의 세계에 대한 견해를 넓히고 직업의 특성을 이해시키는 과정이어야 한다(임미옥 · 정연옥, 2010). 유아기 진로교육은 진로선택이나 기능을 강조하기보다는 일의 세계를 학습할 기회를 주는 활동을 통해 폭넓은 진로인식과 경험을 주는 데 강조점을 두어야 하므로(한국진로교육학회, 2011) 유아기에는 다양한 직업을 체험하는 것이 필요하다. 유아는 직업에 대한 체험활동을 통해 직업을 갖는 이유와 직업의 종류, 하는 일 등에 대한 경험을 놀이해 봄으로써(교육과학기술부, 2013) 직업에 대한 지식과 이해, 직업적 가치관과 태도에 대해 효과적으로 이해할 수 있다. 따라서 교실에서는 역할, 게임, 요리 등 다양한 활동유형을 통해 직업을 체험할 수 있는 놀이를 제공하고 지역사회 내의 다양한 현장체험학습과 지역인사들과의 만남을 통해 직업적 역할에 대한 지식을 얻고, 직업과 관련된 자신의 특성을 파악하며, 올바른 직업적 가치관과 태도를 기를 수 있도록 하여야 한다.

3) 유아진로교육은 통합적으로 이루어지도록 한다

유아는 자신을 둘러싼 세상에 대해 배워나갈 때 분리된 내용영역이나 분절된 교과로 배우는 것이 아니라 통합된 전체 개념으로 배운다. 통합은 부분들을 전체에 관련시켜 결합해 가는 과정이며, 유아는 자신의 경험들을 통합하여 전인적으로 성장 · 발달한다(교육부 · 보건복지부, 2015). 또한 진로교육은 일과 학문의 세계를 연결시키는 교육이라는 점에서 모든 교과 속에 그 관점이 녹아들어가야 된다(한국진로교육학회, 2011). 그러므로 유아진로교육도 단편적으로 이루어지기보다는 진로교육의 내용들 간의 통합, 누리과정 5개 영역과의 관련된 내용들의 통합이 이루어져야 한다.

2. 유아진로교육의 운영방법

1) 유아진로교육은 교육과정 안에서 연중 운영한다

진로교육은 5세 누리과정(교육과학기술부 · 보건복지부, 2012a)에서 '범교육과정적 주제'로 제시되고 있다. 범교육과정적 주제는 사회변화에 따라 제기되는 국가 · 사회적 요구와 미래사회를 대비하기 위하여 학습자에게 필요하고 요구되는 것으로(이미숙, 2009) 누리과정의 특정 영역이 아니라 유아를 위한 활동전반에 걸쳐 통합적으로 다루어져야 하며 그 주제의 중요성과 내용의 포괄성에 비추어 볼 때 연간 유아교육과정에 반영시킬 필요가 있다(지옥정, 2015). 따라서 유아진로교육은 특정 주제에 한하여 일회적으로 다루기보다는 연중 전개되는 주제와 영역에서 계열성과 연속성을 가지고 반복될 수 있도록 운영하는 것이 바람직하다.

2) 유아진로교육은 가정과 연계하여 운영한다

유아기는 가정의 영향을 많이 받는 시기이며 부모가 가진 직업적 가치관과 태도가 유아의 직업가치관과 태도 형성에 큰 영향을 미친다. 따라서 유아진로교육의 효과를 최대화하기 위해서는 반드시 가정과 연계하여 교육이 이루어져야 한다. 이를 위해 유아교육기관은 부모에게 진로에 관한 지식과 정보를 체계적으로 제공하고 자녀의 진로특성을 이해하고 진로인식을 높일 수 있도록 다양한 가정연계 활동들을 제공하여야 한다. 또한 부모들은 유아교육기관의 진로교육에 직업인으로서 참여함으로써 유아들이 다양한 직업의 세계를 이해하는 데 도움을 줄 수 있다.

3) 유아진로교육은 지역사회와 협력하여 운영한다

진로교육은 지역사회의 자원을 최대로 활용하여야 한다. 진로교육은 어떤 점에서 보면 학교교육과 일과 직업의 세계를 연결시키는 교육이다. 일에 대한 직접적인 경험, 관찰, 그리고 그러한 일에 종사하는 사람들과의 대화와 접촉은 진로교육에 있어서 필요 불가결한 요소이다. 진로교육은 이러한 점에서 지역사회 안에 존재하는 일과 직업을 우선적 대상으로 경험하게 하고 관찰케 하며, 그러한 자원인사를 활용하여야 한다(한국진로교육학회, 2011). 유아진로교육을 위한 유아교육기관과 지역사회 간의 협력적인 관계는 교육활동뿐 아니라 지역사회에도 긍정적인 영향을 미친다. 지역사회 내의 다양한 일과 직업의 현장은 교육활동을 풍부하고 효과적으로 제공하는 자원이 되며, 지역사회와 연계한 진로교육의 운영은 지역사회로 하여금 유아의 건강하고 행복한 성장발달에 기여하는 보람과 사명감을 가질 수 있게 한다(교육부 · 보건복지부, 2015).

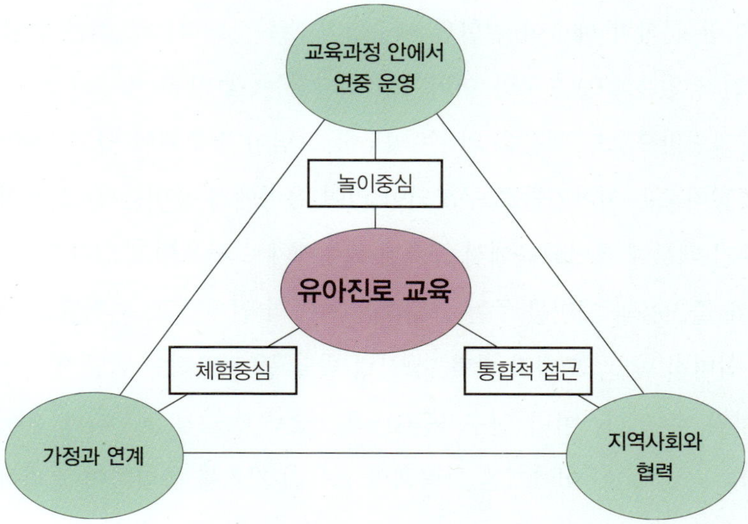

[그림 5-1] 유아진로교육 방법

3. 유아진로교육을 위한 접근법

교사는 유아의 진로인식 발달을 돕기 위해 유아가 자발적으로 진로에 대해 탐색 · 인식할 수 있는 기회를 제공하여야 하며, 이를 위해 효과적인 교수 · 학습방법을 모색하여야 한다. 여기에서는 효과적인 진로교육을 위해 유아에게 적합한 진로교육 접근법의 유형과 각 접근법이 지닌 주요 특징 및 사례를 살펴보고자 한다.

1) 그림책을 활용한 유아진로교육

(1) 그림책의 교육적 가치

그림책이란 문학과 예술이 결합된 예술형식으로 상대적으로 적은 글과 결합되거나 글이 전혀 없는 그림으로만 이야기를 전달하는 책이다(Nodelman, 1988). 그러므로 그림책은 그림만으로도 내용을 알 수 있도록 그림이 강조되어 있고, 유아의 발달에 적합하고 흥미로운 이야기들로 구성되어 있어 유아에게 흥미를 끌고 재미있으며 즐거움을 주기 때문에 유아교육에서 중요한 교수매체로 사용되고 있다.

유아에게 즐거움과 재미를 주는 그림책은 유아의 언어발달, 지적발달, 사회 · 정서적 발달, 심미적 발달, 도덕적 발달, 상상력 발달 등 전반적인 발달 영역에 긍정적인 영향을 미칠 수 있다. 여러 연구자들(김세희 · 현은자, 1995; 김현희 · 박상희, 2008; 서정숙 · 남규, 2010; 이경우 외, 1997)이 이야기한 그림책의 교육적 가치를 종합하여 정리하면 다음과 같다.

첫째, 그림책은 유아의 언어 능력을 발달시킬 수 있다. 그림책을 읽거나 듣는 과정은 비지시적 상황이므로 유아는 심리적 부담없이 즐겁게 구두언어와 문자언어를 자연스럽게 발달시킬 수 있다. 또한 그림책을 통해 이야기에 대해 더 많은 이해를 할 수 있어 글씨를 못 읽더라도 그림을 보고 이야기 만들어낼 수 있으며 새로운 단어를 접하면서 어휘력이 신장되고(김희정 · 이경민, 2016) 책이 가지고 있는 구조들도 알 수 있게 된다.

둘째, 그림책은 유아의 심미감을 발달시킨다. 그림책 속의 그림은 독특한 매체와 기법을 사용한 훌륭한 미술작품이다. 유아는 그림책에 표현된 다양한 장면의 그림들을 접하면서 심미감을 키울 수 있다. 또한 유아는 그림책을 감상하면서 자연스럽게 작가가 그들의 의도를 나타내기 위해 어떻게 미술적 요소를 사용하는지에 대해 이해하게 된다.

셋째, 그림책은 유아의 정서생활을 풍요롭게 한다. 그림책은 유아가 주인공과 등장인물에 더 쉽게 빠져들게 하기 때문에 유아는 그림책 속의 등장인물과 동일시하는 과정을 통해 현실생활에서 오는 갈등에 대한 위안을 얻으며 나아가 등장인물의 갈등 극복과정을 통해 유아는 용기와 자신감을 얻을 수 있다.

넷째, 그림책은 유아에게 다양한 문화적 경험을 제공한다. 그림책 속 사회에서 공유되고 있는 경험과 언어, 역사, 가치를 담고 있는 문화물이므로 유아는 그림책을 감상하면서 그림책 속의 문화와 소통한다. 이 과정을 통해 유아는 그림책 속 문화를 전달받는 동시에 새로운 문화를 창조할 수 있다.

다섯째, 그림책은 유아에게 주변 세계와 이웃에 대한 이해를 돕는다. 그림책은 다른 사람에 대한 문화와 환경이 다양한 등장인물에 대한 이야기를 통해 유아의 경험을 확장시켜준다. 이러한 간접 경험을 통해 유아는 자기 주변 세계와 이웃들에 대해 이해를 확장시켜 나간다.

여섯째, 그림책은 유아가 윤리적 가치관을 계발하게 한다. 그림책은 이야기의 줄거리를 통해 유아에게 윤리적 기준을 느낄 수 있도록 해 주며, 인간적으로 올바른 도덕적 가치관과 태도에 대한 교훈을 준다. 유아는 이를 통해 성역할, 사회규범, 사회적 행동과 반사회적 행동, 타인의 가치, 옳고 그름, 성인의 역할 등에 대해 학습하면서 올바른 윤리관의 기초를 형성하게 된다.

(2) 그림책을 활용한 유아진로교육의 효과

그림책은 유아에게 놀잇감과 같은 대상으로서 흥미와 호기심을 불러일으켜 자발적으로 직업에 대한 탐색을 가능케 한다. 또한 그림책은 진로인식 단계의 유아에게 유아의 수준에 적절한 글과 그림을 통해 다양한 직업에 대한 지식, 정보를 제공하고 이와 관련하여 자신의 특성을 파악하고 올바른 직업적 가치관과 태도를 배울 수 있는 효과적인 교수매체이다. 유아기 진로교육에 그림책을 활용하는 것이 어떤 교육적 효과가 있는지를 좀 더 자세히 살펴보면 다음과 같다.

첫째, 그림책을 통해 유아가 자신에 대해 인식하는 경험을 제공함으로써 유아가 자신을 긍정적으로 인식하도록 하는 데 효과가 있다. 자아개념은 자신에 대한 종합적인 평가와 지각으로 유아기에 형성된 자아개념은 유아 발달 전반에 영향을 미칠

뿐 아니라 성인기에 가지는 자아개념의 기초가 되기 때문에 긍정적으로 자아개념을 형성하는 것은 매우 중요하다. Glazer(1986)는 유아가 아동문학을 통해 자신의 능력과 가치, 성장과 변화를 인식할 수 있다고 하여 긍정적인 자아개념 형성에 아동문학의 중요성을 강조하였다(박미령, 2005 재인용). 유아는 그림책을 읽으면서 등장인물이 가지는 긍정적 자아개념을 통해 자신에 대한 가치를 새롭게 인식할 수 있으며, 등장인물과의 동일시를 통하여 등장인물이 처한 갈등상황이 자신만의 문제가 아니라는 위안을 얻기도 하고 다양한 갈등 해결과정에 참여함으로써 문제해결에 대한 자신감을 얻기도 한다. 따라서 그림책을 통해 유아가 자신에 대해 인식하는 경험은 유아진로교육의 내용에서 자신을 이해하고 긍정적 자아개념을 형성하도록 하는 데 효과적이다.

둘째, 그림책을 통해 유아에게 다양한 직업 세계에 대한 경험을 간접적으로 제공함으로써 일과 직업 세계에 대한 이해를 높이는 데 효과적이다. 유아기는 사회적 상호작용의 범위가 넓어지면서 주변 세계를 넘어 다양한 세계에 대한 호기심이 생기는 시기이다. 이처럼 호기심은 많으나 일상생활을 벗어나 다양한 세계를 직접 경험하기에 제약이 많다는 점을 감안할 때 이 시기의 유아에게 그림책은 다양한 일과 직업 세계를 탐색하기에 적합하다(김주현, 2014). 그림책은 다양한 직업유형을 다루고 있어 유아가 그림책을 통해 일과 직업의 세계를 간접적으로 경험하고 이해할 수 있도록 도와주며 그림책 속의 직업적 지식은 유아의 수준에 적절한 언어와 그림을 사용하여 유아들이 그림책 속의 직업적 정보와 지식을 이해하도록 돕는다. 이를 통해 유아는 일과 직업 세계를 접하고 이해하면서, 자신에게 적절한 직업을 인식하고 직업에 대한 가치관을 형성할 수 있다(이미옥, 2010). 또한 그림책은 직업적 역할을 나타내는 등장인물을 통해 직업적 어려움을 해결하는 과정이나 끝까지 노력함으로써 성취하는 과정, 다른 직업과의 협력과 직업적 태도와 가치관을 기를 수 있는 좋은 도구가 된다. 따라서 유아가 그림책을 통해 일과 직업 세계에 대한 지식을 얻는 것은 유아진로교육에서 일과 직업에 대한 경험을 통해 일과 직업의 세계에 대해 흥미를 증진시키고 이해를 높이며 올바른 직업적 가치관과 태도의 기초를 형성하는 데 효과적이다.

셋째, 그림책을 통해 유아에게 사회적 가치와 질서를 전달함으로써 유아가 그림책을 접하면서 사회 속에서 다른 사람과 더불어 살아가는 데 필요한 지식, 기술, 태도를 형성하도록 도울 수 있다. 그림책은 한 사회의 문화를 담고 있어 유아에게 문화를 전달하는 역할을 한다. 이를 통해 그림책은 인간의 다양한 생활양식을 관찰하는 기회를 제공하고 사회적 규범을 제시한다. 유아는 그림책을 통해 다양한 문화와 생활양식을 접하면서 그 속에 담겨진 도덕적 규범과 같은 사회적 가치와 민주시민으로서 지켜야 하는 사회적 질서를 자연스럽게 학습할 수 있다. 또한 유아는 등장인물의 역할에 대한 동일시를 통하여 등장인물이 가지는 사회적 가치와 질서를 유아 자신에게 내면화하는 기회를 가진다(김주현, 2014). 따라서 유아가 동화책을 통해 사회적 가치와 규범을 배우는 것은 유아진로교육에서 사회구성원의 하나로써 조화롭게 살아갈 수 있는 능력을 기르는 데 효과적이다.

(3) 그림책을 활용한 유아진로교육의 전개와 교사의 역할

그림책을 활용한 유아진로교육은 일반적으로 그림책 선정하기, 동화듣기, 이야기 나누기, 확장활동 순서로 전개할 수 있다. 각 단계별로 효과적인 전개를 위한 교사의 역할을 정리하면 [그림 5-2]와 같다.

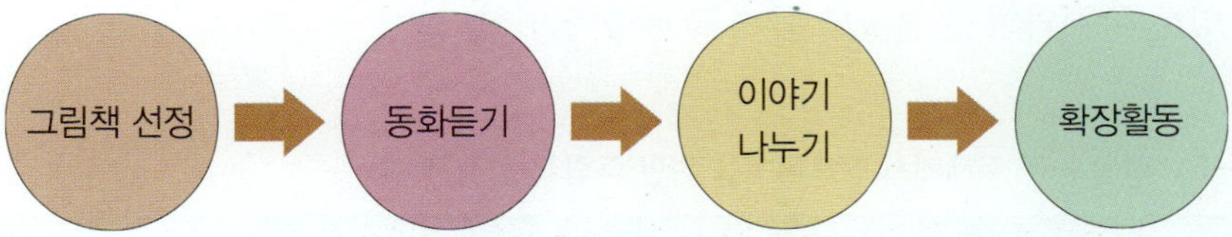

[그림 5-2] 그림책을 활용한 진로교육의 진행단계

① 그림책 선정하기

교사가 유아진로교육을 위한 그림책을 선정할 때에는 일반적인 그림책 선정기준인 문학적 · 예술적 · 교육적 요소 외에 직업적 요소도 함께 고려하여야 한다.

〈표 5-1〉 유아진로교육을 위한 그림책 선정 기준

요소	선정기준
1. 문학적 요소	• 유아가 이해할 수 있는 내용인가? • 유아가 해결할 수 있는 문제가 이야기 안에 있는가? • 유아가 쉽게 공감할 수 있는 이야기인가?
2. 예술적 요소	• 그림이 이야기의 줄거리를 풍부하게 표현하고 있는가? • 글과 그림이 조화를 이루고 있는가? • 간결하면서도 효과적으로 표현되고 있는가? • 어린이의 시각에서 보여지는 그림을 그리고 있는가?
3. 교육적 요소	• 유아에게 충분한 정보를 주고 있는가? • 이야기의 주제가 가치 있고 유아의 연령과 발달적인 특성에 적합한가? • 유아의 생각, 가치관, 분별력, 세계관 등에 긍정적인 영향을 주는가? • 유아들이 즐겁고 새로운 언어적 체험을 할 수 있는가? • 유아의 상상력을 자극하여 창의적인 사고를 하고 있는가?
4. 직업적 요소	• 유아가 이해할 수 있는 직업에 속해 있어 자신의 특징과 직업을 연결지을 수 있는가? • 등장인물의 직업적 역할을 유아가 이해할 수 있는 수준에서 사실적으로 표현하였는가? • 등장인물의 직업적 역할을 통해 올바른 직업적 가치관을 표현하였는가? • 등장인물의 직업적 역할을 표현할 때 직업적 편견이 없는가?

출처 : 김주현(2014). 직업 관련 그림책을 활용한 가정 연계 진로교육이 유아와 어머니의 진로인식에 미치는 영향.

유아진로교육을 위한 그림책을 선정할 때에는 진로교육의 내용과 함께 현재 진행하고 있는 주제와의 관련성도 함께 고려하여야 한다.

〈표 5-2〉 '생활도구' 주제에서 진로교육을 위한 그림책 선정의 예

동화	저자/출판사	진로교육 영역*	관련 직업	생활 주제
나리의 패션 디자이너 도전기	최인순, 곽혜원/키움북스	Ⅲ	디자이너	생활도구
모델이 된 키다리 공주	이미애, 정미예/한얼에듀	Ⅲ	패션모델	
두더지 사진사 아저씨	데니스 하슬리/기탄동화	Ⅱ	사진사	
찰칵 펭귄아 사진 찍자	리즈피콘/효리원	Ⅲ	사진사	
서윤이네 가족신문	전현정, 박제희/그레이트 북스	Ⅳ	기자	
다솜이의 특종기사	김수병, 이형진/한얼교육	Ⅲ	기자	
한밤의 도서관	가즈노 고하라/국민세관	Ⅱ	사서	
도서관에서는 쉿!	돈 프리먼/시공 주니어	Ⅳ	사서	
물감만 있으면 돼	지요, 최유진/키움북스	Ⅱ	화가	

*진로교육 영역: Ⅰ. 자기이해와 사회적 역량, Ⅱ. 일과 직업 세계 이해, Ⅲ. 진로탐색, Ⅳ. 진로디자인과 준비

② 동화 듣기

교사는 동화를 들려주기 전 막대인형이나 수수께끼 등을 활용해 유아들의 흥미나 동기유발을 할 수 있으며 진로와 관련된 용어나 개념에 대한 사전경험을 이야기 나눌 수 있다. 동화를 읽기 전에 동화책의 표지를 함께 보면서 동화내용을 예측해 보는 것도 좋다. 책을 읽으면서 책에 나오는 직업이나 직업 가치관, 자아개념 등에 대해 유아의 생각을 자극하거나 함께 생각해 볼만한 문제에 관한 질문을 할 수 있다. 또한 책을 읽는 동안 등장인물의 직업 등에 대한 유아의 질문을 기록해 두었다가 동화듣기가 끝난 후 함께 토의해 볼 수 있다.

③ 이야기 나누기

동화 듣기 후 동화의 줄거리와 관련된 교육내용을 함께 토의하는 것이 매우 중요하다(김영옥 · 홍혜경, 1998). 동화 듣기 후 교사와 유아가 모여 그림책의 내용과 관련하여 경험, 생각, 느낌 등을 함께 이야기하면서 긍정적 자아, 직업과 일, 일의 가치관 등의 개념을 학습하고 인식을 바르게 기를 수 있는 기회를 제공하는 것이 필요하다.

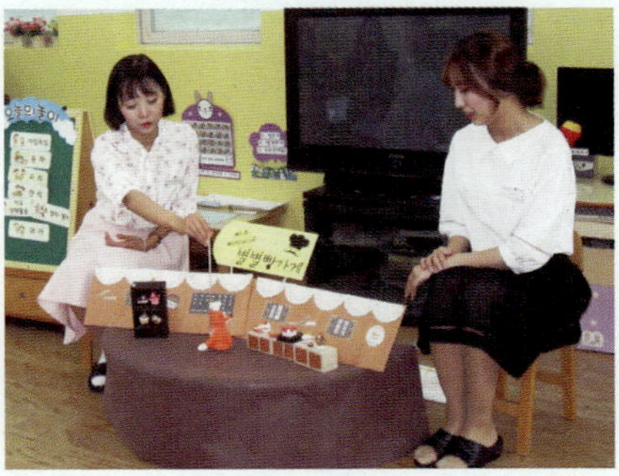

이야기 나누기 활동 자체가 '원만한 대인관계 형성'이라는 진로교육의 중요한 내용을 경험하고 학습하게 된다. 이야기 나누기를 통해 유아는 주제에 대해 다른 사람과 대화할 수 있는 능력을 형성하고 자신의 감정을 조절하면서 타인의 입장을 이해하고 질서와 규칙을 지키며 올바른 대인관계를 형성하는 데 긍정적인 영향을 준다. 또한 유아 스스로 합의점을 모색하고 정보를 서로 교환하면서 주제에 따른 개념을 좀 더 명확하게 하여 실제생활에서 부딪히게 되는 여러 가지 문제 상황을 해결하는 데 도움을 준다(이영자 · 유희정, 1995). 따라서 교사는 교사의 일방적인 질문에 유아가 답변하는 방식의 이야기 나누기를 지양하고 유아–유아 간 상호작용이 잘 이루어질 수 있도록 하는 것이 중요하며, 이야기 나누기를 통해 유아가 자신의 생각을 바르게 표현하고 다른 사람의 이야기를 주의 깊게 들을 수 있도록 지도하여야 한다.

④ 확장활동하기

유아가 동화 듣기와 이야기 나누기를 통해 학습한 기본 개념과 인식들은 연계된 관련 활동들을 통해 심화될 수 있다. 따라서 교사는 유아가 긍정적 자아개념, 직업과 일에 대한 이해, 일에 대한 긍정적 가치관, 다른 사람과의 긍정적 상호작용, 효율적인 의사결정 등과 관련된 기초 개념과 인식을 확장하고 심화할 수 있도록 다양한 영역에서 다양한 유형으로 확장활동을 제공하여야 한다.

다음은 생활주제별로 진로교육을 위한 그림책과 그림책에서 다루고 있는 주요 진로교육 내용과 관련 직업, 그림책을 활용한 확장활동을 정리해 놓은 것이다.

〈표 5-3〉 유아진로교육을 위한 생활주제별 그림책 목록

1. 유치원과 친구

동화	저자/출판사	확장활동	관련 직업	진로교육영역
유치원 버스 아저씨의 비밀	가와노우에 에이코, 가와노우에 켄/키다리	이야기 나누기(전문가 초빙)-유치원 버스 기사님을 만나요	버스 기사	II
별님반 개미 선생님	안미연, 원혜진/한얼교육	역할놀이-선생님 놀이	교사	II
우리 선생님은요	정원 여름, 원현경/북아북아	언어-선생님께 감사한 마음 전하기	교사	III
진짜 친구가 되는 법	하라다 유코/키득키득	음악-친구가 되는 멋진 방법	-	I
토끼 뻥튀기	정해왕, 한선현/길벗 어린이	언어-나의 장점 말하기	-	I
부끄럼쟁이 아냐, 생각 쟁이야!	김민화, 손지희/웅진주니어	언어-친구 사랑 나무	-	I
짧은 귀 토끼	다원시, 탕탕/고래 이야기	언어-친구와 나의 다른 점은?	-	I
화가 날 때도 있는 거야	홀데 크로일, 다그마 가이슬러/풀빛	미술-미끌미끌 내 마음	-	I
내 친구 여진이	김혜리/아이코리아	언어-내 친구 ○○○	-	I
나도 최고가 될 수 있어	기시라 마유코/한국글렌도만	언어-친구 얼굴 막대인형놀이	다양한 직업	I

2. 나와 가족

동화	저자/출판사	확장활동	관련 직업	진로 교육 영역
네가 크면 말이야	이주미/현북스	미술-나의 꿈책 만들기	다양한 직업	Ⅳ
내 꿈이 최고야	코랄리 소도, 니콜라 구니/풀빛	역할놀이-나의 꿈 친구의 꿈	다양한 직업	Ⅳ
너는 기적이야	최숙희/책읽는곰	음악-사랑을 먹는 아이	-	Ⅰ
엄마는 언제 날 사랑해?	아스트리드데보르드, 폴린 마르탱/토토의그림책	언어-엄마, 아빠의 편지	-	Ⅰ
내가 아빠고, 아빠가 나라면	이병승, 홍성화/대교북스주니어	역할놀이-우리 가족 역할 바꾸기	회사원	Ⅱ
마음에 상처 주는 말	엘리자베스 베르딕, 마리카 하인렌/보물창고	역할놀이-아동심리사	아동심리사	Ⅰ
우리 아빠는 우당탕탕 발명가	배빗 콜/어린이 작가정신	미술-내가 만드는 발명품	발명가	Ⅲ
꿈꾸는 윌리	앤서니 브라운/웅진 주니어	수-우리반 최고 인기직업은?(그래프)	다양한 직업	Ⅳ
돼지책	앤서니 브라운/웅진 주니어	언어-부모님께 편지쓰기	주부	Ⅰ
가족은 꼬옥 안아주는 거야	박윤경, 김이랑/웅진 주니어	언어-가족을 위한 배려 쿠폰	-	Ⅱ

3. 우리 동네

동화	저자/출판사	확장활동	관련 직업	진로 교육 영역
소방관이 될 테야	조하나, 김민정/한국톨스토이	현장체험-소방서 현장 체험	소방관	Ⅱ
아빠와 소방서에 가요	신재환, 남재우/북아북아	게임-소방서에 가면	소방관	Ⅱ
삐오 삐오 불이 났어요!	박종환, 강혜영/한얼교육	바깥놀이-출동! 소방관이 되어보자	소방관	Ⅱ
도토리 나라의 다람은행	어린이경제신문사, 전수현/한얼에듀	역할놀이-은행원 놀이	은행원	Ⅱ
우체부 아저씨와 비밀편지	앨런 앨버그, 자넷 앨버그/미래아이	언어-만약 내가 우체부가 된다면?	우체부	Ⅱ

새벽을 여는 할아버지	전민희, 김윤명/한얼교육	지역사회연계–유치원 주변 청소하기	환경 미화원	II
뭐든지 가게	조은주, 홍우리/한얼에듀	역할놀이–의상실 놀이	숍 매니저	II
토토가 전하는 두비마을의 첫소식	송선진, 가만희/키움북스	역할놀이–방송국놀이	아나운서	II
세라의 빨간코트	조은주, 홍찬주/한얼교육	지역사회연계–프로듀서 작가 초청	쇼핑호스트	III
뽈리야, 도와줘!	최수복, 황미선/한얼에듀	역할놀이–병원놀이	의사	II
빼빼 공주님의 요리조리	성은경, 정희정/키움북스	토의–요리를 계획해요	요리사	IV

4. 동 · 식물과 자연

동화	저자/출판사	확장활동	관련 직업	진로 교육 영역
행복한 미용사 툴라	윤민재, 윤공주/한얼교육	역할놀이–동물 미용사 놀이	애완미용사	III
웅아! 어디가 아프니	제민조, 가마루/한얼교육	역할놀이–수의사 놀이	수의사	II
고마워요 아저씨	신선웅, 이규철/한얼교육	쌓기놀이–사육사 놀이	사육사	II
양념이와 프라이드	이선일, 김수옥/푸른날개	미술–병아리 집 만들기	사육사	II, IV
모그와 수의사	주디스커/한솔교육	역할놀이–동물병원놀이	수의사	III
나는야 곤충박사	조재은, 구은정/애플비	과학–곤충 기르기	곤충학자	III
마녀와 비비 씨의 여행	정재은, 송향란/아람교육	과학–곤충 기르기(개미, 누에)	곤충학자	III
개미나라에 간 루카스	존 니클, 루카스/비룡소	토의–우리가 개미를 위해 할 수 있는 일은?	환경운동가	I
나무 하나에	김장성, 김선남/사계절 출판사	미술–좋아하는 곤충 만들기	탐험가, 숲 선생님	III

5. 건강과 안전

동화	저자/출판사	확장활동	관련 직업	진로 교육 영역
판다목욕탕	투페라 투페라/노란우산	역할놀이–목욕놀이	목욕관리사	II
거인성의 새 요리사	전혜영/한얼에듀	과학–건강한 음식 요리 대회	요리사	II
문어 베이커리	안미연, 조수진/한얼에듀	미술–점토로 빵 만들기	제과제빵사	III
일곱 살의 꿈	한미호, 물/한얼 교육	미술–운동선수 만들기	발레리나	III
분홍 토슈즈의 꿈	박예분/신동교육	미술–미래의 국가대표 꼴라쥬	발레리나	II, IV
동물들의 첫 올림픽	문종훈/웅진 주니어	이야기 나누기–운동은 누구나 할 수 있어요	운동선수, 심판	IV
반칙은 안 돼!	성은경, 이연지/키움북스	신체–동명 올림픽	심판	II
잠꾸러기 수잔의 토마토	히로나 다카코/한림	역할놀이–과일가게	판매원	II
축구선수 윌리	앤서니 브라운/웅진주니어	신체–슛돌이 대회	축구선수	II
나이스 샷!	박나래/키움북스	신체–골프	골프선수	II

6. 생활도구

동화	저자/출판사	확장활동	관련 직업	진로 교육 영역
따라쟁이 하온이는 연기자	박소율, 꽃부인/키움북스	역할놀이–배우가 되어요	연기자 (연극배우, 뮤지컬배우, 영화배우, 드라마배우)	I
나리의 패션 디자이너 도전기	최인순, 곽혜원/키움북스	미술–옷을 디자인 해요	디자이너	III
강둑의 맞춤 옷가게	하세가와 세츠코/한림출판사	미술–나만의 옷 만들기	봉제사	III
모델이 된 키다리 공주	이미애, 정미예/한얼에듀	신체–모델이 되어요	패션모델	III
두더지 사진사 아저씨	데니스 하슬리/기탄동화	이야기 나누기–사진을 잘 찍으려면?	사진사	II

찰칵 찰칵 찰칵 재원이의 사진 모험	문정회/애플트리태일즈	토의–함께 만드는 사진 전시회	사진사	Ⅳ
라이트씨의 새 그림책	전미숙, 이주연/한얼교육	미술–나만의 책만들기	작가	Ⅲ
생생 카피라이터	이진, 이선경/키움북스	언어–우리반 추억집	카피라이터	Ⅲ
서윤이네 가족신문	전현정, 박제희/그레이트북스	언어–우리반 신문을 만들어요	기자	Ⅱ, Ⅳ
다솜이의 특종기사	김수병, 이형진/한얼교육	바깥놀이–유치원 현장 취재	기자	Ⅲ
양파공주, 텔레비전에 나온 날	박수경, 박세연/여원미디어	역할놀이–방송국놀이	방송인	Ⅳ
우주로 간 뚱보미녀들	윤희정, 이주윤/한얼교육	이야기 나누기–방송이 되기까지의 과정이 있어요	영화감독, 배우, 조명감독, 카메라감독, 영상감독, 음향감독	Ⅲ
핑코 피디와 함께 레디고	송선진, 신은영/키움북스	지역사회연계–프로듀서&작가 초청	피디	Ⅲ
한밤의 도서관	가즈노 고하라/국민세관	역할놀이–도서관놀이	사서	Ⅱ
도서관이 키운 아이	칼라 모리스/그린북	현장체험–도서관 견학	사서	Ⅱ
크레용 없는 날	엘리자베스 러쉬/미세기	미술–다양한 기법 감상하기	화가	Ⅲ
찰칵 펭귄아 사진 찍자	리즈피콘/효리원	토의–함께 만드는 사진 전시회	사진사	Ⅲ
물감만 있으면 돼	지요, 최유진/키움북스	현장체험–미술관 관람	화가	Ⅱ
그리미의 꿈	레오 리오니/마루벌	미술–나만의 작품을 만들어요	화가	Ⅲ
숲 속 사진관	이시원/고래뱃속	역할놀이–사진관 놀이	사진사	Ⅲ
도서관에서는 쉿!	돈 프리먼/시공 주니어	토의–도서관에서 지켜야 할 약속	사서	Ⅳ

7. 교통기관

동화	저자/출판사	확장활동	관련 직업	진로 교육 영역
검피 아저씨의 드라이브	존 버닝햄/시공주니어	동극–신나는 자동차 놀이	버스기사	Ⅲ
달려라 차돌이	조은숙, 이영애/한얼교육	바깥놀이–교통공원 놀이	운전기사	Ⅱ
뿌뿌 씨, 내차를 고쳐주세요	신정민/한얼교육	바깥놀이–자동차 세차 하기	자동차 정비사	Ⅱ
구름보다 더 높이	이세희, 연현주/키움북스	역할놀이–조종사 놀이	조종사	Ⅱ, Ⅲ
꼬미와 함께 하는 즐거운 비행	정재은, 신보영/한얼교육	역할놀이–승무원 놀이	승무원	Ⅱ, Ⅳ
토비의 용감한 여행	신영하, 신정은/키움북스	언어–승무원에게 편지 쓰기	승무원	Ⅲ
꿈을 싣고 비행을 떠나요	서필선, 오숙정/무지개	전문가 초빙–승무원	승무원	Ⅲ
꼬마 경찰 구름이	크리스토프 니만/사계절	전문가 초빙–교통경찰	경찰관	Ⅲ
두더지 버스	우치노 마스미/한림출판사	역할놀이–버스 놀이	운전기사	Ⅲ
특별한 자동차를 가지고 싶어요	새상 이야기, 김상덕/키움북스	미술–나만의 자동차	자동차 디자이너	Ⅲ

8. 우리나라

동화	저자/출판사	확장활동	관련 직업	진로 교육 영역
웬 떡이야	백명식/소담주니어	역할놀이–떡가게 놀이	가게 주인	Ⅱ
신나는 풍물놀이	박경아, 최양숙/한국몬테소리	음악–오고무 감상하기	전통음악가	Ⅲ
연지 찍고 가마 타고	오경문, 신경선/한국톨스토이	역할놀이–전통혼례 놀이	혼례 도우미	Ⅲ
꿈꾸는 도자기	김평, 이광익/책읽는곰	미술–나만의 도자기 만들기	도예가	Ⅱ
한지돌이	이종철, 이춘길/보림	미술–한지 보자기 만들기	한지공예가	Ⅲ
봉산탈사자춤	유승정/초방책방	신체–북청사자 탈춤	전통예술가	Ⅲ

덩덕쿵 호랑이	윤희정, 김언희/키즈엠	음악-사물놀이 장단 알아보기	전통음악가	Ⅲ
흥부네 기와집, 놀부네 초가집	박수연, 장라영/키즈엠	미술-우리나라 전통집 만들기	건축가	Ⅲ
때때옷 입고 나풀나풀	이미애, 최미란/책내음	수 · 조작-한복 입히기	한복연구가	Ⅲ
우리 옷 고운 옷 한복이 좋아요	김홍신 · 임영주, 김원정/노란우산	미술-한지 물들여 한복 꾸미기	한복연구가	Ⅲ
비밀스러운 한복나라	무돌/노란돼지	수 · 조작-한복과 소품 도미노	한복연구가	Ⅱ
진짜 사나이가 된 영웅이	송선진, 가만희/키움북스	언어-군인에게 편지쓰기	군인	Ⅳ

9. 세계 여러 나라

동화	저자/출판사	확장활동	관련 직업	진로 교육 영역
존경하는 음매씨	최경, 한미애/한얼교육	언어-내가 만약 우리나라 홍보대사가 된다면?	외교관	Ⅳ
내가 세계 최고!	양재찬, 유경화/웅진주니어	토의-궁금한 나라가 있어요	외교관	Ⅰ
우리 할머니는 건축가예요	최은규, 오진욱/한얼교육	쌓기놀이-집 만들기	건축가	Ⅱ
와! 신나는 세계 여행	마를렌 라이델/책내음	수 조작-세계의 여행	여행가	Ⅱ
꿈꾸는 꼬마 건축가	플랭크 비바/주니어 RHK	미술-내가 살고 싶은 집 설계하기	건축가	Ⅲ
신나는 요리대회	노루궁뎅이 창작교실, 박보라/노루궁뎅이	미술-세계 여러나라 음식 만들기	요리사	Ⅰ
앙드레냥의 패션쇼	전민희, 강윤주/한얼에듀	역할놀이-패션쇼	패션 디자이너	Ⅳ
외교관이 될래요	소을석, 배정민/한국 슈타이어	게임-외교관 선발시험	외교관	Ⅲ
힝힝씨와 여행을 해요	최경, 신현정/한얼에듀	쌓기놀이-세계 여러 나라 건축물 구성하기	여행가이드	Ⅱ
꼬마 삐로, 마술사가 되다	보린, 노문영/한얼에듀	현장체험-마술쇼	마술사	Ⅲ

10. 환경과 생활

동화	저자/출판사	확장활동	관련 직업	진로 교육 영역
두더지 집을 지켜줘	루이스 무르세츠/푸른숲 주니어	언어–내가 만약 환경운동가가 된다면?	환경운동가	II
도레미 트리오	이지현, 전혜령/한얼교육	언어–꿈을 찾아주는 기자가 되어요	음악가	I, II
우리는 가족 음악단	박나래/키움북스	전문가 초빙–드러머, 피아니스트	연주자, 지휘자	II
나무가 사라진 나라	후지 마치코, 고바요코/계수나무	역할놀이–숲 해설가 놀이	환경운동가	II
반짝반짝 음악회	신자와도시히코, 이치이미카/한얼교육	음악–리듬합주(라데츠키 행진곡)	연주자	II
우주비행사가 된 삼총사	한미호/한얼교육	이야기 나누기–우주인의 생활이 궁금해요	우주비행사	III
달이 없어졌어요!	성은경, 최형준/키움북스	과학–별자리 만들기	천문학자	III
달 천사, 루나	김호현/꼬마 대통령	음악–우주 여행	우주비행사	II
코디는 나에게 맡겨!	변희승, 이진나/키움북스	역할놀이–여러 나라의 의상	스타일 리스트	II
모든게 궁금한 무빈이	성은경, 강미연/키움북스	과학–내가 궁금한 것은?	물리학자	IV

11. 봄 · 여름 · 가을 · 겨울

동화	저자/출판사	확장활동	관련 직업	진로 교육 영역
행복을 파는 꽃집	조은숙, 최양숙/한얼교육	역할놀이–꽃 가게 놀이	플로리스트	II
날씨언니의 하루	홍서연, 이규철/한얼교육	이야기 나누기–오늘의 날씨를 소개해요	기상캐스터	III
화분을 키워주세요	진 자이언, 마거릿 블로이 그레이엄/웅진주니어	바깥놀이–꽃모종 심고 가꾸기	원예가	IV
꽃 할아버지의 선물	마크 루디/키득키득	바깥놀이–행복이 자라는 쉼터	정원사	II

쌀이 없으면 안 돼!	김인숙, 양서욱/아람	과학-곡식 관찰하기	농부	II
아빠 오리를 찾아라!	신지윤, 배혜영/한얼에듀	쌓기놀이-가을 들판 수확하기	농업기술자	II
꿈을 펼쳐요! 아쿠아리스트	해바라기창작동화 연구회/인포북스	역할놀이-아쿠아리스트가 되어요	아쿠아리스트	II
바다를 좋아하는 선장님	최은규, 박윤희/한얼에듀	미술-꿈꾸는 바다	선장	II
놀이터 산타마을	박민주, 최유진/키움북스	쌓기놀이-이야기 무대 구성하기	무대연출가	II

2) 역할놀이를 통한 유아진로교육

(1) 역할놀이의 교육적 가치

놀이는 유아의 생활이자 학습 그 자체라고 할 수 있다. 놀이를 하면서 유아는 다른 사람들과 관계를 맺고, 주변에 대한 지적 호기심을 충족시키며 삶에 필요한 지식, 기능, 태도를 익히고 사고를 확장해 간다. 놀이는 즐거워서 자발적으로 하는 것이므로 유아가 정서적 긴장이나 두려움 없이 많은 것을 배우고 익히는 학습의 기회가 된다. 따라서 놀이를 통해 가르치고 배우는 것이 유아기에 가장 적합한 교수 · 학습 방법이 된다(교육부 · 보건복지부, 2015).

유아에게 흥미롭고 생활 경험들과 연결되는 역할놀이는 유아가 즐겁게 놀이를 통해 세상의 지식, 기능, 태도의 습득을 기르도록 돕는 효과적인 교수학습방법이다. 역할놀이는 다른 사람의 입장이 되어 그 역할을 가장하여 수행해 보면서 다른 사람에 대한 생각이나 느낌을 갖거나 가정된 상황에서 발생할 수 있는 문제에 대해 유아 스스로 탐색하는 놀이이다. 역할놀이는 유아들의 환경에 있는 역할, 모델, 그리고 상황을 받아들일 수 있도록 도와주며 역할놀이를 통한 의미심장한 경험은 긍정적인 자아개념 형성과 사회성, 인지, 정서, 언어 등의 발달을 촉진한다(김은희, 2001).

(2) 역할놀이를 통한 유아진로교육의 효과

유아의 진로인식을 발달시키기 위해서는 진로에 대한 친숙감과 관심을 가지고 유아의 흥미를 중심으로 적극적으로 참여하는 것이 중요하다. 유아는 역할놀이 동안 흥미와 실행하고 싶은 욕구에 의해 표현할 역할을 스스로 선택할 수 있으며, 실제 경험해 보지 못한 상황들을 경험해 봄으로써 자신의 특성과 흥미, 장점 등을 이해하고 현재의 직업적 역할뿐만 아니라 미래의 직업적 역할까지 인식할 수 있게 된다는 점에서 진로인식을 발달시키는 데 유용한 교수 · 학습방법이다. 3-5세 연령별 해설서에서도 직업을 갖는 이유와 직업의 종류, 하는 일 등에 대한 경험을 놀이해 봄으로써 직업을 통한 사회경제적 활동의 의미를 알고 자신의 장래희망을 생각해 보는 내용을 함께 다룰 것을 제시하고 있다. 역할놀이를 통한 유아진로교육은 여러 가지 교육적 효과를 가지고 있다. 그 효과를 좀 더 자세히 알아보면 다음과 같다.

첫째, 다양한 직업 세계에 대한 인식을 높일 수 있다. 유아는 관심 있는 직업에 대한 역할놀이를 통해 실제 경험해 보지 못한 일과 직업들을 간접적으로 경험해 보고 관련 정보들도 수집하면서 놀이를 심화시켜 나감으로써 자신의 특성과 흥미, 장점 등을 이해하고 현재의 직업적 역할뿐만 아니라 미래의 직업적 역할까지 인식할 수 있는 기회를 갖게 된다.

둘째, 역할놀이를 통해 유아는 타인의 입장에서 사고하고 이해하는 경험을 함으로써 자기중심적인 사고에서 탈피하고 긍정적인 자아개념을 형성할 수 있다. 역할놀이가 자기중심적 사고에서 탈피하여 타인을 이해하게 됨으로써 상대방의 의견까지도 포용할 수 있는 원만한 성격 형성을 돕는다(Shaftel & Shaftel, 1982). 유아는 역할놀이를 하면서 다른 사람의 입장에서 생각해 볼 기회를 많이 갖게 됨으로써 조금씩 타인의 감정을 생각하게 되고 자기중심적인 사고에서 조금씩 탈피하게 된다. 또한 유아들은 역할놀이를 하면서 즐거움과 만족감을 얻고 욕구를 충족하며 불안이나 공포 등의 부정적인 감정을 발산하며 스트레스를 해소하게 된다. 이는 유아에게 정서적 안정을 주고 긍정적인 자아개념을 형성하는 데 도움을 준다.

셋째, 역할놀이를 통해 갈등상황의 다양한 해결책을 모색하는 과정에서 자발적 문제해결력과 의사결정력을 증진시킬 수 있다. 역할놀이를 하면서 유아들은 다양한 문제상황에 놓이게 된다. 유아들은 놀이를 지속하기 위해 문제를 해결하기 위한 다양한 방안을 모색하게 되고 여러 가지 문제를 해결하는 경험을 통해 분석하기, 통합하기, 비판적 사고하기, 분류하기 등의 문제해결력이 향상되며 새로운 행동과 기술을 습득하게 된다. 또한 다양한 해결방안 중에 여러 상황을 고려하여 하나의 방안을 선택하는 의사결정과정을 통해 합리적인 의사결정능력을 함양하게 된다.

넷째, 역할놀이를 통해 또래와 협동하여 문제를 해결하는 경험을 함으로써 바람직한 사회적 관계의 기초를 형성할 수 있다. 역할놀이는 또래와 함께 하는 집단놀이이다. 또래가 함께 모여 역할놀이를 원만히 수행하기 위해서는 서로 의견을 나누고 의견이 다를 경우 또래들과 타협하거나 갈등을 해결해야 하며 집단의 문제를 해결하기 위해 서로 협동해야 한다. 이런 역할놀이 경험을 통해 유아는 친구 사귀는 방법을 배우고 서로 협조하면서 원만하게 살아가는 방법을 배우고 터득하게 된다(이숙재, 2004). 역할놀이를 지속하기 위해서는 주어진 역할이나 상황, 규칙을 지켜나가야 한다. 놀이를 통한 이러한 경험은 유아들이 협력과 존중의 자세를 습득하게 하며 원만한 대인관계의 기초를 형성하도록 돕는다(Frances, 1986).

다섯째, 다양한 상호작용과 타협을 통해 의사소통능력의 기초를 형성할 수 있다. 유아들은 역할놀이를 하면서 자신이 가작화하는 인물의 역할에 맞는 내용을 이야기하며 놀이를 지속시키기 위해 지속적으로 상대의 몸짓이나 표정을 포함한 이야기에 귀 기울이고 그에 맞는 반응을 해 나간다. 또한 유아가 현실에서는 사투리나 억양, 평어를 그대로 사용하지만 놀이하는 동안인 가상세계에서는 표준어와 존칭을 사용하는 등 높은 수준의 언어능력인 상위 의사소통을 사용한다(유혜령, 2001). 이 과정에서 유아는 상호작용의 방법뿐만 아니라 의사소통에서 중요한 역할을 하는 언어기술과 복합적으로 작용하는 비언어적인 요소까지 활용하는 능력을 배양하게 되어 의사소통 기술을 향상시키게 된다(Frances, 1986).

(3) 역할놀이를 통한 유아진로교육의 전개와 교사 역할

역할놀이를 통한 진로교육이 가치 있고 교육적으로 효과 있게 이루어지기 위해서는 놀이계획, 실행, 평가의 총체적 역할놀이가 이루어져야 하며, 역할놀이의 주제를 선정하는 일부터 환경 구성, 역할 선택, 놀이 계획의 모든 과정을 교사와 유아가 함께 논의하고 이에 따라 실행한 후 평가하여야 한다.

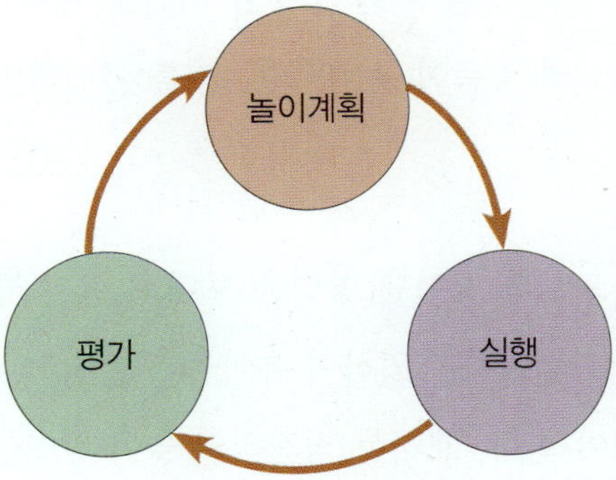

[그림 5-3] 역할놀이를 통한 유아진로교육의 활동단계

① 놀이계획하기

유아는 역할놀이를 통하여 다양한 직업을 경험하고 이해하게 된다. 계획 단계는 역할놀이 상황에 대해 유아와 교사가 함께 이야기를 나누고 더 재미있게 놀 수 있는 방법을 생각하는 단계이다. 다양한 직업들에 대한 역할놀이가 유아들에게 재미있으면서도 교육적 의미가 있으려면 교사와 유아가 함께 하는 계획이 되어야 한다. 교사가 일방적으로 역할놀이의 주제를 정하고 소품을 준비하기보다는 교사와 유아가 함께 역할놀이를 하고 싶은 직업을 결정하는 것이 중요하다. 역할놀이를 할 직업이 정해지면 유아와 함께 놀이를 하기 위해 필요한 소품을 결정하고 이를 함께 준비하거나 순조로운 역할놀이를 위해 필요한 규칙이나 약속도 함께 정하는 것이 필요하다. 이렇게 놀이를 계획하는 단계에서 교사의 도움이 더욱 요구된다(Bodrova, 2008). 예를 들어, 교사는 어떤 놀이를 원하는지, 규칙은 어떻게 정할 것인지, 어떤 내용으로 놀이를 이끌어갈 것인지를 질문할 수 있다. 이러한 과정을 통해 유아는 자신의 의견을 반영하며 주도적으로 놀이를 이끌어가게 되고, 보다 능동적으로 놀이에 참여하게 된다(이은영, 2010).

이 단계에서 교사가 다양한 직업의 자원인사 초청이나 견학, 여러 가지 직업에 관한 영상이나 책 제시 등과 같은 사전경험을 제공하는 것도 놀이계획에 도움이 된다.

또한 유아들이 놀이계획 시 직업에 대한 흥미를 지속할 수 있도록 가족이나 주위 사람들이 종사하고 있는 직업의 종류와 하는 일을 알아보며 여러 가지의 직업에 대해서 이야기를 나누는 것이 바람직하다. 마지막으로 교사는 놀이를 위한 충분한 공간과 환경이 준비되었는지, 놀이를 위한 충분한 시간을 계획하였는지, 유아의 놀이를 격려할 수 있는 놀이자료와 소품이 준비되었는지를 확인하여야 한다.

② 실행하기

실행 단계는 유아와 교사가 찾아낸 방법을 토대로 실제 놀이 활동을 하는 단계로, 교사는 다양한 방법으로 놀이에 개입하여 유아들의 놀이가 확장되고 심화될 수 있도록 적절한 도움을 주어야 한다. 교사는 직접적인 놀이 참여를 통해 또래들 간의 접촉을 촉진하며 성공적인 놀이기술을 지도할 수 있다(Howes & Smith, 1995). 그러기 위해서 먼저 유아의 놀이를 주의 깊게 관찰한 후 지원적이고 반응적인 개입을 하여야 한다. 관찰은 교사에게 필요한 장소, 경험, 놀이자료, 적절한 개입 시점을 알려 주어 교사가 놀이에 개입할 수 있는 연결고리 기능을 제공한다. 또한 교사는 관찰을 통해 놀이가 유아의 발달에 적합하게 진행될 수 있도록 계획을 세우고, 유아의 발달을 평가하게 할 수 있기 때문에, 교사는 유아의 놀이를 관찰하면서 유아가 능숙한 놀이자가 되도록 지원하여야 한다.

Trawick-Smith(2003)는 역할놀이를 활성화하기 위한 교사의 역할을 묻고 답하기, 촉진하기, 모델링 해 주기, 소품 제공하기의 네 가지로 제안하였다. '묻고 답하기'란 교사가 먼저 놀이를 관찰하고 유아의 언어적 상호작용을 촉진하는 방법으로 유아의 행동에 대해 질문하는 방법이다. '촉진하기'는 직접적 제안이나 힌트를 제공하는 것으로 놀이 주제를 지속시키고 놀이에 필요한 물건으로 사용하며 새로운 놀이를 포함시키는 방법이다. '모델링 해 주기'는 교사가 놀이에 등장하는 실제 인물처럼 행동하는 것을 의미한다. 이 전략을 통해 유아는 어떻게 역할을 가작화하는지, 어떻게 가작화된 상황을 만들어내는지에 대해 정보를 얻을 수 있다. '소품 제공하기'는 유아가 필요로 하는 놀이 관련 소품을 제공하는 것을 말한다. 교사는 놀이가 시작되기 전에 풍부한 환경을 마련해 주거나 새로운 놀이 소품을 소개할 수도 있으며, 놀이를 유심히 관찰한 후 적절한 소품으로 놀이를 확장해 줄 수 있다(이은영, 2010).

③ 평가하기

평가 단계는 실행된 놀이를 평가하는 단계로 유아가 자신이 맡은 역할이나 직업에 대해 표현해 보면서 힘들었던 점이나 즐거웠던 점을 발표하는 시간을 가질 수 있다. 또한 이 단계에서 자신들이 경험했던 직업놀이를 평가하면서 놀이를 수정하거나 놀이의 역할, 각본을 수정할 수도 있다.

〈표 5-4〉 역할놀이를 통한 유아진로교육의 예

생활 주제	역할놀이 주제	활동내용
유치원과 친구	유치원 놀이	• 교실 꾸미기 • 선생님 되어 동화 들려주기 • 유치원 놀이하기 • 내가 교실을 꾸민다면?
나와 가족	엄마 아빠 놀이	• 아기 돌보기 • 청소하기 • 빨래하기 • 식사 준비하기 • 아빠 · 엄마 역할 바꿔보기 • 나의 고민은?(상담해 주기)
우리 동네	우체국 놀이	• 우체국 만들기 • 친구에게 편지쓰기 • 나만의 우표 만들기/우체통 만들기 • 편지 배달하기 • 편지 · 소포 분류해 보기
동 · 식물과 자연	동물병원 놀이	• 동물병원 꾸미기 • 동물 치료하기 • 동물 먹이 만들기 • 약 만들기 • 동물 돌보기 • 동물 놀이터 구성하기 • 처방전 만들기 • 동물들의 의사소통
건강과 안전	소방관 놀이	• 소방서 만들기 • 119 신고하기 • 소방관복 입기 • 소방출동하기 • 응급구조하기 • 화재 진압하기 • 안전교육하기

생활도구	사진사 놀이	• 사진관 꾸미기 • 다양한 사진 촬영해 보기 • 모델 되어 포즈취하기 • 액자꾸미기 • 사진전시회 열기(내가 찍은 최고의 사진)
교통기관	승무원, 조종사 놀이	• 조종석 만들기 • 하늘길 만들어 보기 • 기내식 만들기 • 공항 꾸미기(관제탑, 활주로...) • 비행기 조종하기 • 기내 방송 하기 • 승객 안내하고 도와주기
우리나라	떡가게 놀이	• 떡가게 만들기 • 떡 만들기 • 음식 진열하기 • 돈, 카드 만들기 • 떡 판매하기
세계 여러 나라	모델, 디자이너 놀이	• 다양한 옷과 소품 준비하기 • 옷 꾸미기 • 무대 꾸미기 • 옷 입고 포즈 취하기 • 다양하게 연출해 보기
환경과 생활	공연장 놀이	• 무대 꾸미기 • 사회보기 • 악기연주하기 • 공연하기 • 지휘하기 • 음악회에 초대하기 • 관람객 안내하기
봄 · 여름 · 가을 · 겨울	과일가게 놀이	• 마트 만들기 • 물건 진열하기 • 돈, 카드 만들기 • 물건 판매하기 • 배달하기

3) 현장체험학습을 통한 유아진로교육

(1) 현장체험학습의 교육적 가치

현대사회는 다양한 생활양식이 공존하고 있기 때문에 유아 자신이 속한 사회의 여러 가지 현상과 환경에 관심을 가지는 것이 중요하다(교육부, 1998). 유아는 자신의 세계를 점점 확대해 감으로써 사회와 환경에 관심을 넓히고 자신이 속한 가정, 학교, 지역사회, 나아가서 세계 속에 참여하는 책임 있는 구성원이 되는 데 필요한 삶의 태도, 가치, 기술의 틀을 형성하게 된다(이은화 · 김영옥, 2008). 유아교육기관에서의 현장체험학습은 이러한 유아 발달의 전 과정에 의미를 더하므로 가치가 있다.

현장체험학습은 유아교육기관 밖에서 행해지는 것으로 유아의 생활과 밀접한 관련이 있는 지역사회의 모든 인적 · 물적 자원을 활용하여 유아교육기관의 수업에 적용시키면서 유아 수준에 맞게 상호 연계하여 활동하는 것으로 유아가 현장에서 몸소 체험해가는 모든 학습활동을 포함한다(김연숙, 2006). 지역사회는 유아들에게 있어서는 생활경험의 터전이고, 보고 익히는 지식습득의 장소이며, 발전지향적인 활동의 대상이 될 뿐 아니라 생활환경으로서 일정한 지역에서의 인간형성에 커다란 영향을 미치고, 지식의 습득이나 지적 능력의 형성 또는 가치 및 태도의 형성에 많은 영향을 준다(이한규, 2004). 따라서 지역사회의 현장체험학습은 교실을 벗어나 생활 현장에서 일어났거나 일어나고 있는 현장의 소리, 색깔, 모양, 크기, 변화, 느낌 등을 체득하고 유아 스스로 자신의 지식체계에 자신만의 방법으로 쌓아두며 그것들을 유아 스스로 창의적이고 독창적인 방법으로 살아가는 데 사용하게 하는 역할을 한다(교육인적자원부, 2007).

현장체험학습의 교육적 가치를 정리하면 다음과 같다(Rhoda, 1984; 박봉환, 2006 재인용).

① 주변 환경의 인식과 예리한 통찰력을 발달시킬 수 있다.
② 구체적 경험을 통해 새로운 지식을 습득할 수 있다.
③ 구체적인 경험을 통해서 어휘를 형성한다.
④ 현장학습에서 얻은 경험을 이야기하는 그룹 토의에 참여할 수 있다.
⑤ 극화놀이에 이용할 수 있는 새로운 생각을 창작해 낼 수 있다.
⑥ 계절의 변화와 자연의 역할에 대한 이해를 증가시킬 수 있다.
⑦ 미술작업 또는 연구하기 위해 수집할 물건들을 발견해 낼 수 있다.
⑧ 지역사회의 기능과 작업, 사람이 살아가는 방법을 관찰할 수 있다.
⑨ 과학적인 탐구의 방법을 인식할 수 있다.

(2) 현장체험학습을 통한 유아진로교육의 효과

지역사회 내에서 직업과 관련된 기관을 방문하여 직접 경험하는 현장체험학습은 유아들에게 교실에서 경험할 수 없는 일과 직업들을 직접 관찰할 수 있는 기회를 줌으로써 직업에 대한 개념을 구체적으로 경험할 수 있게 한다. 또한 지역사회의 구성원과 상호작용하고 학습하는 과정을 통해 자신 주변의 지역사회에 대한 이해가 높아지고 그 사회 고유의 삶의 양식, 생활양식 등 문화적인 체험을 하게 하여 궁극적으로 유아들의 사회화를 돕고 사회적응력을 향상시킬 수 있다. 현장체험학습을 통한 유아진로교육의 효과를 좀 더 자세히 살펴보면 다음과 같다.

첫째, 일과 직업에 대한 이해를 높일 수 있다. 유아들이 직접적인 경험을 많이 하면 할수록 유아의 이해력은 풍부해진다는 점을 감안할 때 동네 기관의 현장체험학습은 유아들에게 다양한 일과 직업의 직접적인 학습경험을 제공한다는 측면에서 가치로운 경험이 된다. 유아들은 지역사회 내의 도서관, 슈퍼마켓, 은행, 소방서, 병원 등을 방문하여 그 안에서 일어나는 일을 보고 그곳에서 종사하는 사람들로부터 직업에 관한 이야기를 들으면서 일과 직업에 관한 풍부한 경험을 획득할 수 있다. 또한 책이나 교사에 의해 전달 받은 지식들에 대한 궁금증이나 부족한 부분을 직접 보고, 관찰하면서 재확인할 수 있다. 유아들은 다양한 직업과 일을 직접 관찰하고, 자료를 수집하고, 토의하는 과정을 통해 일과 직업에 대한 인식과 이해를 높일 수 있다.

둘째, 지역사회 사람들의 상호작용과 관계, 직업의 중요성, 이들에 대한 존경을 배울 수 있다. 유아들은 일의 현장을 견학하거나 직업관련 자원인사를 초빙하여 일터의 소중함과 일하는 사람의 보람 등을 직접 공감할 수 있는 기회를 갖을 수 있다. 동네 기관의 현장학습을 통해, 즉 병원, 가게, 시장, 약국, 우체국, 은행 등을 방문하여 직업의 다양함을 체험하게 하며 경찰관, 소방관, 청소원, 요리사, 한의사 등을 자원인사로 초청하여 함께 활동하는 경험은 자신이 본 새로운 장소와 관계가 있는 사람들을 통해 나와 다른 사람, 다른 직업, 다양한 환경과 넓은 시야를 가지게 된다. 바람직한 사회적 태도와 가치 형성이 이루어져 유아에게 직업에 따른 차별의식을 줄이고 어떤 직업이든 모두 중요하다는 것을 깨닫게 할 수 있다.

셋째, 사회구성원으로 살아가는 데 필요한 지식, 가치, 태도와 기술을 형성할 수 있다. 유아는 현장체험학습을 통해 공공장소에서의 규칙 및 질서지키기 등 일상적인 기본 생활과 더불어 다양한 환경에서의 예절과 규칙을 경험하고 학습하게 되며 지역사회에 대한 정확한 정보와 지식을 습득하게 된다. 이를 통해 유아는 자신의 세계를 점점 확대해 감으로써 사회와 환경에 관심을 넓히고 그들의 주변 세계를 보다 잘 이해할 수 있게 된다. 자신이 속한 가정, 학교, 지역사회, 나아가서 세계 속에 참여하는 책임 있는 구성원이 되는 데 필요한 삶의 태도, 가치, 기술의 틀을 형성하게 된다(이은화 · 김영옥, 2008).

(3) 현장체험학습을 통한 유아진로교육 전개와 교사 역할

현장체험학습을 통한 유아진로교육은 일반적으로 계획수립하기, 사전활동하기, 현장체험활동하기, 사후활동하기 순서로 전개할 수 있다. 각 단계별로 효과적인 전개를 위한 교사의 역할을 정리하면 다음과 같다.

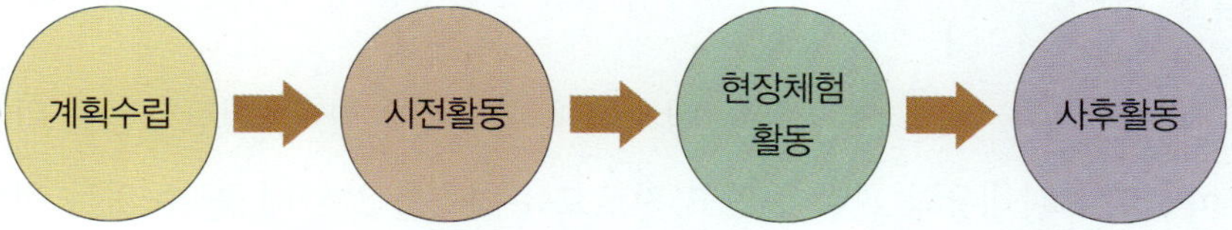

[그림 5-4] 현장체험학습을 통한 유아진로교육의 진행단계

① 계획수립하기

지역사회 현장체험학습을 통한 진로교육을 안전하고 효율적으로 전개하기 위해서는 교육과정 수준에서 교육과정을 분석하여 학습한 내용을 명료화하고 정확한 정보를 수집하여 계획을 세우며 충분한 준비가 있어야만 기대했던 성과를 올릴 수 있다. 따라서 현장체험학습을 계획할 때 교사들은 그 목표를 분명히 해야 하며, 유아들에게 무엇을 가르치고, 무슨 경험을 시킬 것인가, 어떻게 목적 달성을 확실히 할 것인가, 그리고 철저한 관리감독과 안전지도는 어떻게 할 것인가 등을 계획하여야 한다(Dodge, Colker & Heroman, 2002). 따라서 현장체험학습을 위한 계획에는 현장체험학습에 대한 목적을 명확하게 하고, 장소를 선정하고, 현장체험학습의 시기 및 시간을 정하고, 현장체험학습에 참여하는 유아의 수를 확정하고, 교통수단을 결정하는 것이 포함되어야 한다.

유아진로교육을 위한 현장체험학습활동의 내용을 선정할 때 유의해야 할 기준과 원리는 다음과 같다(김연숙, 2006).

첫째, 활동내용을 조직할 때에 유아의 인지적 발달, 정서적 발달, 운동기능적 발달 특징을 고려하고, 현장체험학습 활동에서의 경험 내용이 유아교육기관에서의 활동이나 가정에서의 활동 등과 유아 개개인의 경험과 연관성 및 계속성이 있어야 한다.

둘째, 어떠한 활동내용을 얼마나 폭넓고 깊게 다루느냐의 문제를 결정해야 하며, 다양한 활동내용을 선정하여 여러 가지 체험을 제공해 주되 정적인 활동과 동적인 활동, 개인활동과 집단활동, 기본적인 활동과 기술적인 활동 등으로 조화롭게 조직하여 유아에게 다양한 경험을 제공할 수 있어야 한다.

셋째, 유아 모두가 일정한 역할을 가지고 전원이 성취감과 만족감을 느끼면서 활동에 참여할 수 있도록 활동의 내용을 균형 있게 조직해야 할 뿐만 아니라 식사, 휴식, 활동시간 등도 융통성 있게 편성하여 활동의 균형을 유지하도록 해야 한다.

현장학습계획이 수립되면 적절한 장소를 선정하여야 한다. 현장학습을 위한 장소는 유아진로교육 내용과 관련이 있고 진로교육 활동을 보완해 줄 수 있는 적합한 장소를 선정해야 하는데, 장소선정은 집단토의를 거쳐서 학습주제와 관련된 곳으로 결정해야 한다(Chard, 1997). 유아교육기관에서는 현장체험학습장소로 우체국, 소방서, 경찰서, 식물원, 방송국, 빵집 등 지역사회 내에서 유아들에게 친숙하면서 흥미로운 곳을 선정하면 좋다. 현장체험학습 장소를 선정할 때에는 다음과 같은 사항 등을 참고하는 것이 바람직하다(Chard, 1997).

첫째, 교사는 현장체험학습의 가치, 유아들의 흥미와 관심, 호기심을 고려하여야 한다.

둘째, 교사는 현장체험학습을 할 수 있는 기회와 그 지역에서 이용할 수 있는 일차적 정보자원에 대해 깊이 생각해 보아야 한다.

셋째, 교사는 유아들이 방문하기 원하는 장소가 직접 경험할 수 있는 곳인지, 주제와 관련된 곳인지를 고려하여 결정하여야 한다.

지역사회 현장체험학습 활동장소에 대하여 지도교사들이 얼마나 알고 있느냐에 따라 지도와 활동의 성패가 좌우될 수 있기 때문에 현장학습을 위한 장소가 결정되면 교사는 반드시 사전답사를 하여야 한다. 답사 시에는 사진기 등을 준비하여 현장의 규모, 활동 가능한 내용, 이용상의 유의점, 주변의 자연환경 등을 조사하여야 한다. 또한 방문할 곳의 관계자를 만나 현장체험학습의 내용에 대해 상의하고 시설의 안전성과 화장실, 식수시설 등도 점검하여야 한다. 이러한 사전답사를 통해 교사는 미처 생각하지 못한 문제를 미리 파악하고 사전에 방지할 수 있다.

② 사전활동하기

단순히 어느 곳 또는 무엇을 방문하여 보고 온 것만으로 유아에게 학습이 일어나는 것이 아니며, 유아가 무엇을 볼 것인지, 또는 자기가 알아보고자 하는 것에 대해 자기 나름대로의 가설을 가지고 보는 것이 현장체험학습의 의미를 더한다(서영숙, 1997). 그러므로 지역사회 현장체험학습이 교육적 효과를 높이고 잘 전개되어 나가기 위해서는 구체적이고도 체계적인 사전활동의 구성이 필요하다. 사전활동은 단순한 현장체험학습의 장소를 안내하는 활동이 아니라 현장체험학습 주제 전개의 일부가 될 수 있도록 하여야 한다. 현장체험학습 장소에 대해 사전에 관계된 자료와 정보를 수집하고 무엇을 볼 것인지, 왜 보아야 하는지, 어떤 방법으로 볼 것인지, 그에 필요한 준비물은 무엇인지, 어떤 방법으로 갈 것인지 등을 계획하고 준비하는 전 과정이다(김연숙, 2006).

현장체험학습 준비 시에 교사가 현장에서 교실로 여러 가지 정보를 가져오기 위해서 유아들이 사용할 수 있는 기록방법은 무엇이며, 어떤 질문을 할 수 있는가, 누구를 상대로 이야기해야 하며 교실로 다시 가져올 수 있는 것은 무엇인가, 어떤 옷을 입고 오는 것이 좋은가, 현장체험학습을 간 장소에서는 어떻게 행동하는 것이 바람직한가 등에 대해 토의를 통해 알려주어야 한다. 또한 현장체험학습을 통해 알고 싶은 것의 질문목록을 작성하는 것뿐 아니라 질문에 대한 예상을 미리 해 봄으로써 현장체험학습 시 알게 된 사실과 비교해 볼 수 있다(서영숙, 1997). 이러한 사전준비와 계획은 현장체험학습 시 유아들의 능동적인 참여와 흥미를 유발시킬 수 있다.

행사2016-만 3세

<table>
<tr><td>현장체험</td><td colspan="2">경기도 어린이 박물관</td><td>생활주제</td><td>이야기 나라와 그림책</td></tr>
<tr><td>날짜</td><td colspan="2">2016년 11월 29일(화)</td><td>장소(소재지)</td><td>경기도 용인</td></tr>
<tr><td>출발~도착</td><td colspan="2">오전 10시 00분 ~ 오후 12시 50분</td><td>전화번호</td><td>(031) 270-8600</td></tr>
<tr><td>차량소요시간</td><td colspan="2">약 35분(편도)</td><td>예약방법</td><td>인터넷(3개월 전~)</td></tr>
<tr><td>목 표</td><td colspan="4">· 도구를 이용한 물놀이를 즐기고 몸 속의 신비를 놀이로 체험한다.
· 소품을 활용하여 동화 속의 등장인물을 연기하는 배우놀이를 경험한다.
· 공공장소에서 지켜야 할 질서와 예절을 알고 지킨다.</td></tr>
<tr><td>자 료</td><td colspan="4">어린이: 명찰, 편한 복장, 운동화
교 사: 디카, 휴대폰, 약품, 휴지, 일정표, 비상연락망, 신호악기, 여벌옷, 명찰, 물, 종이컵</td></tr>
<tr><td rowspan="4">소요경비</td><td>입 장 료</td><td colspan="3">유아: 만 3세 이상 2,000원 2,000X45명=90,000원
교사: 20인 이상 단체 인솔자 1인 무료, 교사 2명은 무료
3,000(경기도민 교사들 할인)X4명=12,000원</td></tr>
<tr><td>차 량 비</td><td colspan="3">60,000 X 2대 =120,000원</td></tr>
<tr><td>주 차 료</td><td colspan="3">1시간 2000원, 2시간*2대*2000원=8000원</td></tr>
<tr><td>총 계</td><td colspan="3">230,000 원</td></tr>
<tr><td>일 정</td><td colspan="4">10:00 ~ 10:30 출발 및 도착
10:30 ~ 10:50 박물관입장/ 잠바 탈의/ 오리엔테이션
10:50 ~ 11:10 2층 관람 <한강과 물, 우리 몸은 어떻게>
11:20 ~ 11:50 3층 관람
<에코아틀리에, 동화 속 보물찾기, 미니시어터, 내 친구를 소개합니다>
11:50 ~ 12:10 화장실 및 버스탑승
12:10 ~ 12:50 유치원으로</td></tr>
<tr><td rowspan="2">내 용</td><td colspan="2">2층 - 한강과 물

물이 떨어지는 모양 관찰하기
물 펌프질로 물레방아 돌리기
물 테이블에서 배 띄우기</td><td>2층 - 우리 몸은 어떻게?

시각 원리에 대해 체험하기
혈액순환에 대해 살펴보기
다리뼈의 움직임 관찰하기
몸속기관의 위치 맞춰보기</td><td>3층 - 동화 속 보물찾기

용궁에서 문어와 놀이하기
전래동화 보기
흥부와 놀부 박 타보기
선녀가 되어 베틀 짜기</td></tr>
<tr><td colspan="2"></td><td></td><td></td></tr>
<tr><td>평 가</td><td colspan="4"></td></tr>
</table>

[그림 5-5] 현장체험활동 계획 예시

③ 현장체험활동하기

현장체험활동하기 단계에서는 실제로 현장에 나가서 유아들이 구체적으로 작업을 관찰하고 시연에 참가하는 활동이 이루어진다. 예를 들면 우체국에 가서 우체부의 일을 관찰하고 편지를 직접 부쳐보는 일, 치과에서 의사가 하는 일을 경험하고 치아진료를 받아보는 일 등이 여기에 속한다. 이 과정에서 교사는 유아들이 알아보고자 했던 것에 관계 있는 것을 자세히 찾아보고 관찰하기에 충분한 시간을 주어야 한다. 또한 미리 만든 질문목록을 보고 질문을 하거나 현장에서 새롭게 발견한 점에 관해 질문하고 토론하도록 격려하여 유아의 개념 형성을 도와야 한다. 현장체험학습

활동은 주로 유아가 직접 알아보고 체험하기, 교사가 설명해 주기, 관계자의 설명듣기, 체험학습장에서 준비한 시청각자료 활용하기 등의 방법으로 활동을 전개해 나갈 수 있다. 현장체험학습의 효율성을 위해 장소에 따라 다양한 방법으로 전개할 수 있도록 노력하여야 한다.

④ 사후활동하기

현장체험학습 장소에서 돌아오면 교사는 현장체험학습의 가치를 더해 주기 위해 사후활동을 할 수 있는 기회를 마련해 주어야 한다. 사후활동은 현장에서 활동한 내용들을 정리하고 반성해 보는 과정으로 교사는 먼저 방문했던 곳의 개괄적인 점검을 통하여 유아들에게 현장활동을 상기시키고 질문과 알아낸 답을 검토한다. 또 주요사건과 발견된 상황들을 기록하고 공통적으로 경험한 것을 다시 생각해 보며 놀라웠던 일들을 토의한다. 이러한 사후토의를 통해 교사는 토의과정에서 현장체험학습 시 유아에게 어떤 점이 인상 깊었고, 계획한 목표가 달성되었는지, 새롭게 알게 된 것은 어떤 것이 있는지를 알 수 있다. 또한, 현장체험학습에서 학급전체에게 공통적으로 이해되고 기억된 것은 무엇인지 등을 알 수 있다. 이러한 정보는 교사가 유아의 더 깊은 개념형성과 경험의 재구성을 위해 각 영역별로의 사후활동을 계획하는 데 도움을 준다.

현장체험학습 후 할 수 있는 사후활동으로는 이야기 나누기, 역할놀이, 그림그리기나 만들기와 같은 미술활동, 음률활동, 현장체험 학습 시 도와준 사람들에게 감사편지쓰기나 현장체험학습에 관한 이야기책을 만들어 보기, 빙고게임, 수수께끼 알아맞히기 등을 할 수 있다(이태영 · 이경희, 1992). 사후활동은 획일적인 방법보다는 사전활동, 본활동, 사후활동으로 연결하여 실시함으로써 지역사회 현장체험학습의 효과를 높일 수 있다(김연숙, 2006).

사후활동에는 교사 평가도 포함된다. 교사의 평가는 미흡했던 점, 소홀했던 점을 되짚어보고, 이러한 점들을 다음번 현장체험학습 실시에 반영하여 더 나은 계획과 활동실시에 도움이 되도록 해야 한다. 또한 다음 활동을 위해 평가를 기록하고, 장소, 경로, 활동 등도 문서로 남겨두어야 한다(Swan, 1995).

〈표 5-5〉 현장체험학습을 통한 유아진로교육의 예

연번	생활주제	현장체험학습	활동내용
1	나와 가족	치과병원	• 치아와 얼굴이 미워지는 나쁜 습관, 이에 좋은 음식과 나쁜 음식 • 올바른 양치질 방법과 치아 관리법 • 구강검사: 치료할 치아, 건치 등 검사
2	우리 동네	우체국	• 우체국 둘러보기: 소포 · 우편 보내는 곳, 자동화기계, 포장센터, 금융업무코너 등 • 유치원에서 쓴 엽서를 유아들이 직접 우체통에 넣기
		아름다운 가게	• 아름다운 가게에 대해 알아보기 • 물품 기증하기 • 아름다운 가게 둘러보기
3	동 · 식물과 자연	생태학습원	• 우리 주변 식물들의 모습, 산과 하천의 모습 살피기 • 따뜻한 곳, 더운 나라에서 온 야생 나무와 식물 관찰하기 • 하늘과 물에 사는 동물들의 생김새, 소리를 관찰하기 • 살아 숨쉬는 자연을 지키기 위해 지켜야 할 것들 알아보기
4	건강과 안전	소방서	• 화재 시 대처하는 방법 알아보기 • 119 신고 체험하기 • 소방차, 소방관이 사용하는 물건 살펴보기 • 소방서 체험 기념 단체사진 촬영
		어린이식품안전 체험관	• 건강장보기: 음식의 고열량 저영양 판별체험교육 • 깨끗하게 손 씻기: 올바른 손 씻기 방법을 체험 • 몸 속 미끄럼틀: 몸 속 소화과정 체험 • 가공식품 바로 알기
5	생활도구	경기도 어린이 박물관	• 한강과 물 둘러보기: 한강의 자연과 역사를 살펴보고, 물놀이를 통한 과학 원리에 대해 알아보기 • 우리 몸 둘러보기: 신체기관의 하는 일 알아보기 • 동화 속 보물찾기: 전래동화 속 이야기 체험해 보기 • 다양한 문화 경험하기
		어린이 도서관	• 도서관의 이용방법 및 도서관약속 알아보기 • 유아 열람실 둘러보기 및 동화책 보기 • 도서대여 및 반납 방법 알아보기
		EBS방송국 견학	• 라디오 방송실 견학 아나운서 되어보기 • 분장실, 소품실(의상), 부조정실, 가상 스튜디오 체험
6	교통기관	어린이 교통공원	• 교통안전교육(안전애니메이션 감상) • 신호등과 교통표지판 의미 알아보기 • 자동차 타고 체험하기 • 횡단보도, 육교, 지하보도, 철길건널목 건너기
		삼성교통 박물관	• 자동차의 변화, 역사에 대해 알아보기 • 보행자 교통안전교육

7	우리나라	경기도유아체험 교육원	• 해아뜰 프로그램 참여하기: 해아뜰 골목시장, 꿈꾸는 사진관, 빅블럭방, 오감놀이터, 민속마을 전통 요리사 등
		몽촌역사관	• 어린이 체험전시실 • 부뚜막, 밥상, 사냥터, 우물, 화장실 체험하기 • 전통문양 색칠하기, 바둑과 쌍륙놀이 체험하기 • 일반전시실 관람(집터, 움집, 도구, 한글, 장식물 등)
8	환경과 생활	과천과학관	• 국립 과학관 내 둘러보기(첨단기술관): 우주선 발사과정과 우주선 내부, 우주인의 모습 등에 대해 알아보기 • 천체 투영관(실외): 하늘의 별과 별자리에 얽힌 이야기, 태양계 행성들의 모습, 우주의 탄생과 진화 등 신비한 천문현상 등에 대해 알아보기
9	봄 · 여름 · 가을 · 겨울	꽃시장	• 꽃시장 둘러보기 • 꽃을 키우기 위해 궁금한 것 질문하기
		자연학습원	• 자연관찰원 둘러보기 • 자연물 만들기 및 흙을 이용한 자연친화적 놀이하기 • 생태놀이, 자연미술, 자연예술 등 몸으로 직접 표현하는 활동 참여하기

4) 통합적 접근을 통한 진로교육

(1) 통합적 접근의 교육적 가치

유아는 자신을 둘러싼 세상에 대해 배워나갈 때 분리된 내용영역이나 분절된 교과로 배우는 것이 아니라 통합된 전체 경험으로 배운다. 통합은 부분들을 전체에 관련시켜 결합해 가는 과정이며, 유아는 자신의 경험들을 통합하여 전인적으로 성장 · 발달한다(교육부 · 보건복지부, 2015). 유아들의 삶은 통합적 · 총제적이기 때문에 유아들은 분절적 · 단편적인 지식보다는 통합적 전체로 자신의 경험을 재구성한다. 이러한 발달적 특성을 고려할 때 유아교육은 각 교육내용이 교과목 중심이 아닌 총체적 교수과정으로 통합되어야 한다. 누리과정에서도 유아들의 활동방향은 과정 중심적이어야 하며 교육내용은 5개 생활영역이 통합적으로 운영되도록 계획하고 실천하도록 명시하고 있다.

통합은 정치, 종교, 교육, 심리 등 다양한 분야에 걸친 광범위하고 다양한 개념으로(김영옥, 2008), 교육분야에서 통합의 의미는 1920년대 미국의 진보주의 교육운동이 활발하게 전개되면서 시작되어 1950년대에 학습 경험의 통합 및 교육과정 통합이 중요하게 다루어지면서 Dewey와 Tyler 등을 거쳐 Ingram, Beane, Jacob, Fogarty 등에 의해 개념이 정리되었다(김영옥, 2008).

통합이란 개념은 Dewey에 의해 학습경험의 통합과 교육과정 통합에 대하여 논의되어지기 시작하면서 여러 학자들에 의해 다양한 측면에서 논의되고 사용되어져 왔다. 그러나 공통적으로 추구하는 통합의 의미는 학습자의 흥미와 경험을 중심으로 지식을 보다 넓은 관점에서 탐구해 볼 수 있도록 하며, 분리된 경험이나 지식을 전체에 관련시켜 결합시키는 전체성을 지향하여 전인적인 발달을 도모하기 위하여 구성된 과정이라고 할 수 있다. 유아교육에서 통합의 의미는 "유아의 과거의 경험과 현재의 경험을 통합시켜 재구성하여 이를 다시 미래의 경험으로까지 통합시켜주는 일, 유아와 교사의 경험을 연결시켜 통합시키는 일, 교육 내용 간의 연계 및 통합, 학교와 지역사회 생활 간의 통합, 유아 개개인이 갖고 있는 지식이나 개념을 통합 · 재구성하는 일, 유아 발달 영역 간의 통합, 영역별 활동 간의 통합을 통한 전인교육"을 의미한다(중앙대학교 부속유치원 편, 1995).

유아교육에서는 유아의 조화로운 발달과 의미 있는 학습 경험을 위해 통합적인 접근방법이 강조되고 있다. 통합적 접근이란 유아의 전인적 발달을 위해 여러 학문 간(언어, 수, 과학, 미술, 음률 등의 교육과정 영역)의 통합뿐만 아니라, 발달영역, 활동 간, 유아 간, 그리고 지역사회 등을 통합하여 유아에게 통합적인 접근법으로 제시되는 교육과정을 뜻한다.

NAEYC(전미유아교육협회)에서는 '발달에 적합한 실제를 위한 지침서'를 제시하고 있으며, 이러한 NAEYC의 지침서와 ACEI(국제어린이교육협회)의 지침서를 근거로 개발된 주제 단원(thematic units)이 있는 통합적인 교육을 유아교육과정에서 적용 실시할 것을 제안하고 있다(이기숙, 1993). 통합적인 접근 방법에서는 프로젝트 혹은 주제를 통한 교육방법을 유아 교육의 구성 방법으로 제시하고 있는데, 프로젝트 혹은 주제 중심 교육과정은 학습에 대한 적극적인 성향, 사회적 유능성을 개발시키며, 주제를 중심으로 언어, 수, 사회, 음률, 과학 등의 다문학적인 접근을 함으로써 여러 교과 영역을 통합하도록 해 준다(NAEYC, 1991; 장혜순, 1998 재인용).

이상을 종합해 볼 때 유아교육에 있어서 통합적 접근을 중요시하는 이유를 다음의 네 가지로 찾을 수 있다(이순희 외, 1996).

첫째, 유아들은 분리된 내용 영역보다는 통합된 전체 경험으로써 경험하고 배우기 때문이다. 이는 교사는 각각 분리된 내용이나 개념을 이해할 수 있으나 유아들은 그렇게 이해할 수 없기 때문이다. 둘째, 영역 간 통합적으로 유아가 교육적 경험을 하게 된다면 시간을 절약할 뿐만 아니라 모든 교육과정 영역에서 유아의 경험을 증가시킬 수 있으므로 교육적 효율성을 높일 수 있다. 셋째, 통합적인 접근법은 유아의 학문적 성취를 저해하지 않으면서 유아의 지적 · 사회적 발달을 강화하는 데 적절하기 때문이다. 넷째, 유아의 발달영역은 전인적 발달로 통합되어 이루어져야 하기 때문이다. 즉, 유아교육에서의 통합교육활동의 가치는 유아의 경험과 지식을 보다 넓은 관점에서 탐구해 볼 수 있도록 하며 분리된 경험인 지식을 전체에 관련시켜 결합시키는 전체성을 지향하므로 전인적인 발달을 도모할 수 있다는 데 있다.

(2) 통합적 접근을 통한 유아진로교육의 효과

이와 같은 특성을 갖고 있는 통합적 접근을 통한 유아진로교육을 실시할 경우 얻을 수 있는 교육적 효과를 종합해 보면 다음과 같다.

첫째, 통합적으로 직업관련 경험과 개념을 재구성한다. 유아는 학습하는 능동적 존재로 분절된 내용보다는 통합적 · 전체적 경험으로써 더 잘 학습한다. 유아들은 통합적 접근을 통해 진로교육을 분리된 내용 영역보다는 통합된 전체 경험으로써 경험하고 배우게 된다. 유아들은 직업에 관련된 자료를 조사하기, 가족이나 친척 회사를 방문하여 일을 직접 관찰하거나 기록하기, 지역사회 내의 관공서나 가게를 방문하여 이야기를 나누고 궁금한 것을 알아보기 등의 다양한 영역의 활동들을 함께 하면서 직업과 관련된 자료를 조사하고 토론하는 과정을 경험하게 된다. 서로 다른 영역들 간의 지식이 연결되고, 이를 통하여 직업에 대한 새로운 정보와 개념을 접하고, 이를 자신이 직업에 대해 기존에 갖고 있던 지식에 첨가하여 직업에 대해 새롭게 이해하고 의미를 파악하게 된다. 이는 유아가 성취해야 할 직업 관련 지식 및 경험의 총체로 유아는 과거의 경험과 현재의 경험을 통합적으로 재구성하게 된다.

둘째, 사회적 의사소통에 필요한 기술들을 획득할 수 있다. 통합적 접근방법을 진행하면서 유아와 교사가 주제에 관련하여 서로의 생각을 나누며 함께 토론하는 것은 매우 중요하다. 이야기 나누기를 통해 유아는 자신과 다른 친구의 생각을 듣고 친구의 입장에서 생각해 보고 존중하는 경험을 통해 타인에 대한 이해를 향상시킬 수 있으며 서로 다른 의견이나 대안을 제시하면서 논쟁을 하는 과정을 통해 효율적인 의사소통의 기술을 배우게 된다.

셋째, 자신감과 자존감이 높아진다. 통합적 접근을 효과적으로 하기 위해서는 유아가 학습의 주체가 되어 교사와 함께 주제에 대해 탐구하는 학습자 중심, 활동 중심이어야 한다. 유아가 학습의 주체가 되어 진로교육 관련 활동들을 진행하면서 유아는 자신이 잘하는 것이 무엇인지, 할 수 있는 일은 무엇이 있는지, 자신이 좋아하는 것은 무엇인지 등을 탐색해 보고 친구들에게 이야기하는 경험과 궁금증에 대한 답을 찾고 문제를 해결해 나가는 과정을 통해 자신에 대한 존중감, 자신감과 긍정적 자아개념을 높이게 된다.

넷째, 긍정적인 대인관계를 형성한다. 유아들은 학습의 주체로서 활동을 진행하면서 또래와의 협동을 통해 함께 학습하고 발달하는 기회를 얻게 된다. 이를 통해 사회 구성원으로서 필요한 능력과 기술을 익힘으로써 긍정적인 대인관계 형성의 기초를 다지게 된다.

(3) 통합적 접근을 통한 유아진로교육의 전개와 교사역할

주제를 중심으로 통합적으로 진로교육 관련활동들을 운영하기 위하여 교사는 주제 전개에 따른 전체적인 계획을 체계적으로 세워야 한다. 진로교육의 통합적 접근은 '직업'이라는 주제를 통해 할 수도 있고 진행 중인 생활주제 안에서 진로교육의 내용을 통합적으로 운영할 수도 있다. 진로교육계획을 세울 때 교사는 첫째, 진로교육 내용 간의 통합이 이루어졌는지를 검토하여야 한다. 진로교육의 내용요소 간은 서로 분리된 개념이 아니라 서로 밀접한 관련을 가지고 있기 때문에 통합하여 가르치는 것이 필요하다. 둘째, 다양한 영역과 활동유형과의 통합이 이루어졌는지를 검토하여야 한다. 유아는 분리된 경험보다는 통합된 전체 경험을 통해 학습이 보다 의미 있게 일어난다. 따라서 유아진로교육에서도 다양한 영역 및 활동과 통합하여 진로교육이 이루어질 수 있도록 하여야 한다. 따라서 교사는 유아진로교육의 내용요소가 통합되면서 동시에 유아진로교육 내용이 다양한 영역과 활동으로 통합되도록 계획하여야 한다.

프로젝트를 진행할 경우 '직업' 프로젝트는 준비, 도입, 전개, 마무리 단계로 운영할 수 있다. 준비단계에는 사전 준비, 주제망 예비구성, 자원목록 작성 및 준비 등을 하고 도입 단계에는 흥미유발과 주제발현, 초기 토론과 직업 주제망 구성 등을 한다. 전개단계에서 교사는 유아들과 함께 직업 관련 질문목록을 작성하고 직업 프로젝트를 진행하면서 토론, 표상활동, 자료수집, 조사, 현장견학, 학부모나 자원인사와의 만남, 그 결과에 대한 토의 재표상 등을 한다. 이러한 일련의 과정들이 진행된 후 활동에 대한 평가와 전시 및 발표 등을 통해 '직업' 프로젝트를 마무리할 수 있다.

〈표 5-6〉 '직업' 프로젝트 진행의 예시

<table>
<tr><th>단계</th><th>주</th><th>주제</th><th>활동유형</th><th>집단구성</th></tr>
<tr><td rowspan="4">도입</td><td rowspan="2">1</td><td>반짝반짝 빛나는 나를 소개합니다</td><td>이야기 나누기</td><td>개별</td></tr>
<tr><td>나의 직업 이야기</td><td>언어</td><td>개별</td></tr>
<tr><td rowspan="2">2</td><td>알고 있어요/알고 싶어요(1)</td><td>수</td><td>모둠</td></tr>
<tr><td>되고 싶어요/알고 싶어요(2)</td><td>조사</td><td>개별</td></tr>
<tr><td rowspan="10">전개</td><td rowspan="2">3</td><td>생각울타리만들기(공동주제망&유목화)</td><td>토의 · 협동</td><td>대집단,
모둠</td></tr>
<tr><td>다양한 직업 세계</td><td>이야기 나누기</td><td>대집단</td></tr>
<tr><td rowspan="2">4</td><td>**과 @@은 달라요
예)경찰관과 소방관은 달라요</td><td>수</td><td>모둠</td></tr>
<tr><td>우리 아빠의 직업</td><td>조사</td><td>개별</td></tr>
<tr><td rowspan="2">5</td><td>직업 동화의 세계
(알고 있어요/알고 싶어요/되고 싶어요)</td><td>동화</td><td>대집단</td></tr>
<tr><td>경찰관 아저씨~ 궁금해요!(질문목록 작성)</td><td>탐구, 언어</td><td>개별</td></tr>
<tr><td rowspan="2">6</td><td>꿈에 색을 입혀요</td><td>언어(동시)</td><td>개별</td></tr>
<tr><td>현장 견학-아나운서와 기상캐스터 꿈에 다가가요
: KBS방송국</td><td>탐구</td><td>대집단</td></tr>
</table>

	7	경찰관 아저씨~ 반가워요! (학부모 자원인사 초빙)	탐구	대집단
		직업이 없다면? (만약 사람들이 일을 하지 않는다면?)	탐구, 언어	대집단, 모둠
마무리	8	우리반 인기 희망 직업은?	언어, 수	대집단
		직업 프로젝트를 마치며	언어, 표현	개별
		꿈은 이루어진다(꿈 카드 만들기)	언어, 표현	개별

출처: 정은혜(2012). '직업' 프로젝트가 유아의 진로인식에 미치는 영향.

주제 중심 통합적 접근을 계획할 경우 '직업'을 주제로 하여 통합적 접근을 할 수도 있고 일반적인 생활주제에 진로교육 내용을 통합하여 계획할 수도 있다. Fogarty(1991)의 교육과정 통합 방식 유형 중 유아교육에서 생활주제 중심의 통합 방식으로 널리 활용되는 것이 방사선형이다. 생활주제를 방사선형으로 조직함으로써 유아의 과거 경험과 현재 경험을 연결하여 재구성함으로써 미래 경험으로 연결시키며, 생활주제를 중심으로 한 교육내용 간의 연계 및 통합이 이루어질 수 있다(중앙대학교사범대학부속유치원, 2014). 그러므로 교사는 '직업' 주제의 통합적 접근을 위한 계획안을 구성할 때에는 주제망을 방사선형으로 조직하고 대 · 소집단 활동, 자유선택활동, 바깥놀이 활동 등을 통해 유아들이 '직업' 주제에 대한 경험을 통합적으로 할 수 있도록 활동을 구성하여야 한다.

〈표 5-7〉 '직업'주제의 통합적 접근을 위한 계획안 예시

생활 주제	직업
주제 선정 이유	방송국 놀이를 하며 아나운서, 기자, 카메라 감독, 작가, 가수 등 다양한 직업을 역할놀이와 뉴스 만들기를 경험해 보고 학부모 전문가와의 만남 시간을 갖은 유아들은 직업에 대한 관심과 자신이 잘 할 수 있는 일에 대한 관심이 높아졌다. 따라서 '직업' 주제를 통해 유아가 자신이 좋아하는 것과 잘할 수 있는 것 등을 생각하며, 자신에 대한 이해와 책임감을 바탕으로 긍정적인 자아인식 형성을 돕고자 한다. 또한 다양한 직업과 궁금한 직업에 대해 알아보며, 일과 직업 세계에 대한 이해를 넓히고 개념화하여 건전한 진로인식과 자아 확립을 돕기 위해 생활주제 '직업'을 선정하였다.
전개 기간	11월 21일 (월) ~ 12월 9일 (금)

〈주제망〉

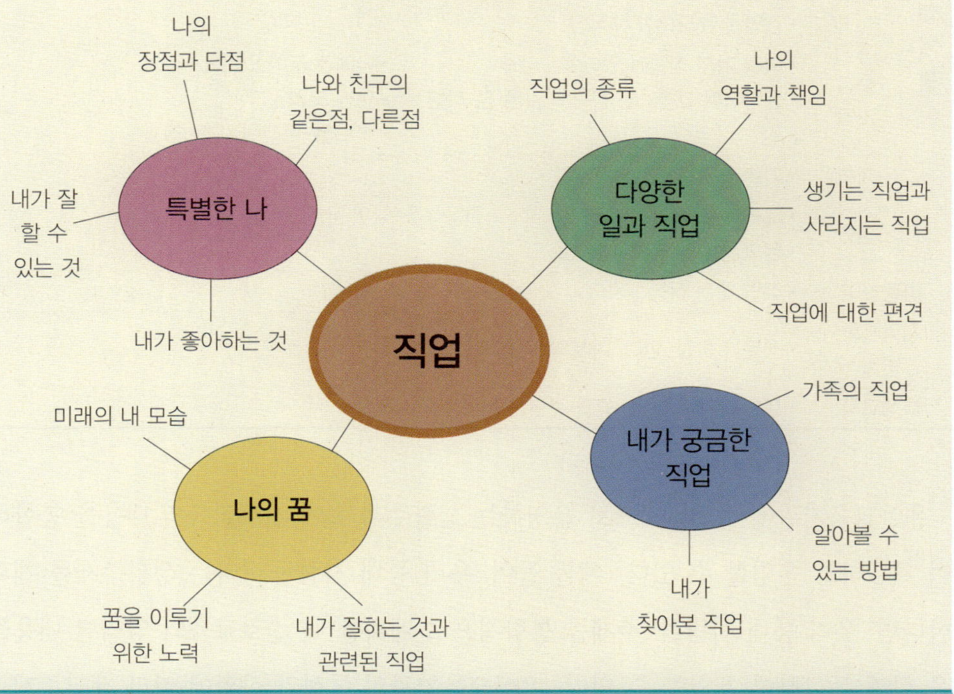

활동 구분		활동명	
대·소집단 활동	이야기 나누기	• 내가 좋아하는 것을 소개해요 • 넓은 세상, 재미있는 직업 • 생기는 직업과 사라지는 직업이 있어요 • 궁금한 직업에 대해 알아봐요 • 나의 재능을 나눠요	• 꿈을 이루기 위해 노력해요
	동화·동시·동극	• 동화–네가 크면 말이야, 내 꿈이 최고야, 꿈꾸는 윌리, 우리 동네 슈퍼맨, 꿈을 만드는 작업실, 얼룩말의 직업찾기, 지구의 직업찾아 한바퀴, 꿈꾸는 카멜레온, 그리미의 꿈, 아빠는 냄새나지 않아, 나는 꿈이 너무 많아, 양들은 파업 중 • 동극–구름빵 꿈이 너무 많아	

	음악	• 새노래–나의 꿈 보따리, 나의 소망, 꿈 · 사랑 · 희망 • 음악감상–헨델 '흥겨운 대장간'	
	신체 · 게임	• 게임–당신은 누구십니까?, 풍선 함께 나르기 • 신체–어떤 직업일까? • 체육–소도구 놀이 • 리듬체조–한국무용 익히기(소고춤, 부채춤)	
자유선택활동	쌓기	• 직업놀이에 필요한 물건 만들기	
	역할	• 직업놀이	
	언어	• 나를 동물이나 식물에 비유하면? • 나의 흥미 찾기 • 내 이름 삼행시 • 장점기차 만들기 • 직업글자 모으기 대작전	• 암호풀이(직업) • 꿈을 먹는 피자 • 직업 수수께끼 • 내가 만약 직업이 있다면?
	수 · 조작	• 여러 가지 직업이 있어요 • 벤다이어그램(나와 친구의 같은 점, 다른 점)	• 나에겐 꿈이 있어요 • 어떤 모양일까? • 바느질–미래의 내 모습
	과학	• 기르기–꼬마 새우 기르기	
	미술	• 그리기–요술그림 그리기 • 명화감상–김홍동 '대장간'	• 협동작품–나의 꿈 책 만들기
바깥놀이		• 직업 찾는 탐정	
지역사회 연계		• 전문가 초빙–엄마, 아빠의 직업이야기	
특색교육		• 토의–내가 잘하는 것과 관련된 직업을 조사해요	

유아교육기관에서 일반적으로 운영하는 생활주제 속에 진로교육의 내용을 통합하여 계획하고 운영할 수 있다. 예를 들어 '우리 동네 사람들'이라는 생활주제를 계획한다면 '우리 동네 사람들' 주제를 통합적으로 계획할 때 진로교육의 영역별 내용들을 함께 통합하여 계획할 수 있다. 유아교육기관의 특성과 상황에 따라 생활주제를 진행하면서 관련 활동들을 부분적으로 통합하여 운영할 수도 있고 진로교육의 영역별 내용의 통합, 생활주제와 진로교육의 통합, 활동유형의 통합을 종합적으로 계획하고 운영할 수도 있다. '우리 동네 사람들' 주제의 통합적 접근을 위한 계획안 중 진로교육 관련 내용만 제시하면 [그림 5–6]과 같다.

일과 직업의 세계 이해

- 동화-아빠와 소방서에 가요
- 동화-삐요 삐요 불이 났어요
- 이야기 나누기-고마운 이웃들이 있어요
- 신체-어떤 직업일까?
- 수 조작-시장에 갔어요
- 언어-우리 동네 사람들
- 게임-우리 동네 기관 완성하기
- 역할-새콤 달콤 과일 사세요
- 역할-병원놀이
- 역할-우체국 놀이
- 토의-마트가 없다면?
- 역할-미용사 놀이
- 동화-새벽을 여는 할아버지
- 쌓기-우리 동네 구성하기
- 수 조작-누구일까요? 다양한 직업빙고
- 수 조작-채소 수확하기

자기이해와 사회적 역량

- 이야기 나누기-내가 사는 동네를 소개해요
- 바깥놀이-우리 동네 둘러보기
- 미술-우리 동네 디오라마
- 이야기 나누기-우유배달원께 감사편지 만들어 전달하기
- 동시-우리 동네 자랑
- 수 조작-고마운 이웃과 친하게 지내요
- 명화감상-구스타브 카유보트 '비오는 날의 파리거리'

누리과정 교사용 지도서 생활주제

우리 동네, 생활도구, 환경과 생활, 건강과 안전

우리 동네 사람들

진로탐색

- 전문가 초빙-치과의사
- 현장학습-소방서로 출동!
- 동극-행복을 전하는 편지
- 동화-행복을 배달하는 폴짝이
- 현장체험-우체국 견학
- 지역사회연계-아름다운 가게
- 가정연계-우리 동네 편의점 조사하기

관련 직업

소방관, 우체부, 가게주인, 점원, 경찰관, 의사, 간호사, 환경미화원, 우유배달원

진로디자인과 준비

- 바깥놀이-출동! 소방관이 되어보자
- 언어-내가 만약 우체부가 된다면?
- 토의-벼룩시장을 준비해요
- 바깥놀이-벼룩시장
- 미술-환경 포스터 만들기
- 바깥놀이-깨끗한 우리 동네 만들기 캠페인

[그림 5-6] '우리 동네 사람들' 주제의 진로교육 통합적 접근을 위한 계획안 예시

Chapter

06

유아진로교육과 가정연계

1. 가정과 연계한 유아진로교육의 필요성
2. 가정과 연계한 유아진로교육의 운영

1. 가정과 연계한 유아진로교육의 필요성

1) 가정연계교육의 가치

유아기는 인간의 발달이 가장 급격히 이루어지며, 주변 환경에 영향을 많이 받는 시기이다. 유아에게 가정은 유아가 사회화되는 최초의 장소이며 부모는 유아가 최초로 만나는 사회적 모델이 된다(정혜영 외, 2008). 가정환경은 인간교육이 실시되는 최초의 장으로서 기본적인 생활양식, 행동양식, 습관 및 성격 형성에 영향을 주므로 가정환경의 교육적 가치는 매우 중요하다(임병희, 1996). 또한 유아교육기관은 유아가 가정을 벗어나 처음으로 경험하는 사회기관이며, 유아의 경험이 지속적이고 발전적으로 확장되어 가는 장이다. 유아기 동안 유아는 가정과 유아교육기관을 오가며 두 환경에서의 경험과 상호작용을 통해 전인적인 발달을 이루어 나간다. 가정과 유아교육기관은 유아의 미시체계로서 유아와 직접 상호작용을 하는 환경으로 유아 발달에 큰 영향을 미칠 수 있으며, 유아는 가정의 부모나 유아교육기관의 교사와의 상호작용을 통해 지식, 기술, 태도뿐만 아니라 사회적 가치와 태도 등도 형성해나가기 때문에 유아교육기관과 가정과 연계된 교육과 교류는 중앙체계로서 이 둘의 관계가 견고해질 때 유아의 발달과 교육에 보다 효과적인 영향을 미칠 수 있다(김주현, 2014).

가정연계교육이란 유아의 보다 효과적인 발달을 공통의 목표로 하고 교사와 부모가 교육의 목표, 내용, 방법을 이해하고 이를 실천하기 위해 노력하며 교육에 대한 일관된 가치와 태도를 유지하여 동등한 입장으로 교육에 참여하는 것이다. 즉, 가정연계교육을 통해 부모가 자녀의 발달 수준, 흥미, 적성, 개성을 파악하여 그 수준과 특성에 적합한 교육방법을 알고 지지적인 심리적 환경을 통해 교육을 실시함으로써 자녀의 발달을 보다 효과적으로 돕고자 하며 부모 자신도 인격적 · 교육적 측면에서 보다 성숙할 수 있도록 돕는 것이다. 가정연계를 통해 부모가 유아교육기관의 동반자로서 동등한 입장에서 상호 유대관계와 연결을 유지하며 자녀의 교육에 대한 책임을 나누고 보다 효율적인 유아교육과 발달을 위해 노력할 수 있도록 도울 수 있다.

가정연계교육의 가치를 정리하면 다음과 같다(이원영, 1985).

첫째, 유아의 전인발달을 위한 부모들의 지지적인 심리적 환경을 조성할 수 있다. 둘째, 유아 개개인이 자신의 개성과 특성을 발현할 수 있도록 부모들이 다양한 기회를 부여할 수 있다. 셋째, 유아의 생득적인 사회적 관심을 올바르게 개발할 수 있도록 부모의 관심을 유도할 수 있다. 넷째, 활동과 놀이를 중심으로 학습을 할 수 있도록 부모들이 유아에게 적절한 환경과 기회를 조성할 수 있다. 다섯째, 유아의 연령, 요구, 기질, 수준을 이해하여 이에 알맞은 방법을 통해 교육하도록 돕는다.

2) 가정과 연계한 유아진로교육의 중요성

유아기는 가정의 영향을 많이 받는 시기로써 가정환경은 자녀의 진로에도 영향을 미치므로 유아진로교육에 있어 가정의 교육적 가치는 매우 크다. 대부분의 부모들은 아주 어린시기부터 유아들에게 일상생활 속에서 자연스럽게 진로교육을 하고 있다. 그 대표적인 예가 우리나라 전통문화인 '돌잡이'이다. 자녀가 첫돌이 되면 부모들은 돌상 위에 쌀, 붓, 활, 돈, 실 등을 펼쳐놓고, 아이가 집는 물건과 아이의 장래를 관련지어 미래를 점쳐본다. 돌잡이는 내 아기가 커서 어떤 직업을 갖고 어떤 삶을 살게 될 것인지에 대한 부모의 관심과 기대이다. 또한 일상생활 속에서 접하게 되는 일과 직업에 대해 자녀와 함께 경험하고 이야기하며 이를 통해 부모는 직업적 가치관과 태도를 교육하게 되고 유아는 부모가 갖고 있는 직업적 가치관과 태도를 자연스럽게 배우게 된다. 그럼에도 불구하고 대부분의 부모들은 진로교육은 직업교육이라는 생각으로 유아에게 진로교육은 너무 이르며 자녀에게 아직 진로교육을 하고 있지 않다는 인식을 하기도 한다. 부모는 자녀가 아주 어릴 때부터 비형식적으로 이미 진로교육을 하고 있으며 유아의 직업적 가치관과 태도 형성에 부모가 가진 직업적 가치관과 태도가 영향을 미친다(전예화 · 제

미경 · 전영자, 2009)는 점을 감안할 때 유아교육기관은 진로교육을 가정과 연계하여 실시함으로써 유아가 진로인식을 바르게 할 수 있도록 돕고 부모가 자녀의 멘토가 되어 긍정적인 지원을 하도록 지원하여야 한다.

유아진로발달에 영향을 미치는 가정과 유아교육기관의 중요성을 바탕으로 가정과 연계한 유아진로교육 활동을 실시함으로써 기대할 수 있는 효과는 다음과 같다(김주현, 2014).

첫째, 자녀와 부모에게 체계적인 진로에 대한 정보를 제공할 수 있다. 부모는 진로교육 활동을 통해 자녀의 흥미, 적성, 특기 등을 알아볼 수 있으며, 직업과 관련된 자녀의 특성을 파악할 수 있는 기회가 된다. 또한 부모가 부모의 일과 사회의 현상, 직업 세계 등을 자녀가 잘 이해하도록 유아와의 대화를 활성화하고, 유아에게 일에 대한 많은 경험을 제공함으로써 유아는 직업에 필요한 소질 및 특성, 업무, 보수, 진학 등 직업에 대한 정보를 얻을 수 있다(조희경 · 장석민 · 이용순, 2013).

둘째, 가정에서 자녀의 올바른 직업적 가치관 형성을 지원할 수 있다. 유아기는 직업이나 일의 역할에 대한 특정한 고정관념이나 성 편견 등이 형성되기 시작하는 시기이며 이는 부모와 같은 주변 성인과의 상호작용을 통해 학습하게 된다. 또한 유아기는 성인의 의견에 일방적으로 의존하고 따르는 시기로 유아가 크게 의존하는 부모가 가지고 있는 일에 관한 의식과 태도, 그리고 직업에 관한 가치관 등은 유아의 진로인식발달에 커다란 영향을 끼친다. 유아가 원하는 장래 직업이 부모가 원하는 것으로 한정되어 있다는 연구결과(전예화 · 제미경, 2011)가 그 예라 할 수 있다. 가정연계 진로교육을 통해 부모의 건전한 직업적 가치관과 태도를 지원함으로써 유아에게 직업적 성 편견, 직업의 존엄성과 협력 등에 대한 인식을 바르게 갖도록 지원할 수 있다(진혜영, 정혜영, 2006).

셋째, 부모의 자녀에 대한 칭찬과 격려의 기회를 통해 자녀의 진로발달에 대한 심리적 지지환경을 조성할 수 있다. 진로교육에 관해 부모의 관심과 긍정적인 지지를 받은 경우 진로교육활동에 더욱 적극적으로 참여하고 자신감이 향상되므로(장옥수 · 조봉환, 2011) 부모의 지원과 긍정적인 참여를 통해 효과적인 진로교육을 실시할 수 있다.

넷째, 가정 연계 진로교육활동은 부모를 진로교육에 참여시킴으로써 자녀 진로교육의 자원으로 적극 활용할 수 있다. 부모는 유아의 특성을 다양한 직업적 특성과 비교하며 보다 객관적으로 자녀의 흥미와 적성을 파악할 수 있는 기회를 가질 수 있으며, 진로교육활동을 통해 얻은 풍부한 진로 관련 정보는 자녀의 구체적인 진로를 계획할 수 있도록 도울 수 있다(조진표, 2012).

다섯째, 자녀 진로지도에 대한 부모의 효능감을 높여줄 수 있다. 가정에서 이루어지는 진로지도에서 나타나는 어려움은 부모들이 어떤 내용을 어느 수준에서 어떻게 접근해야 하는지에 대한 막연함이다. 유아교육기관에서 제공되는 정보와 활동들은 부모가 자녀 진로교육의 내용과 방법을 이해하게 하고 자신감을 가지고 진로지도를 할 수 있게 도와준다.

2. 가정과 연계한 유아진로교육의 운영

자녀의 진로인식 향상을 위한 가정연계 방법은 목적과 내용에 따라 다양하게 마련될 수 있다. 소극적인 방법으로는 가장 보편적으로 사용하고 있는 인쇄 매체를 이용한 방법이다. 이보다 적극적인 방법으로는 부모의 긍정적인 진로교육관 형성을 목표로 시청각 자료를 활용한 강의식 방법이 있다. 가장 적극적인 방법으로는 부모가 자녀와 함께 참여하여 자녀의 진로문제를 해결하는 방법이 있다. 부모가 객관적이고 정확한 자료를 바탕으로 자녀가 올바른 진로선택을 할 수 있도록 다양한 방법으로 운영하는 것이 좋다.

1) 가정통신을 통한 유아진로교육 관련 정보 제공하기

부모가 자녀의 진로인식 형성을 지원하기 위해서는 먼저 유아진로교육의 개념과 목표, 내용 등을 제대로 이해하여야 한다. 따라서 유아교육기관에서는 진로교육영역과 내용, 가정에서의 지도방법 등을 제공하여야 한다. 이를 위해 가정통신을 활용할 수 있다. 가정통신은 매주 혹은 격주 통신문 형식으로 부모에게 진로교육에 관한 정보를 제공하여 부모 진로교육에 대한 이해도를 높일 수 있다. 가정통신문은 일회성으로 제공하기보다는 가정통신을 통해 제공할 내용의 전체 계획을 미리 세운 후 내용별로 나누어 일정한 간격을 두고 정기적으로 발간하는 것이 좋다.

〈표 6-1〉 가정연계 유아진로교육을 위한 가정통신 계획 예시

회기	유아진로교육 내용	가정통신 주제
1	오리엔테이션	유아진로교육의 이해
2	자기 이해	나에 대해 알고 싶어요.
3	긍정적 자아개념	나는 소중한 사람이에요.
4	나와 타인의 차이 알고 존중하기	친구와 나는 서로 다르지만 우린 친구예요.
5	바른 의사소통	나는 친구의 기분을 배려하여 말할 수 있어요.
6	직업에 관심가지기	우리 동네 사람들이 하는 일에 관심이 있어요.
7	다양한 직업의 소중함	많은 직업들이 나에게 도움을 주고 있어요.
8	직업에 대한 긍정적 태도	일을 하는 것은 기쁘고 보람 있어요.
9	맡은 일에 최선을 다하는 태도 기르기	내가 맡은 일은 끝까지 열심히 해요.
10	직업에 대한 개방적 태도 기르기	남녀 구분 없이 하고 싶은 일을 해요.
11	다양한 방법으로 자료수집하기	TV 속에 다양한 직업이 있어요.
12	의사결정의 중요성 인식하기	저도 혼자 결정할 수 있어요.
13	계획과 실천의 중요성 인식하기	저도 하루를 계획할 수 있어요.
14	자신의 꿈을 그려보기	저는 꿈과 끼가 있어요.

진로교육 제6회

우리 동네 사람들이 하는 일에 관심이 있어요

○○유치원

부모교육자료

유아는 일상생활 속에서 다양한 사람들을 만나고 그 사람들이 하는 일에 호기심을 갖게 됩니다. 유치원에 다니면서 유치원선생님, 버스기사님, 조리사선생님이 하는 일에 관심을 가지고 주의 깊게 지켜봅니다. 또한 엄마와 은행에 같이 갈 때는 은행원, 마트에 갈 때는 판매원, 병원에 갈 때는 의사, 미장원에 갈 때는 미용사, 빵집에 갈 때는 제빵사 등을 만나게 되고 그 직업에 자연스럽게 관심을 갖게 됩니다. 이러한 경험들은 유아가 우리 주변의 사람들이 다양한 일을 하고 있으며 그 고유한 역할과 기능이 있음을 이해해 나가는 데 도움을 줍니다. 따라서 부모님은 유아가 관심 갖는 다양한 직업과 하는 일에 대해 함께 이야기 나눠주시는 것이 필요합니다. 예를 들어, 경찰관에 대한 이야기를 하면서 자녀가 커서 경찰이 되겠다고 할 경우 부모님이 희망하는 직업과 다르다고 해서 "경찰은 범인과 싸울 수도 있어서 매우 위험한 직업이야." 등 직업에 대한 부정적인 이야기를 한다거나 "지난번에 가수된다고 하더니 또 꿈이 바뀐 거야?" 라고 핀잔을 주지 마세요. 이 시기는 꿈이 계속 바뀌고 그 과정에서 직업에 대한 이해를 높여갑니다. 따라서 유아와 이야기할 때는 각 직업이 갖는 보람에 초점을 맞춰 주세요.

[그림 6-1] 가정연계 진로교육을 위한 가정통신문 예시

2) 진로교육 강연회

강연회는 부모들에게 당면한 사안이나 기본적인 지식이나 정보를 알려주기 위하여 주제를 정해 그 분야의 전문가나 관련 인사를 초빙하여 듣게 하는 집단모임이다(이원영 외, 2008). 진로교육 강연회를 통해 부모가 진로교육에 대한 이해를 높이고 자녀진로지도에 대한 유능감을 가질 수 있도록 지원할 수 있다.

3) 자녀와 부모가 함께 하는 유아진로교육 활동자료 제공하기

부모가 진로교육의 목적과 내용을 안다고 하더라도 그 내용을 유아의 수준에 맞게 상호작용하는 것은 쉽지 않다. 따라서 유아와 부모와 함께 하는 진로교육 활동자료를 제공하는 것은 부모가 진로교육과 관련하여 자녀와 적절한 상호작용을 통해 유아의 자아인식 형성을 지원하도록 도울 수 있다. 진로교육 활동자료에는 진로교육의 목표를 달성하기에 적절하며 부모가 자녀에게 쉽게 적용할 수 있는 활동을 선택하여야 한다.

유아진로교육 활동자료는 주로 금요일에 가정으로 보내서 주말에 부모님과 자녀가 함께 이야기 나누면서 활동할 수 있도록 하는 것이 좋다. 자녀와 부모가 함께 활동한 내용을 기록하고 사진, 그림 등으로 표현하여 다른 가족들과 공유할 수도 있다. 또한 유아교육기관으로 가져와 교실에서 친구들에게 소개할 수도 있으며 개별파일에 활동자료를 지속적으로 수집하면 유아 개인의 의미 있는 이야기가 될 수 있다.

실천해보기

우리 주변의 다양한 일과 직업에 대해 부모님과 함께 이야기해보세요.

✺ 주말에 가족과 함께 어디에 다녀왔나요?

할아버지 약국

✺ 그 곳에서 일하시는 분은 누구였나요?

약사

✺ 그 분께 하고 싶은 말이나 궁금한 점을 적어보세요.

그 많은 약들을 어떻게 기억하세요

✺ 우리에게 도움을 주시는 고마운 분들께 감사한 마음을 표현해보세요(아이가 그림을 그리거나 대화한 내용을 글로 적어보세요).

[그림 6-2] 자녀와 부모가 함께 하는 진로교육 활동자료 예시

PART

02

실 제 편

Chapter

그림책을 활용한 유아진로교육의 실제 07

번호	생활주제	동화	관련 직업	확장활동	진로교육 영역
1	유치원과 친구	나도 최고가 될 수 있어	다양한 직업	언어-친구 얼굴 막대 인형놀이	Ⅰ
				언어-나를 소개해요	
2	나와 가족	네가 크면 말이야	다양한 직업	미술-나의 꿈 책 만들기	Ⅳ
3	우리 동네	우체부 아저씨와 비밀편지	우체부	언어-내가 만약 우체부가 된다면?	Ⅱ
				현장체험-우체국 견학	
4	동 · 식물과 자연	양념이와 프라이드	사육사	이야기 나누기-병아리 사육사 초빙하기	Ⅱ, Ⅳ
				과학-병아리 키우기	
				미술-병아리 집 만들기	
				바깥놀이-병아리 운동시키기	
5	동 · 식물과 자연	나는야 곤충박사	곤충학자	과학-곤충 기르기	Ⅲ
				언어-곤충 도감	
6	건강과 안전	분홍 토슈즈의 꿈	발레리나	미술-미래의 국가대표 꼴라쥬	Ⅱ, Ⅳ
7	생활도구	한밤의 도서관	사서	역할놀이-도서관 놀이	Ⅱ
				현장체험-도서관에 다녀와요	
8	생활도구	서윤이네 가족신문	기자	언어-우리 반 신문을 만들어요	Ⅱ, Ⅳ
				바깥놀이-유치원 현장취재	
9	교통기관	뿌뿌 씨, 내 차를 고쳐주세요	자동차 정비사	전문가 초빙-유치원 버스 관찰하기	Ⅱ
				바깥놀이-자동차 세차하기, 정비하기	
10	세계 여러 나라	우리 할머니는 건축가예요	건축가	미술-내가 살고 싶은 집 설계하기	Ⅱ
				쌓기놀이-집 만들기	
11	환경과 생활	도레미 트리오	음악가	언어-꿈을 찾아주는 기자가 되어요	Ⅰ, Ⅱ

*진로교육 영역: Ⅰ. 자기이해와 사회적 역량 계발, Ⅱ. 일과 직업 세계 이해, Ⅲ. 진로탐색, Ⅳ. 진로디자인과 준비

활동1 나도 최고가 될 수 있어

관련 직업
다양한 직업

동화	나도 최고가 될 수 있어	생활주제	유치원과 친구
진로교육개념 영역	• Ⅰ. 자기이해와 사회적 역량개발–자기이해와 긍정적 자아개념 형성 –다른 사람과의 긍정적인 상호작용		
활동목표	• 내가 잘 할 수 있는 일이 있음을 안다. • 나와 친구가 잘하는 것이 다름을 알고 존중한다.		
누리과정 관련요소	• 사회관계–나를 알고 존중하기(나를 소중히 여기기) • 사회관계–다른 사람과 더불어 생활하기(친구와 사이좋게 지내기)		
활동자료	 토끼 막대인형, 실물 화상기, 그림동화 '나도 최고가 될 수 있어'(기시라 마유코 글 · 그림, 한국글글렌도만, 2008), 장난감 마이크		

활동방법

1. 막대인형 '토끼'의 이야기를 들으며 주의집중한다.
   - 안녕 나는 토끼야. 너희들은 잘하는 것이 있니? 내 친구 여우는 똑똑하고 기린은 가장 키가 커. 그런데 나는 최고로 잘하는 것이 없어. 나도 최고가 될 수 있는 방법을 찾아 여행을 떠나려 해. 나를 도와줄 수 있겠니?

동물마을의 여우는 똑똑하고, 기린은 가장 키가 크고, 코끼리는 가장 덩치가 크고 각자 한 부분에서 최고입니다. 토끼는 가장 힘이 센 사자를 찾아가 최고가 되고 싶다고 했답니다. 사자가 잡아먹으려 쫓아오다 돌부리에 걸려 넘어집니다. 토끼가 재빨리 약과 붕대를 가지고 와 사자를 치료해 줍니다. 토끼도 최고가 될 수 있는 일을 말해 주며 가장 친한 친구가 되자고 동물들이 이야기 합니다.

2. 동화를 듣고 내용을 회상한다.
   - 토끼는 왜 속상해 했었니?

- 토끼는 어떻게 최고가 되었니?

3. 나와 친구가 잘하는 것에 대해 이야기 나눈다.
   - 동화 속의 토끼처럼 우리도 잘할 수 있는 것을 생각해 보자.
   - 내가 잘하는 것이 무엇인지 한 가지씩 이야기해 볼까?
   - 내가 잘하는 것이 무엇인지 잘 모르는 친구도 있니?
   - 자기가 잘하는 것이 무엇인지 잘 모르는 친구는 우리가 도와줄까?
   - 그 친구가 무엇을 잘하는지 우리가 이야기해 주자.

4. 나와 친구에 대해 새롭게 알게 된 점을 이야기 나눈다.
   - 내가 잘하는 것을 잘 몰랐지만, 더 잘 알게 된 것이 있었니?
   - 친구가 잘하는 것을 잘 몰랐지만, 새롭게 알게 된 것이 있었니?
   - 나와 친구가 잘하는 것에 대해 자세히 알아보고 나니까 어떤 생각이 드니?

확장활동

1. 친구 얼굴 막대인형놀이(언어영역)

   유아들의 얼굴이 붙은 막대인형을 내주어 친구끼리 서로 친구 얼굴 막대인형을 들고 그 친구가 잘하는 것을 이야기하고 칭찬하는 놀이를 한다.

2. 나를 소개해요(언어영역)

'나를 소개해요' 라는 활동지를 내주어 유아가 자신이 좋아하는 음식, 색, 동물, 놀이 등을 생각해 보고 그림이나 글로 표현한다. 활동이 완성되면 친구들 앞에서 소개하는 시간을 가질 수 있다.

교사를 위한 도움말

- 동그랗게 모여 앉아 친구이름을 뽑고 칭찬하기 혹은 자기이름이 뽑히면 본인의 장점 말하기 등의 게임형식으로 활동할 수도 있습니다.
- '나를 소개해요' 활동지를 사전활동으로 가정과 연계하여 미리하면 활동 중에 유아가 자신을 소개하는 데 도움이 될 수 있습니다.

활동2 네가 크면 말이야

관련 직업
다양한 직업

동화	네가 크면 말이야	생활주제	나와 가족
진로교육개념 영역	• Ⅳ. 진로디자인과 준비 – 계획과 실천의 중요성 인식		
활동목표	• 주변 사람들의 다양한 직업에 관심을 갖는다. • 자신의 꿈과 관련된 미래의 자신의 모습을 생각해 본다.		
누리과정 관련요소	• 의사소통 – 듣기(동요, 동시, 동화 듣고 이해하기) • 사회관계 – 나를 알고 존중하기(나를 알기) • 사회관계 – 사회에 관심 갖기(지역사회에 관심 갖기)		
활동자료	 그림동화 '네가 크면 말이야' (이주미 글 · 그림, 현북스, 2015), 실물화상기		

활동방법

1. 노래 '나의 꿈 보따리'를 부르며 주의집중한다.

2. 동화 '네가 크면 말이야'를 감상한 후 내용을 회상한다.

> 네가 크면 말이야~ 농부, 어부, 화가, 시인 등 다양한 직업과 관련된 미래의 모습을 상상하며 자신의 꿈을 펼쳐봅니다.

- 어떤 직업들이 나왔니?
- 너희가 농부라면 무얼 하고 싶니?

3. 내가 하고 싶은 일에 대해 이야기 나눈다.

- 너희들은 어른이 되면 어떤 일을 하고 싶니?

- 왜 그렇게 생각했니?

4. 자신이 좋아하는 것과 관련된 직업을 생각해 본다.
   - 너희가 좋아하거나 잘하는 것과 관련된 직업을 생각해 볼까?
   - 내가 좋아하는(잘하는) 것은 무엇일까?
   - 그것을 잘하면 커서 어떤 일을 하면 좋을까?

5. 꿈을 이룬 자신의 모습을 상상해 본다.
   - 꿈을 이뤘을 때를 상상해 보자. 어떤 모습을 하고 있을 것 같니?
   - 그 꿈을 이루기 위해 어떤 노력을 했을 것 같니?

6. 나의 꿈 책을 만든다.
   - 꿈을 이룬 나의 모습을 상상하여 미래의 내 모습을 그려보자.

확장활동

1. 나의 꿈 책 만들기(미술영역)

   꿈을 이룬 나의 모습을 상상하여 그림으로 표현해 본다.

교사를 위한 도움말

- 나의 꿈 그리기 활동은 유아들과 개별적 상호작용이 충분히 일어나도록 자유선택활동 시간에 소집단으로 진행하는 것이 좋습니다.
- 동화책의 그림이 주로 검정과 주황색으로 이루어졌음을 이야기하며 유아들도 두 가지 색을 사용하여 그림을 그리도록 하면 책으로 묶었을 때 보다 매력적인 결과물을 얻을 수 있습니다.

활동3 우체부 아저씨와 비밀편지

관련 직업
우체부

동화	우체부 아저씨와 비밀 편지	생활주제	우리 동네
진로교육개념 영역	• II. 일과 직업 세계 이해 – 일과 직업에 대한 인식		
활동목표	• 우체부가 하는 일을 알아보며 감사하는 마음을 가진다. • 자신의 일을 소중히 여기고, 맡은 일을 수행하기 위해 노력해야 함을 안다.		
누리과정 관련요소	• 의사소통 – 말하기(느낌, 생각, 경험 말하기) • 사회관계 – 사회에 관심 갖기(지역사회에 관심 갖고 이해하기)		
활동자료	 그림동화 '우체부 아저씨와 비밀 편지' (앨런 앨버그 글, 자넷 글버그 그림, 푸른 아이, 2003), 막대인형(싱글벙글 우체부 아저씨)		

활동방법

1. 막대인형 '싱글벙글 우체부 아저씨'로 주의집중한다.
   - 안녕? 나는 싱글벙글 우체부 아저씨란다. 너희는 편지를 받아 본 적이 있니? 나는 우리 마을에 살고 있는 사람들에게 편지를 전하는 일을 해. 나와 함께 편지를 전하러 떠나볼까?

2. 동화 '우체부 아저씨와 비밀 편지'를 듣고, 내용을 회상한다.

옛날에 싱글벙글 우체부 아저씨가 있었습니다. 아저씨는 자전거를 타고 다니며 동네 사람들에게 편지를 전해 주었습니다. 언덕 넘어에 살고 있는 곰 세 마리 집에도 편지를 배달하고 금발머리 꼬마 아가씨에게도 편지를 배달했습니다. 다시 길을 떠난 아저씨는 마늘 빵으로 지은 집에 사는 못된 마녀에게, 콩나무 농장 하늘만큼 높은 집에 사는 거인 아저씨에게 편지를 전하러 떠납니다.

– 우체부 아저씨는 어떤 편지를 전했니?
– 싱글벙글 우체부 아저씨의 편지를 받은 마을 주민들의 기분은 어땠을까?
– 편지를 전하는 아저씨는 어떤 마음으로 편지를 전했니?
– 아저씨의 이름은 왜 싱글벙글 우체부 아저씨일까?

3. 우체부의 역할과 노력에 대해 이야기 나눈다.

– 동화 속에서 우체부는 어떤 일을 하는 사람이니?
– 편지를 전하는 것 말고도 또 어떤 일을 할까?
– 우체부가 하는 일 중에 힘든 점은 무엇일까?
– 우체부가 없다면 어떨 것 같니?
– 너희가 우체부라면 어떤 편지를 전하는 우체부가 되고 싶니?

확장활동

1. 내가 만약 우체부가 된다면?(언어영역)

내가 우체부가 된다면 어떤 편지를 배달하고 싶은지 글로 표현해 본다.

교사를 위한 도움말

- 유치원에 편지를 배달해 주는 우체부와 만나는 활동을 계획하여 궁금한 점을 이야기 나눌 수 있습니다.
- 역할놀이영역에서 우체국 놀이를 하며 우체부가 하는 일을 놀이로 경험해 볼 수 있습니다.

Kid's talk

우체국 놀이를 하며...

"편지지와 우표를 얼마로 정할까?"

"공짜로 하면 편지지를 다 써버릴 것 같아."

"나는 글씨를 잘 못 쓰는데 어떡하지?"

"OO야~* 내 편지에 답장 써줘~"

"우체통에 담긴 편지들을 어떻게 나누어 줄까?"

"편지 왔어요~* 편지 왔어요~* OOO 편지 왔어요~*♬"

활동4 양념이와 프라이드

관련 직업

사육사

동화	양념이와 프라이드	생활주제	동 · 식물과 자연
진로교육개념 영역	• Ⅱ. 일과 직업 세계 이해 – 일에 대한 긍정적 태도 • Ⅳ. 진로디자인과 준비 – 계획과 실천의 중요성 인식		
활동목표	• 병아리를 기르는 사람들이 하는 일을 알아보며 감사한 마음을 가진다. • 병아리를 돌보는 방법을 알아보고 돌본다.		
누리과정 관련요소	• 사회관계 – 사회에 관심 갖기(지역사회에 관심 갖고 이해하기) • 의사소통 – 말하기(느낌, 생각, 경험 말하기) • 자연탐구 – 과학적 탐구하기(생명체와 자연환경 알아보기)		
활동자료	 그림동화 '양념이와 프라이드' (이선일 글, 김수옥 그림, 푸른날개, 2014), 실물 화상기, 사진자료(양계장, 달걀, 병아리)		

활동방법

1. 동화 '양념이와 프라이드'를 듣고 내용을 회상한다.

> 정훈이가 엄마와 함께 시장에 가서 병아리를 사와 병아리를 키웁니다. 병아리를 처음 키워보는 정훈이는 병아리의 이름을 양념이와 프라이드라고 지어주고 함께 놀이를 합니다.

- 병아리에게 어떤 이름을 지어주었니?
- 병아리가 좋아하는 먹이는 무엇이었니?

2. 병아리를 기르는 일에 대해 알아본다.

- 1~2마리는 집에서 키울 수 있지만 굉장히 많은 병아리는 어디에서 키울까?
- 병아리를 키우는 일이 직업인 사람도 있어. 그런 일을 하는 사람을 병아리 사육사라고 해. 혹시 들어본 적 있니?

- 병아리를 잘 키우려면 무엇을 잘해야 할까?
- 병아리 사육사는 어떤 점이 힘들까?
- 병아리 사육사가 우리반에 온다면 무엇을 물어보고 싶니?
- 병아리 사육사는 우리에게 어떤 도움을 줄까?

3. 병아리를 키우는 방법을 이야기 나눈다.
   - 동화 속 정훈이처럼 우리도 병아리를 돌볼 수 있을까?
   - 병아리를 잘 돌보려면 어떻게 해야 할까?
   - 병아리는 무엇(음식, 놀이, 생활)을 좋아할까?
   - 우리가 궁금해 하는 것을 어떻게 알아볼 수 있을까?

확장활동

1. 병아리 사육사 초빙하기(이야기 나누기)

병아리 사육사를 초빙하여 유아들이 궁금해 하는 점에 대해 알아본다.

2. 병아리 키우기(과학영역)

부화기를 이용하여 달걀이 부화되는 과정을 직접 관찰하고 부화한 병아리를 키워보면서 병아리 사육사 경험을 해 본다 .

3. 병아리 집 만들기(미술영역)

부화한 병아리를 위한 집을 함께 설계하고 꾸며주는 활동을 한다.

4. 병아리 운동시키기(바깥놀이)

바깥놀이에서 병아리에게 모이를 주고 운동시키는 활동을 한다.

교사를 위한 도움말

- 유아들의 흥미유발을 위해 달걀 부화하기 활동을 사전활동으로 하는 것도 효과적입니다.
- 바깥놀이터에 병아리가 넓은 공간에서 뛸 수 있도록 하며 병아리를 관찰합니다.
- 병아리처럼 움직여 모이를 먹고 오는 게임을 할 수 있습니다.
- 병아리를 잘 돌보는 유아에게 병아리 아빠, 엄마의 자격을 주면 노력한 것에 대한 만족감을 느낄 수 있도록 도울 수 있습니다.

활동5

나는야 곤충박사

관련 직업

곤충학자

동화	나는야 곤충박사	생활주제	동 · 식물과 자연
진로교육개념 영역	• Ⅲ. 진로탐색–직업정보의 탐색		
활동목표	• 곤충학자가 하는 일을 다양한 방법으로 알아본다. • 곤충학자가 하는 일에 대해 관심을 갖는다.		
누리과정 관련요소	• 의사소통–듣기(동요, 동시, 동화 듣고 이해하기) • 사회관계–사회에 관심 갖기(지역사회에 관심 갖고 이해하기) • 자연탐구–과학적 탐구하기(생명체와 자연환경 알아보기)		
활동자료	 그림동화 '나는야 곤충박사' (조재은 글, 구은정 그림, 애플비북스, 2014), 실물화상기, 막대인형		

활동방법

1. 유치원의 꽃밭이나 텃밭에서 곤충을 관찰한 경험을 이야기 나눈다.
   - 곤충은 어디서 볼 수 있니?
   - 곤충을 자세히 관찰해 본 적 있니?

2. 동화 '나는야 곤충박사'를 듣는다.
   - (나충희 막대인형 등장) "안녕! 나는 곤충박사 나충희란다. 너희들에게 내가 좋아하는 일을 소개하고 싶어서 유치원에 왔어."

곤충학자가 되고 싶은 나충희는 잠자리채와 채집통, 돋보기, 집게 등을 챙겨서 곤충 탐험을 떠납니다. 집에서 키우는 사슴벌레와 장수풍뎅이뿐만 아니라 뽈뽈뽈 무당벌레, 요란하게 우는 매미, 쫄쫄 개미, 폴짝폴짝 메뚜기, 꽃밭의 나비와 꿀벌, 물에 사는 소금쟁이와 물방개까지 다양한 곤충을 만나러 갑니다.

3. '나는야 곤충박사' 동화를 회상한다.

- 충희는 어떤 곤충들을 만났니?
- 충희는 곤충을 채집한 후, 집에 와서 무엇을 했니?
  (오늘 관찰한 곤충들을 글로 쓰고 정리했어요.)
- 충희는 어른이 되면 무엇을 하고 싶다고 했니?
  (세계를 여행하며 곤충을 연구하고 싶다고 했어요.)
- 충희처럼 곤충을 좋아하는 친구가 있니?

4. 곤충학자가 하는 일에 대해 알아본다.

- 곤충을 연구하는 직업을 '곤충학자'라고 한다.
- 곤충을 연구하는 사람에 대해 알고 있니?
- 곤충학자에 대해 더 궁금한 것들이 있니?
- 곤충에 대한 궁금한 점을 알아내기 위해 곤충학자는 어떤 도구를 사용할까?
- 만약 내가 곤충학자라면 어떤 곤충에 대해 알아보고 싶니?

확장활동

1. 곤충 기르기(과학영역)

바깥놀이터, 텃밭에서 채집한 곤충을 교실에서 키워본다.

2. 곤충도감(언어영역)

채집한 곤충의 특징을 글과 그림으로 표현하여 나만의 곤충도감을 만들어본다.

3. 곤충 만들기(미술영역)

곤충의 생김새와 특징을 생각하며 나무조각으로 곤충을 만든다.

교사를 위한 도움말

- 유아들이 궁금한 것을 스스로 알아볼 수 있도록 관련된 책을 제시해 주세요.
- 잠자리채, 곤충의 눈, 관찰경, 채집통과 같은 과학 도구를 제공하여 흥미를 느낄 수 있도록 도와주세요.

활동6 분홍 토슈즈의 꿈

관련 직업
발레리나

동화	분홍 토슈즈의 꿈	생활주제	건강과 안전
진로교육개념 영역	• II. 일과 직업 세계 이해–일에 대한 긍정적 태도 • Ⅳ. 진로디자인과 준비–계획과 실천의 중요성 인식		
활동목표	• 자신의 꿈에 대해 이야기 나누며 미래의 모습을 생각해 본다. • 자신의 꿈을 이루기 위해 꾸준히 노력해야 함을 안다.		
누리과정 관련요소	• 의사소통–듣기(동요, 동시, 동화 듣고 이해하기) • 사회관계–다른 사람과 더불어 생활하기(친구와 사이좋게 지내기)		
활동자료	 그림동화 '분홍 토슈즈의 꿈' (박예분 글, 배슬기 그림, 신동교육, 2010), 실물화상기, 사진자료(강수진 발레리나 발)		

활동방법

1. 발레리나 발 사진을 보며 직업을 유추해 본다.
   - 이 발은 왜 상처가 많을까?
   - 무언가를 열심히 해서 생긴 상처래. 어떤 일을 하는 사람일까?
   - 왜 이렇게 상처가 많이 생겼을까?

2. 동화를 감상한 후 내용을 회상한다.

꿈이 발레리나인 예빈이는 이번 공연에서 주인공이 될 거라 확신했습니다. 그런데 같은 반 소현이가 주인공이 되어 너무 속상했답니다. 그런데 어느 날 저녁 연습실에 가게 된 예빈이는 늦은 시간까지 열심히 연습을 하고 있던 소현이를 보고 마음을 바꾸게 됩니다. 보이지 않는 곳에서도 열심히 하고 있는 사람이 있다는 것을 알게 되었습니다.

- 예빈이는 왜 속상했니?
- 소현이는 주인공이 되기 위해 어떤 노력을 했니?

3. 발레리나의 직업에 대해 이야기 나눈다.
   - 발레리나는 어떤 일을 하는 사람이니?
   - 발레리나가 되기 위해 어떤 노력을 했을까?

4. 내가 미래에 하고 싶은 직업에 대해 이야기 나누고 꿈을 이루기 위해 노력할 점에 대해 생각해 본다.
   - 너희도 예빈이처럼 꿈이 있니?
   - 어른이 되면 어떤 직업을 갖고 싶니?
   - 그 직업을 갖기 위해 어떤 노력을 해야 할까?
   - 모두 노력하여 꼭 꿈을 이루도록 하자.

확장활동

1. 미래의 국가대표 콜라주(미술영역)

   내가 되고 싶은 운동선수의 모습을 그림으로 표현한다.

교사를 위한 도움말

- 발레리나의 꿈과 관련된 동화이지만, 다양한 직업을 접목하여 자신이 좋아하고 하고 싶은 꿈을 이루기 위해 노력하는 태도에 대해 다루어도 좋습니다.

활동7 한밤의 도서관

관련 직업
사서

동화	한밤의 도서관	생활주제	생활도구
진로교육개념 영역	• II. 일과 직업 세계 이해–일과 직업에 대한 인식		
활동목표	• 사서의 역할과 하는 일을 안다. • 사서에게 필요한 마음가짐을 이해하고 감사함을 느낀다.		
누리과정 관련요소	• 의사소통–듣기(동요, 동시, 동화 듣고 이해하기) • 사회관계–사회에 관심 갖기(지역사회에 관심 갖고 이해하기)		
활동자료	 그림동화 '한밤의 도서관' (가즈노 고하라 글 · 그림, 창비, 2010), 실물화상기		

활동방법

1. 도서관에 다녀온 경험에 대해 이야기 나눈다.

   – 도서관에 가본 적이 있니?

   – 도서관에서 어떤 사람을 보았니?

2. 동화 '한밤의 도서관'를 듣고 회상한다.

> 한밤의 도서관에는 꼬마 사서와 세 마리 올빼미가 있습니다. 밤이 되면 동물들이 도서관을 찾아와 책을 읽습니다. 평화로웠던 도서관에 다람쥐 밴드와 늑대, 거북이가 도서관을 소란스럽게 만듭니다. 그러자 사서는 도서관을 올바르게 이용하는 방법을 알려주었습니다.

   – 한밤의 도서관에 어떤 일이 일어났니?

- 다람쥐 밴드가 왔을 때 꼬마 사서는 어떻게 이야기했니?
- 꼬마 사서는 늑대의 슬픈 마음을 어떻게 위로해 주었니?
- 책을 끝까지 읽고 싶은 거북이에게 꼬마 사서는 어떤 방법을 알려주었니?

3. 사서에게 필요한 마음가짐과 노력에 대해 이야기 나눈다.
   - 한밤의 도서관에서 꼬마 사서는 어떤 일을 했니?
   - 사서는 책을 읽는 사람들에게 어떤 도움을 줄까?
   - 사서가 없다면 도서관에 어떤 일이 생길까?
   - 사서는 어떤 마음을 가지고 일을 할까?
   - 사서는 사람들이 읽고 싶어 하는 책을 잘 골라 주려면 어떻게 해야 할까?

확장활동

1. 도서관놀이(역할놀이영역)

   역할놀이영역에 도서관을 만들어 책을 빌려주고 권장도서 안내하기, 도서관 정리하기 등의 사서놀이와 책을 빌리고 읽는 놀이를 한다.

2. 도서관에 다녀와요(현장체험)

   어린이 도서관에 가서 사서의 역할에 대해 알아보고 책을 읽는 경험을 가진다.

교사를 위한 도움말

- 교실에서 친구들을 도와주는 역할을 맡아 수행할 수 있도록 도와주세요.
- 사서의 역할로 친구들에게 책을 읽어 주는 놀이로 할 수도 있습니다.

활동8 서윤이네 가족 신문

관련 직업
기자

동화	서윤이네 가족 신문	생활주제	생활도구
진로교육개념 영역	• Ⅱ. 일과 직업 세계 이해 – 일과 직업에 대한 인식 • Ⅳ. 진로디자인과 준비 – 의사결정의 중요성 인식		
활동목표	• 신문이 만들어지는 과정에 관심을 갖는다. • 기자의 역할과 하는 일에 대해 안다.		
누리과정 관련요소	• 의사소통 – 말하기(느낌, 생각, 경험 말하기) • 사회관계 – 사회에 관심 갖기(지역사회에 관심 갖고 이해하기)		
활동자료	 그림동화 '서윤이네 가족 신문' (전현정 글, 박제희 그림, 그레이트 북스, 2006), 신문		

활동방법

1. 궁금이 상자에 '신문'을 넣고, 신문을 보며 이야기 나눈다.
   - (궁금이 상자에 담긴 신문) 어떤 소리가 들리니?
   - 만지면 어떤 느낌일까?
   - 무엇일 것 같니?
   - 신문에는 어떤 글과 그림(사진)이 있을까?

2. 동화 '서윤이네 가족 신문'를 듣고 내용을 회상한다.

> 서윤이가 신문에 대해 궁금해 하자, 엄마는 신문을 설명해 주며 가족신문을 만들자고 이야기 합니다. 서윤이네 가족은 회의를 걸쳐 어떤 내용을 취재할지 정하고, 가족들은 기자가 되어 신문 기사를 작성합니다. 서윤이가 취재한 내용은 일면에 실립니다.

- 가족신문을 만들기 위해 어떤 준비가 필요했니?
- 서윤이는 오빠의 이야기를 누구에게서 들었니?
- 서윤이가 취재하며 힘든 점은 무엇이었을까?

3. 우리 반의 신문을 계획하며 이야기 나눈다.
   - 서윤이처럼 친구들과 함께 우리반 신문을 만들어볼까?
   - 어떤 이야기를 신문에 싣고 싶니?
   - 신문을 만들기 위해 기자는 무엇을 해야 할까?
   - 궁금한 내용을 알기 위해 어떻게 해야 할까?
   - 친구들과 함께 기자가 되어 취재하고 싶은 내용을 정하고 신문을 만들어보자.

확장활동

1. 우리 반 신문을 만들어요(언어영역)

   우리 반이 취재하고 싶은 내용을 정하고 유치원의 여러 가지 소식을 담은 신문을 만들어 본다.

2. 유치원 현장취재(바깥놀이)

   신문을 만들기 위해 역할을 정하고(카메라맨, 작가, 기자 등) 내용과 관련된 분들과 인터뷰한다.

교사를 위한 도움말

- 유아들은 취재한 내용을 기사형식으로 쓰는 것을 어려워하여 도와주어야 합니다.
- 신문에 실는 내용에 따라 혼자 만들거나 친구들과 함께 협력하며 신문을 만들어 볼 수 있습니다.
- 유아들이 만든 신문을 벽면에 게시하거나 복사하여 취재한 사람들에게 나누어 주어 여러 친구들이 신문을 볼 수 있도록 돕는 것이 좋습니다.

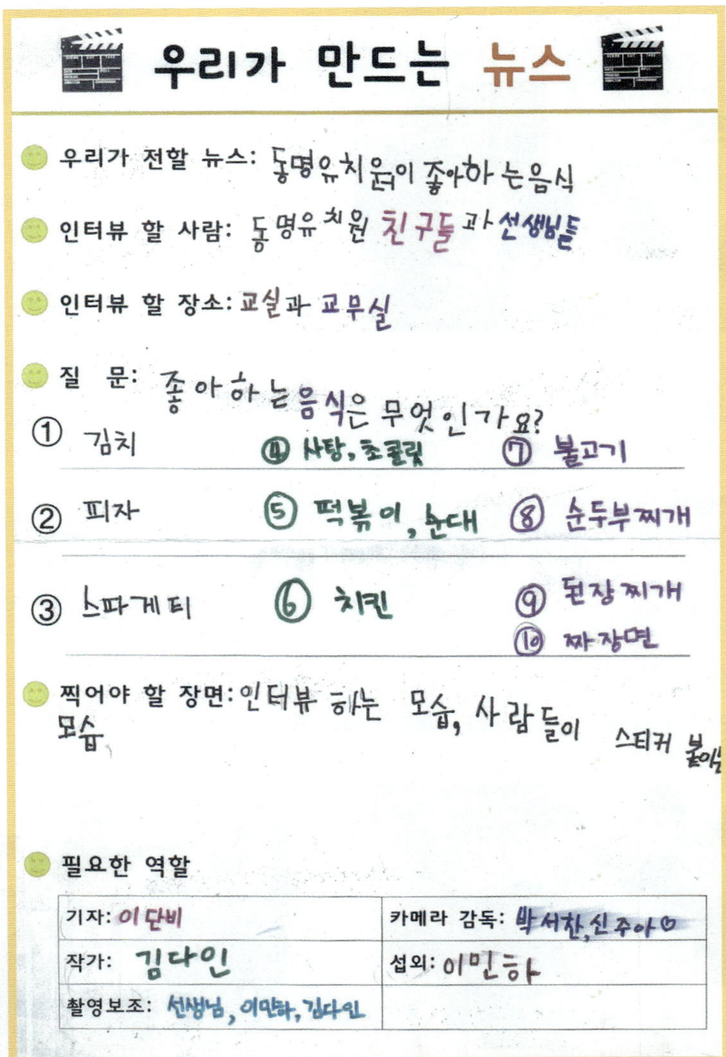

우리가 만드는 뉴스

- 우리가 전할 뉴스: 동명유치원이 좋아하는음식
- 인터뷰 할 사람: 동명유치원 친구들과 선생님들
- 인터뷰 할 장소: 교실과 교무실
- 질 문: 좋아하는음식은 무엇인가요?

① 김치 ④ 사탕, 초콜릿 ⑦ 불고기
② 피자 ⑤ 떡볶이, 순대 ⑧ 순두부찌개
③ 스파게티 ⑥ 치킨 ⑨ 된장찌개 ⑩ 짜장면

- 찍어야 할 장면: 인터뷰 하는 모습, 사람들이 스티커 붙이
모습
- 필요한 역할

기자: 이단비	카메라 감독: 박서찬, 신주아
작가: 김다인	섭외: 이민하
촬영보조: 선생님, 이민하, 김다인	

활동9 뿌뿌 씨, 내 차를 고쳐주세요

관련 직업
자동차 정비사

동화	뿌뿌 씨, 내 차를 고쳐주세요	생활주제	교통기관
진로교육개념 영역	• Ⅱ. 일과 직업 세계 이해－일과 직업에 대한 인식		
활동목표	• 자동차 정비사가 하는 일과 노력에 관심을 갖는다. • 자동차를 수리하는 과정에서 자동차 정비원의 보람을 안다.		
누리과정 관련요소	• 의사소통－듣기(동요, 동시, 동화 듣고 이해하기) • 사회관계－사회에 관심 갖기(지역사회에 관심 갖고 이해하기)		
활동자료	 그림동화 '뿌뿌 씨, 내 차를 고쳐줘요' (신정민 글, 김태호 그림, 한얼에듀, 2012), 고장난 자동차 모형, 막대인형(뿌뿌 씨)		

활동방법

1. (쌓기영역의 망가진 자동차 모형제시) 망가진 자동차에 대해 이야기 나눈다.
   - 장난감 자동차가 망가져 버렸어. 이 자동차를 어떻게 하면 좋을까?
   - (막대인형 뿌뿌 씨 등장) 제가 고쳐드릴게요. 저는 망가진 자동차를 고쳐드리는 자동차 정비사 뿌뿌라고 해요. 제가 하는 일을 소개할게요.

2. 동화 '뿌뿌 씨, 내 차를 고쳐줘요'를 듣는다.

> 뿌뿌 씨가 실수로 붕붕 씨의 자동차를 망가뜨리게 됩니다. 뿌뿌 씨가 일하는 정비공장의 판금부, 전기부, 엔진부, 하체부, 도장부에서 자동차를 고쳐주었고 말끔해진 자동차를 보며 웃는 붕붕 씨를 보니 뿌뿌 씨도 기분이 좋아졌습니다.

   - 붕붕 씨의 자동차는 왜 망가졌니?

- 뿌뿌 씨는 망가진 자동차를 어떻게 고쳐주었니?
- 자동차가 고쳐지자 붕붕 씨와 뿌뿌 씨의 기분이 어땠니?

3. 자동차 정비사의 하는 일에 대해 이야기 나눈다.
   - 뿌뿌 씨는 어떤 일을 했니?
   - 자동차의 어느 부분이 고장 났는지 알아보고 고치는 사람을 자동차 정비사라고 한단다.
   - 자동차 정비사는 자동차를 어떻게 고치는 걸까?

4. 자동차 정비사의 노력에 대해서 이야기 나눈다.
   - 자동차 정비사는 언제 보람을 느낄까?
   - 자동차 정비사가 되려면 무엇을 잘 알고 있어야 할까?

확장활동

1. 유치원 버스 관찰하기(전문가 초빙)

   버스가 어떻게 움직이는지, 각 부분은 어떤 역할을 하는지 버스기사님께 여쭈어보며 버스의 구조를 관찰한다.

2. 자동차 세차하기/정비하기(바깥놀이)

   유아가 탈 수 있는 자동차를 고쳐주고, 세차를 하며 친구들이 깨끗한 자동차를 타고 놀이할 수 있도록 돕는 역할놀이를 해 본다 .

교사를 위한 도움말

- 가까운 정비소나 세차장 현장학습을 통해 정비사의 일과 보람에 대한 이야기를 듣는 기회를 가지는 것도 좋습니다.
- 쌓기놀이영역에서 고장난 장난감 자동차를 수리해 보는 놀이를 해 보는 것도 좋습니다.

'버스가 궁금해요' 질문목록

"버스는 왜 이렇게 커요?"

"버스는 왜 돈을 내고 타요?"

"버스는 비싸나요?"

"왜 비가 올 때 와이퍼가 움직여요? 어떻게 움직여요?"

"버스가 고장 나면 어떻게 해요?"

활동10 우리 할머니는 건축가예요

관련 직업
건축가

동화	우리 할머니는 건축가예요	생활주제	세계 여러 나라
진로교육개념 영역	• II. 일과 직업 세계 이해–일과 직업에 대한 인식		
활동목표	• 건축가의 직업에 관심을 갖고 집 짓는 과정을 알아본다. • 건축가와 우리 생활의 연관성을 알아보고 소중함을 느낀다.		
누리과정 관련요소	• 의사소통–듣기(동요, 동시, 동화 듣고 이해하기) • 사회관계–사회에 관심 갖기(지역사회에 관심 갖기)		
활동자료	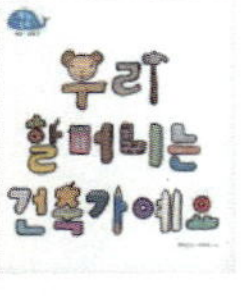 그림동화 '우리 할머니는 건축가예요' (최은숙 글, 오진욱 그림, 한얼에듀, 2012), 실물화상기, 그림 자료(설계도)		

활동방법

1. 설계도를 보며 주의집중을 한다.
   - 이 그림은 어떤 그림인 것 같니?
   - 이 그림은 누가 그렸을까?

2. 동화를 감상한 후 내용을 회상한다.

> 아이들이 점점 크면서 집이 작아졌다고 느낀 할머니는 새로운 집을 지어야겠다고 생각을 합니다. 지을 집의 도안을 그리고, 와르르 집을 부셔 새로운 집을 짓기 시작합니다. 할머니는 집이 다 지어진 후 에도 집안 구석구석을 살핍니다.

   - 할머니는 어떤 일을 하셨니?
   - 할머니가 집을 완성하기 위해 어떤 일들을 하셨니?

3. 건축가 직업에 대해 이야기 나눈다.

- 할머니의 직업은 무엇일까?
- 건축가는 어떤 일을 하는 직업이니?
- 집을 짓기 위해 무엇을 해야 될까?(설계-건설)
- 왜 설계도를 먼저 그리고 집을 짓는 걸까?

4. 건축가에 대해 새로 알게 된 점에 대해 이야기 나눈다.

- 건축가에 대해 알게 된 점은 무엇이니?
- 만약 너희가 건축가가 된다면 어떤 집(건물)을 짓고 싶니?

확장활동

1. 내가 살고 싶은 집 설계하기(미술영역)

유아들이 살고 싶은 집을 생각하며 구성하기 위한 설계도를 그려본다.

2. 집 만들기(쌓기놀이영역)

미술영역에서 그린 설계도를 보며 다양한 블록을 이용하여 집을 만들어본다.

교사를 위한 도움말

- 여러 종류의 설계도를 보며 설계도의 특징을 탐색해야 그림을 그릴 수 있습니다.

Kid's talk

꼬마 건축가들의 이야기

"장난감을 많이 보관할 수 있는 집을 만들어야지~"

"내방이 가장 넓었으면 좋겠어~"

"우리가 지나가니까 문이 금방 부서진다. 건축가는 집을 튼튼하게 만들어주는데..."

"넓게 만들어보자~ 그 대신 집에 들어오면 문을 닫는거야~"

"새로 지은 아파트입니다~ 2층에 놀러오세요"

활동11 도레미 트리오

관련 직업
음악가

동화	도레미 트리오	생활주제	환경과 생활
진로교육개념 영역	• Ⅰ. 자기이해와 사회적 역량개발－자기이해와 긍정적 자아개념 형성 • Ⅱ. 일과 직업 세계 이해－일과 직업에 대한 인식		
활동목표	• 음악가가 하는 일에 대해 관심 갖는다. • 자신이 좋아하는 일에 대해 생각해 보고, 꿈을 이루기 위해 노력하는 태도를 기른다.		
누리과정 관련요소	• 의사소통－말하기(느낌, 생각, 경험 말하기) • 사회관계－나를 알고 존중하기(나를 알기)		
활동자료	 그림동화 '도레미 트리오' (이지현 글, 전혜령 그림, 한얼교육, 2012) 실물 화상기, 동영상 '3중주 중창단'(피아노, 클라리넷, 첼로 연주영상)		

활동방법

1. '3중주 중창단' 영상을 보며 이야기 나눈다.
   - 연주를 들으니 어떤 느낌이 드니?
   - 이 사람들은 어떤 악기를 연주했니?
   - 서로 다른 세 가지 악기를 함께 연주하는 것을 '트리오'라고 해.

2. 동화 '도레미 트리오'를 듣고 내용을 회상한다.

도, 레, 미는 어렸을 때부터 다른 사람들에게 인정을 받는 연주자였습니다. 여러 선생님들은 도, 레, 미에게 더 훌륭한 선생님이 필요하다고 이야기했습니다. 도, 레, 미는 훌륭한 지휘자 코끼리선생님을 찾아 떠났습니다. 그리고 도, 레, 미는 더 멋진 연주를 하게 됩니다.

- 도, 레, 미는 왜 새로운 선생님을 찾아 떠났니?
- 음악가에게 필요한 마음가짐은 무엇이었니?
- 더 훌륭한 연주를 하기 위해 도, 레, 미는 어떤 노력이 필요했을까?
- 도, 레, 미가 노력을 하지 않았으면 어떻게 됐을까?

3. 내가 좋아하는 것에 대해 이야기 나누며 자신의 꿈에 대해 생각해 본다.
   - 내가 좋아하는 것은 무엇일까?
   - 노력을 해서 더 잘하게 된 경험이 있니?
   - 나의 꿈을 이루기 위해 어떤 노력이 필요할까?

확장활동

1. 꿈을 찾아주는 기자가 되어요(언어영역)

   유아들이 친구의 꿈을 조사 한 후 신문에 소식을 적어 다른 친구에게 알리는 기자 놀이를 한다.

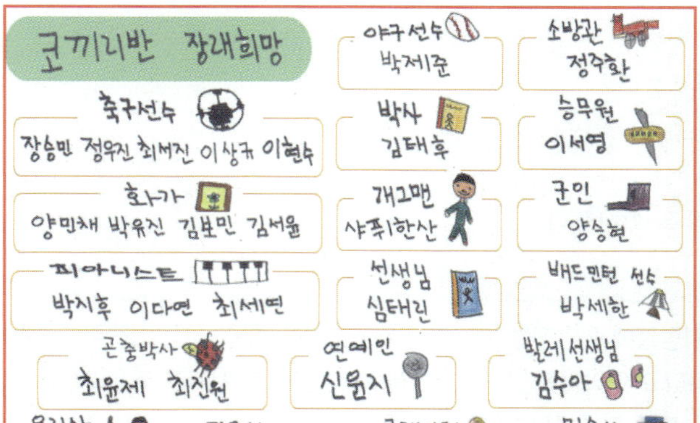

교사를 위한 도움말

- 취재한 내용을 우리반 문집(추억집)형태로 만들어 1년을 마무리 하면서 모든 친구들과 나누어 가질 수도 있습니다.
- 언어영역에서 나의 꿈과 꿈을 이루기 위해 노력을 적은 후 반 친구들의 활동 결과를 모아 '우리 반 친구들의 꿈' 책을 만들어 보아도 좋습니다.

Chapter

08 역할놀이를 통한 유아진로교육의 실제

번호	생활주제	역할놀이	관련 직업	확장활동	진로교육 영역
1	우리 동네	내가 바로 요리사	요리사, 요리연구가	미술–음식모형 만들기 요리–건강요리 대회	Ⅰ, Ⅱ
2	동 · 식물과 자연	캠핑을 가요	탐험가, 모험가, 캠핑전문가	미술–캠핑음식 만들기 바깥놀이–유치원에 사는 곤충 탐험	Ⅰ, Ⅳ
3	건강과 안전	건강 주스 팔아요	가게 점원, 요리연구가	언어, 미술–주스 광고, 전단지 만들기 과학–색 혼합놀이 현장체험–주스가게 방문하기	Ⅱ, Ⅲ
4	건강과 안전	어디가 아프신가요?	의사, 간호사, 약사	현장체험–치과 검진 전문가 초빙–의사선생님을 만나요	Ⅱ, Ⅲ
5	생활도구	행복을 파는 빵가게	제빵사, 제과제빵사	요리–나만의 빵과 쿠키 만들기 역할놀이–맛있는 쿠키 맛보세요	Ⅲ, Ⅳ
6	생활도구	나는야 슈퍼모델	모델, 디자이너, 코디네이터	토의–어떤 옷으로 변신할까? 미술–헌옷들의 변신	Ⅱ, Ⅲ
7	생활도구	하나 둘 셋 찰칵 사진관 놀이	사진사	미술–사진액자 만들기 바깥놀이–사진 전시회	Ⅰ, Ⅲ
8	생활도구	어린이 도서관 놀이	사서	미술–내가 좋아하는 동화 속 장면 그리기 언어–제목이 가장 긴 동화책 찾기 언어–오늘의 추천도서 정하기	Ⅲ, Ⅳ
9	우리나라	에헤라디야 전통공연	전통공연가	신체–전통춤 전문가 초빙–국악무용가와 만나요	Ⅱ, Ⅲ
10	우리나라	꼬마신랑, 꼬마신부	혼례도우미	미술–음식, 족두리, 사모, 병풍 만들기 쌓기놀이–혼례식장 구성하기	Ⅱ, Ⅳ
11	환경과 생활	신기한 그림자 실험실	과학자	바깥놀이–그림자 밟기 놀이 동극, 역할놀이–그림자 인형극, 동극 미술, 바깥놀이–색돋보기 만들기 과학–라이트테이블에서 그려요	Ⅱ, Ⅲ

*진로교육 영역: Ⅰ. 자기이해와 사회적 역량 계발, Ⅱ. 일과 직업 세계 이해, Ⅲ. 진로탐색, Ⅳ. 진로디자인과 준비

활동1 내가 바로 요리사

관련 직업: 요리사, 요리연구가

생활주제	우리 동네
진로교육개념 영역	Ⅰ. 자기이해와 사회적 역량 개발-다른 사람과의 긍정적인 상호작용 Ⅱ. 일과 직업 세계 이해-일과 직업에 대한 인식
활동목표	• 요리사가 하는 일을 안다. • 친구의 의견을 존중하고 협력하여 놀이한다.
누리과정 관련요소	• 자연탐구-과학적 탐구하기(간단한 도구와 기계 활용하기) • 사회관계-다른 사람과 더불어 생활하기(공동체에서 화목하게 지내기)
활동자료	만든 음식 모형, 메뉴판, 앞치마, 요리사 모자, 조리도구 등

활동방법

1. 요리사를 만나 본 경험을 나누며, 요리사가 하는 일에 대해 알아본다.
   - 음식점에서 요리사를 본 적이 있니?
   - 요리사인 것을 어떻게 알 수 있었니?
   - 요리사는 음식을 만들 때 어떤 것을 생각할까?

2. 음식점 놀이에 필요한 것에 대해 이야기 나눈다.
   - 음식점 놀이에 필요한 것은 무엇이니?(간판, 메뉴판, 음식 등)
   - 어떤 도구가 필요하니?

3. 음식점 놀이에 필요한 것을 만든다.
   - 음식은 무엇으로 만들면 좋을까?
   - 요리를 할 때는 어떤 도구가 필요할까?
   - 메뉴판에는 무엇을 적어야 할까?

4. 역할놀이 영역에서 음식점 놀이를 한다.
   - 역할은 어떻게 나누면 좋을까?
   - 요리하는 곳은 어디로 정할까?
   - 손님이 오면 뭐라고 말할까?
   - 음식을 만든 요리사에게 어떤 인사를 하면 좋을까?

5. 놀이 후 활동을 회상한다.
   - 요리사가 되어보니 어땠니?
   - 만약 혼자서 요리를 한다면 어떨 것 같니?
   - 진짜 요리사가 된다면 어떤 음식을 만들어 보고 싶니?

확장활동

1. 건강요리대회(요리)

   친구들과 함께 건강한 음식 만들기를 계획하고 만든 후, 음식을 나누어 먹으며 서로의 생각을 격려한다.

2. 음식모형 만들기(미술영역)

클레이점토와 다양한 만들기 재료를 이용하여 음식모형을 만들어본다.

교사를 위한 도움말

- 음식점 놀이를 하며 식사예절을 익히고, 요리사에 대한 고마운 마음을 표현해 봅니다.
- 친구와 함께 만든 음식을 소개할 때, 음식의 이름과 사용한 재료를 소개하며 건강과 음식에 대한 생각을 표현해 보도록 하면 좋습니다.
- 요리대회를 마치며 요리연구가상을 주어 결과에 대한 뿌듯함과 성취감을 느끼도록 해 주면 좋습니다(깔끔상, 꾸미기상, 건강상, 협동상 등).

활동2

캠핑을 가요

관련 직업
탐험가, 모험가, 캠핑전문가

생활주제	동 · 식물과 자연
진로교육개념 영역	Ⅰ. 자기이해와 사회적 역량 개발－다른 사람과의 긍정적인 상호작용 Ⅳ. 진로디자인과 준비－계획과 실천의 중요성 인식
활동목표	• 친구와 함께하는 캠핑놀이를 즐겁게 참여한다. • 캠핑놀이에 필요한 것을 직접 만들어 놀이해 본다.
누리과정 관련요소	• 사회관계－다른 사람과 더불어 생활하기(친구와 사이좋게 지내기) • 예술경험－예술적 표현하기(미술활동으로 표현하기)
활동자료	텐트, 돗자리, 캠핑의자, 테이블, 캠핑등, 코펠, 수저, 젓가락, 포크, 비상약품통(장난감), 화로대, 캠핑음식, 접시, 모자, 선글라스, 가방, 수건, 장갑, 곤충채집통, 잠자리채, 루페, 곤충 눈, 망원경 등

활동방법

1. 캠핑을 다녀온 경험을 이야기 나눈다.
   - 캠핑을 가본 적 있니?
   - 캠핑을 갈 때 무엇을 가지고 갔었니?
   - 캠핑에 가서 무엇을 했었니?

2. 캠핑놀이에 필요한 물건을 알아본다.
   - 캠핑놀이를 하려면 무엇이 필요하니?
   - 집에서 사용해 본 물건(그릇, 이불, 의자)과 어떤 점이 다른 것 같니?
   - 캠핑놀이에 필요한 것들 중 우리가 만들 수 있는 것은 무엇이 있을까?

3. 캠핑놀이에 필요한 것과 놀이 방법에 대해 알아본다.
   - 캠핑놀이를 하려면 무엇이 필요할까?

- 캠핑놀이에 필요한 역할은 무엇이 있을까?
- 몇 명의 친구가 함께 놀이하면 좋을까?
- 캠핑장은 어디에 꾸밀까?
- 음식은 무엇으로 만들면 좋을까?

4. 친구들과 즐겁게 캠핑놀이를 한다.
   - 캠핑을 오니 무엇을 하고 싶니?
   - 어떤 음식을 만들어 먹으면 좋을까?
   - 어떤 놀이를 하고 싶니?

5. 놀이 후 활동을 평가한다.
   - 캠핑놀이를 해 보니 어땠니?
   - 어떤 소품을 사용했던 것이 가장 기억에 남니?
   - 놀이를 하면서 더 필요한 준비물이 있었니?

확장활동

1. 캠핑음식 만들기(미술영역)

캠핑에 가면 먹을 수 있는 여러 가지 음식을 클레이 점토로 만들어 놀이에 활용한다.

2. 유치원에 사는 곤충 탐험(바깥놀이)

루페, 곤충채집통, 잠자리채, 망원경 등을 이용하여 유치원 마당에 사는 곤충을 채집하고 관찰한다.

교사를 위한 도움말

- 캠핑놀이를 하며 주변의 자연을 탐색할 수 있도록 채집도구와 관찰도구(루페 등)를 함께 제시해 주면 좋습니다.
- 캠핑장에서 쉬며 읽을 수 있는 책을 준비하거나 탐험가이드북을 아이들과 함께 만들어 제시해 주시면 더 재미있게 놀이할 수 있습니다.
- 여유 공간이 있을 경우, 교실 밖이나 데크에 캠핑장을 마련해 준다면 자연과 가까이 있어 좀 더 자유롭게 캠핑놀이를 즐길 수 있습니다.

활동3 건강 주스 팔아요

관련 직업
가게 점원
요리연구가

생활주제	건강과 안전
진로교육개념 영역	II. 일과 직업 세계 이해－일에 대한 긍정적인 태도 III. 진로탐색－직업정보의 탐색
활동목표	• 건강주스에 대한 서로의 생각을 존중한다. • 요리연구가와 가게 점원이 되어 주스가게 놀이를 한다.
누리과정 관련요소	• 신체운동 · 건강－건강하게 생활하기(바른 식생활하기) • 의사소통－말하기(느낌, 생각, 경험 말하기)
활동자료	주스가게 전경 사진, 메뉴판, 물감 탄 물(또는 색블럭)

활동방법

1. 요리활동을 회상하며 이야기 나눈다.
   - 친구들과 과일을 갈아서 주스로 만들어 먹어보니 어땠니?
   - 어떤 주스를 먹어보았니?
   - 과일주스를 또 어디에서 먹을 수 있을까?
   - (사진을 보며) 이 주스가게는 어떤 주스를 팔고 있니?
   - 우리도 건강주스를 파는 주스가게 놀이를 해 볼까?

2. 주스가게 놀이에 필요한 것에 대해 이야기 나눈 후 준비한다.
   - 주스가게 놀이를 하려면 무엇이 필요할까?
   - 건강주스는 무엇으로(어떻게) 만들까?
   - 메뉴판은 어떻게 만들면 좋을까?
   - 가게 이름은 무엇으로 할까?

3. 역할놀이 영역에서 건강주스가게 놀이를 한다.

- 점원은 무슨 일을 할까?
- 주문을 할 때 지켜야 할 약속은 무엇이 있을까?
- 손님이 가게에 찾아오게 하려면 무엇이 필요할까?

4. 놀이 후 활동을 회상한다.

- 어떤 주스를 먹어보았니?
- 어떤 주스가 가장 많이 팔렸니?
- 주스가게의 점원이 되어보니 어땠니?
- 놀이를 할 때 더 필요한 것은 없었니?

확장활동

1. 주스광고 전단지 만들기(언어, 미술활동)

주스를 광고할 수 있는 문구와 그림을 생각하여 광고전단지를 만든다.

2. 색 혼합놀이(과학영역)

물감을 이용하여 여러 가지 색이 혼합이 되는 과정을 탐색해 보는 활동을 한다.

3. 주스가게 방문하기(현장체험)

주스가게를 직접 방문하여 주문을 해 보며 점원의 역할에 대해 알아본다.

교사를 위한 도움말

- 유치원에 있는 블록을 활용하여 과일주스를 연상하며 메뉴판과 주문서를 만들 수 있습니다.
- 주스의 맛이나 과일 이름을 이용하여 주스가게 메뉴를 다양하게 만들 수 있습니다(새콤달콤주스, 베리베리주스).

활동4 어디가 아프신가요?

관련 직업
의사, 간호사, 약사

생활주제	건강과 안전
진로교육개념 영역	II. 일과 직업 세계의 이해–일에 대한 긍정적 태도 III. 진로탐색–직업정보의 탐색
활동목표	• 의사와 간호사가 하는 일을 알고 병원놀이에 즐겁게 참여한다. • 의사와 간호사는 우리 생활에 꼭 필요한 직업임을 알고 소중함을 느낀다.
누리과정 관련요소	• 사회관계–사회에 관심 갖기(지역사회에 관심 갖고 이해하기) • 의사소통–말하기(느낌, 생각, 경험 말하기)
활동자료	병원놀이 도구, 흰 셔츠, 건강보험증, 가루 낸 과자, 젤리, 우유, 주스, 간판 등

활동방법

1. 손 인형을 통해 감기에 걸린 친구의 이야기를 듣고, 병원에 가본 경험에 대해 이야기 나눈다.
   – '감기에 걸린 친구'의 이야기를 잘 들어보았니?
   – 친구를 도와줄 수 있는 방법에는 무엇이 있을까?
   – 너희도 감기에 걸려 병원에 가 본 적 있니?
   – 감기에 걸려 병원에 가면 의사선생님/간호사 선생님이 무엇을 해 주시니?
   – 또 다른 곳이 아파서 병원에 가 본 적이 있니?

2. 의사, 간호사, 약사가 하는 일에 대해 이야기 나눈다.
   – 병원에 가면 어떤 분들이 계실까?
   – 의사 선생님은 무엇을 도와주시니?
   – 간호사 선생님은 무엇을 도와주실까?
   – 약은 어디에서 받을 수 있니?

3. 병원놀이에 필요한 것과 놀이방법에 대해 알아본다.
- 병원놀이를 하려면 무엇이 필요할까?
- 병원놀이에 필요한 역할은 무엇이 있을까?
- 간호사가 없다면 어떻게 될까?
- 약은 무엇으로 하면 좋을까?

4. 병원놀이에 필요한 것을 만든다.
- 의사선생님이 사용하시는 도구에는 무엇이 있을까?
- 간판은 무엇으로 만들면 좋을까?

5. 역할놀이 영역에서 병원놀이를 한다.
- 병원놀이에서 지켜야 하는 약속은 무엇이 있을까?
- 건강보험증은 언제 필요할까?

6. 놀이 후 활동을 회상한다.
- 어떤 역할을 해 보았니?
- 놀이를 할 때 더 필요한 것은 없었니?
- 의사와 간호사가 없다면 어떨까?
- 의사와 간호사가 손님을 대할 때, 어떤 마음일까?

확장활동

1. 치과검진(현장체험)

치과에 가서 구강검진을 받으며 치과의사와 간호사가 하는 일과 궁금한 점을 알아본다.

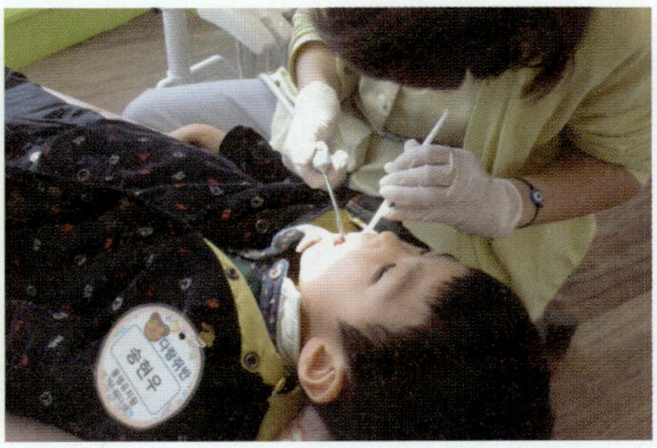

2. 의사선생님을 만나요(전문가 초빙)

학부모 재능기부로 의사(간호사)를 초대하여 궁금한 점을 질문해 보며 의사와 간호사가 하는 일에 대해 알아본다.

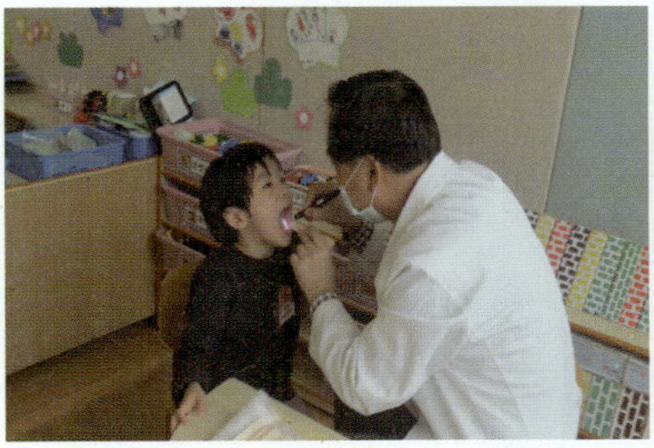

교사를 위한 도움말

- 약을 대신하여 과자를 가루로 내거나, 비타민, 젤리 등을 이용할 수 있으며, 물약은 주스나 우유를 활용하면 좋습니다.
- 병원놀이를 확장하는 경우, 병원놀이 도구가 많이 필요하므로 가정과 연계하여 가정에서 병원놀이 도구와 흰 셔츠 등을 가져오면 좋습니다.

활동5 행복을 파는 빵가게

관련 직업
제빵사,
제과제빵사

생활주제	생활도구
진로교육개념 영역	Ⅲ. 진로탐색 – 직업정보의 탐색 Ⅳ. 진로디자인과 준비 – 계획과 실천의 중요성 인식
활동목표	• 제빵사가 하는 일을 안다. • 자신이 만들고 싶은 빵을 만들어 판매해 본다.
누리과정 관련요소	• 사회관계 – 나를 알고 존중하기(나의 일 스스로 하기) • 사회관계 – 사회에 관심 갖기(지역사회에 관심 갖고 이해하기)
활동자료	점토로 만든 다양한 빵, 접시, 집게, 믹서기, 오븐, 장갑, 지갑, 동전, 계산대, 앞치마, 요리모자, 종이봉투, 종이호일

활동방법

1. 동화를 회상하며 이야기 나눈다.
   - 문어베이커리 동화를 기억하고 있니?
   - 문어 아저씨는 무슨 일을 하시니?
   - 빵을 만드는 일을 하는 사람을 뭐라고 부를까?
   - 빵을 만들 때 문어 아저씨 마음은 어땠을까?

2. 빵가게 놀이를 하기 위해 필요한 것에 대해 이야기 나눈다.
   - 빵가게 놀이를 하려면 무엇이 필요할까?
   - 만약 내가 제빵사라면 어떤 빵을 만들고 싶니?
   - 빵가게 이름은 무엇이라고 하면 좋을까?
   - 빵가게 놀이를 하기 위해 더 필요한 것이 있니?

3. 빵가게 놀이를 하기 위해 지켜야 할 약속을 알아본다.

- 빵가게 놀이를 즐겁게 하기 위해 어떤 약속이 필요할까?
- 제빵사, 판매원, 손님은 몇 명씩 정해 놀이하면 좋을까?

4. 역할놀이에서 빵가게 놀이를 한다.

- 어떤 빵을 만들고 싶니?
- 무엇으로 빵을 만들면 좋을까?
- 무슨 빵을 사고 싶니? 얼마를 내야 할까?
- 구입한 빵은 어디서 먹을까?

5. 놀이 후 활동을 평가한다.

- 제빵사가 되어보니 어땠니?
- 내가 만든 빵을 손님이 사갈 때(맛있다고 할 때) 기분이 어땠니?
- 놀이를 하기 위해 더 필요한 준비물이 있었니?

확장활동

1. 나만의 빵과 쿠키 만들기(요리)

여러 가지 도구를 사용하여 맛있는 빵과 쿠키를 만들어본다.

2. 맛있는 쿠키 맛 보세요(역할놀이영역)

친구에게 나누어 주고 싶은 빵과 쿠키(웃음이 나는 쿠키, 사랑하는 쿠키 등)를 직접 만들고, 초대장을 보내 함께 나누어 먹는다.

교사를 위한 도움말

- 점토로 만든 쿠키를 교사가 견고하게 글루건으로 고정시켜주면 모양이 망가지지 않아 놀이에 활용하기 좋습니다.
- 초대장을 직접 형님반, 선생님께 전달해 초대하면 더 많은 성취감을 느낄 수 있습니다.

활동6

나는야 슈퍼모델

관련 직업

모델, 디자이너, 코디네이터

생활주제	생활도구
진로교육개념 영역	II. 일과 직업 세계 이해-일에 대한 긍정적 태도 III. 진로탐색-직업정보의 탐색
활동목표	• 패션쇼에서 맡은 일에 최선을 다해 참여한다. • 모델이 하는 일에 대해 관심을 가진다.
누리과정 관련요소	• 사회관계-나를 알고 존중하기(나의 일 스스로 하기) • 사회관계-사회에 관심 갖기(지역사회에 관심 갖고 이해하기)
활동자료	여러 가지 의상, 모자, 선글라스, 스카프, 구두, 운동화, 액세서리(여러 가지 소품), 패션쇼 음악, 포토존, 걸어가는 길, 패션쇼 배경, 간판, 반짝이 모빌, 카메라

활동방법

1. 패션쇼 영상을 보며 이야기 나눈다.
   - 무엇을 하는 모습 같니?
   - 멋진 옷을 보여주는 것을 '패션쇼'라고 한단다.
   - 옷을 입은 사람은 누구일까?
   - 패션쇼를 보고 있는 사람들은 무슨 생각을 하고 있을까?
   - 어떤 옷을 입어보고 싶니?
   - 어떤 포즈를 취해 보고 싶니?

2. 패션쇼를 위해 필요한 것에 대해 이야기 나눈다.
   - 패션쇼를 하기 위해 무엇이 필요하니?
   - 옷은 어떻게 꾸미면 좋을까?
   - 옷을 갈아입는 곳은 어디로 하면 좋을까?

- 패션쇼의 이름은 무엇이라고 할까?
- 무대(관객석)는 어디에 만들까?

3. 역할 영역에서 패션쇼를 한다.

- 모델은 패션쇼 준비를 마친 후 어디에서 기다릴까?
- 시작은 누가 알려줄까?(사회자)
- 모델은 어떻게 걸어갈까?
- 멋진 포즈는 어디에서 할까?
- 포즈를 취하면 사진은 누가 찍어줄까?(사진작가)

4. 놀이 후 활동을 회상한다.

- 패션쇼를 해 보니 어떤 점이 재미있었니?
- 모델처럼 걸어보니 어땠니?
- 관객이 되어 패션쇼를 관람해 보니 어땠니?

확장활동

1. 어떤 옷으로 변신할까?(토의)

헌옷을 활용하여 만들고 싶은 옷을 친구들과 함께 의논하며 도화지에 디자인해 본다.

2. 헌옷들의 변신(미술영역)

'작업실'을 만들어 자유롭게 옷을 리폼하고 디자인한다.

교사를 위한 도움말

- 패션쇼놀이에 필요한 의상, 액세서리, 소품 등 가정통신문으로 안내한 후 가정의 협조를 받으면 다양하게 준비할 수 있습니다.
- 유아가 만든 소품, 의상을 활용하면 유아가 다양한 연출을 하는 데 도움이 되며 유아들의 창의적인 생각을 반영할 수 있습니다.
- 놀이가 확장되면 교실 전체에 패션쇼 장을 만들고 다른 반 친구나 교사를 초대하여 패션쇼 공연을 할 수 있습니다.

활동7 하나 둘 셋 찰칵 사진관 놀이

관련 직업
사진사

생활주제	생활도구
진로교육개념 영역	Ⅰ. 자기이해와 사회적역량 개발–다른 사람과의 긍정적인 상호작용 Ⅲ. 진로탐색–직업정보의 탐색
활동목표	• 사진사가 하는 일에 대해 알아보고 사진관 놀이를 한다. • 친구의 의견을 존중하고 서로 도우며 놀이에 필요한 것을 준비한다.
누리과정 관련요소	• 사회관계–사회에 관심 갖기(지역사회에 관심 갖고 이해하기) • 의사소통–말하기(느낌, 생각, 경험 말하기)
활동자료	사진관 간판, 카메라, 촬영배경, 다양한 꾸미기 소품(가발, 안경 등)

활동방법

1. 사진을 감상하며 사진이 있어 좋은 점에 대해 이야기 나눈다.
   - 이 사진은 언제 찍은 걸까?
   - 우리가 나온 사진을 보니 어떠니?
   - 왜 사람들은 사진을 찍을까?
   - 사진이 있으면 어떤 점이 좋을까?

2. 사진사가 하는 일에 대해 이야기를 나눈다.
   - '사진관'에 가본 적 있니?
   - 사진사는 어떤 일을 할까?
   - 사진사는 어떤 사진을 찍어주실까?
   - 만약 우리가 사진관을 만든다면, 친구들에게 어떤 사진을 찍어주는 사진사가 되고 싶니?

3. 사진관 놀이에 필요한 것과 놀이방법에 대해 이야기 나눈다.
   - 사진관 놀이를 하려면 무엇이 필요할까?
   - 사진관 이름은 무엇으로 할까?
   - 사진관에서 어떤 사진을 찍어줄지 친구와 함께 정해 보자.
   - 사진관의 손님은 몇 명으로 할까?

4. 사진관 놀이에 필요한 것을 만든다.
   - 간판은 무엇으로 만들어볼까?
   - 촬영배경은 어떻게 만들 수 있을까?

5. 역할놀이 영역에서 사진관 놀이를 한다.
   - 분장실에서는 무슨 일을 할까?
   - 사진을 찍을 때 지켜야 할 약속은 무엇이 있을까?
   - 손님이 사진관에 찾아오게 하려면 무엇이 필요할까?

6. 놀이 후 활동을 회상한다.
   - 어떤 사진을 찍어보았니?
   - 우리가 찍은 사진은 친구에게 어떻게 전해 주면 좋을까?
   - 사진사가 되어 친구들의 모습을 찍어보니 어땠니?
   - 놀이를 할 때 더 필요한 것은 없었니?

확장활동

1. 사진 액자 만들기(미술영역)

역할놀이에서 찍은 사진을 뽑아 액자를 꾸민다.

2. 사진 전시회(바깥놀이)

유아들이 직접 찍은 사진을 모아 사진 전시회를 연다.

교사를 위한 도움말

- 다양한 기법(합성사진, 셀로판지를 활용한 사진, 물체의 거리를 다르게 하여 찍은 사진, 어플을 활용한 사진 등)을 활용하여 사진을 찍어 볼 수 있습니다.
- 가발, 안경 등 다양한 소품을 준비하여 흥미를 높일 수 있으며 분장사 역할도 사진관에서 함께해 볼 수 있습니다.

활동8 어린이 도서관 놀이

관련 직업
사서

생활주제	생활도구
진로교육개념 영역	Ⅲ. 진로탐색–직업정보의 탐색 Ⅳ. 진로디자인과 준비–의사결정의 중요성 인식
활동목표	• 도서관 사서가 하는 일을 알고 도서관 놀이를 한다. • 자신의 역할과 책임을 알고 실천하는 태도를 기른다.
누리과정 관련요소	• 사회관계–사회에 관심 갖기(지역사회에 관심 갖고 이해하기) • 사회관계–나를 알고 존중하기(나의 일 스스로 하기)
활동자료	다양한 책, 도서 회원증, 도서관 간판

활동방법

1. 도서관에 가본 경험과 사서가 하는 일에 대해 이야기 나눈다.
   - 도서관에 가 본 적 있니?
   - 도서관에서 책은 어떻게 보거나 빌릴 수 있니?
   - 도서관에는 누가 일하고 계실까?
   - 도서관의 '사서'는 어떤 일을 할까?

2. 도서관 놀이에 필요한 것과 놀이방법에 대해 이야기 나눈다.
   - 도서관 놀이를 하려면 무엇이 필요할까?
   - 도서관 놀이에 필요한 역할은 무엇이 있을까?
   - 사서는 무엇을 하면 좋을까?
   - 만약 도서관에 사서가 없다면 어떻게 될까?
   - 도서관의 책은 어떻게 꽂아둘지 친구와 함께 정해 보자.

3. 도서관 놀이에 필요한 것을 만든다.
  - 도서 검색대나 컴퓨터는 무엇으로 만들 수 있을까?
  - 도서관의 회원증은 어떻게 할까?

4. 역할놀이 영역에서 도서관 놀이를 한다.
  - 도서관에서 지켜야 하는 약속은 무엇이 있을까?
  - 도서 회원증은 언제 필요할까?

5. 놀이 후 활동을 회상한다.
  - 어떤 책을 읽어 보았니?
  - 사서의 역할을 하면서 어떤 생각을 하게 되었니?
  - 힘들거나 즐거웠던 점은 무엇이니?

확장활동

1. 내가 좋아하는 동화 속 장면 그리기(미술영역)

   내가 좋아하는 동화 속 장면을 그림으로 그려보고 소개한다.

2. 제목이 가장 긴 동화책 찾기(언어영역)

   동화책 중 제목이 가장 긴 동화를 찾아서 적어본다.

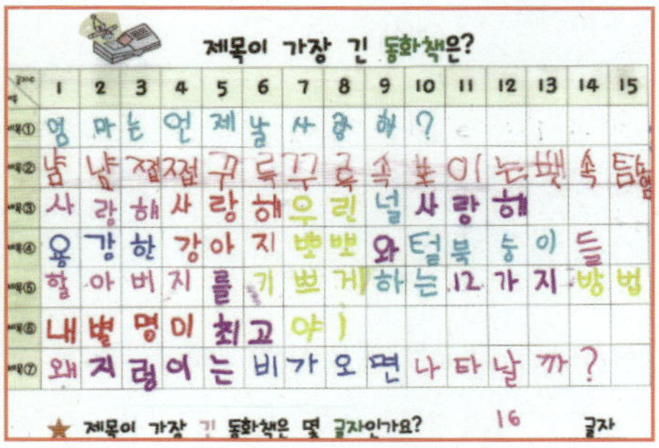

3. 오늘의 추천도서 정하기(언어영역)

   사서역할을 맡은 유아가 오늘의 동화를 선정하여 친구들에게 추천해 준다.

교사를 위한 도움말

- 가정과 연계하여 친구들에게 소개하고 싶은 좋은 책이나 다양한 종류의 책을 가져오면 도서관의 책이 더욱 다양해져 유아들의 책에 대한 관심을 높일 수 있습니다.
- 도서관 놀이는 책읽기에도 도움이 되지만, 사서의 역할을 경험함으로써 자신의 역할을 알고 책임감 있게 실천해 보는 태도를 기르는 데 도움이 됩니다.

활동9 에헤라디야 전통공연

관련 직업
전통공연가

생활주제	우리나라
진로교육개념 영역	II. 일과 직업 세계 이해-일과 직업에 대한 인식 III. 진로탐색-직업정보의 탐색
활동목표	• 우리나라 전통문화의 가치를 알고 전통무용가에 대해 관심을 갖는다. • 우리의 전통문화를 사랑하고 계승하기 위해 노력하는 사람이 있음을 안다.
누리과정 관련요소	• 사회관계-다른 사람과 더불어 생활하기(친구와 사이좋게 지내기) • 사회관계-사회에 관심 갖기(지역사회에 관심 갖고 이해하기)
활동자료	오고무 동영상(한국문화재재단 예술단), 소고, 역할놀이 틀, 공연장, 전통음악 CD, 카세트 등

활동방법

1. 전통공연 '오고무' 동영상 자료를 보고, 보고 난 느낌을 이야기 나눈다.
   - 우리나라 전통 춤인 '오고무'라는 공연이란다.
   - 동영상에서 무용수는 어떻게 춤을 추었니?
   - 춤을 추는 사람은 어떤 악기를 두드렸니?
   - 공연을 보니, 어떤 느낌이 들었니?
   - 무용수들은 왜 '오고무' 공연을 했을까?

2. 전통공연을 하기 위해 필요한 역할과 도구에 대해 이야기 나눈다.
   - 오고무 놀이를 하려면 무엇이 필요할까?
   - 친구들에게 공연을 보여주기 위해 준비해야 하는 것은 무엇일까?

3. 전통공연 놀이를 하기 위해 지켜야 할 약속에 대해 이야기 나눈다.
   - 친구들과 즐겁게 놀이하기 위해 어떤 약속이 필요할까?

- 몇 명의 친구가 함께 놀이하면 좋을까?
- 공연의 시작은 어떻게 알려줄 수 있을까?

4. 친구들과 즐겁게 전통공연 놀이를 한다.
   - 공연을 보는 관객은 무엇을 하면 좋을까?

5. 놀이 후 활동을 평가한다.
   - 오고무 놀이를 해 보니 어땠니?
   - 전통공연 놀이를 하며 어려운 점은 없었니?
   - 놀이를 하면서 더 필요한 것이 있었니?
   - 무용수들은 어떻게 멋진 공연을 할 수 있었을까?
   - 우리의 아름다운 춤을 지키기 위해 어떤 노력이 필요할까?

확장활동

1. 전통 춤(신체)

   전통음악에 맞춰 구조화된 율동을 연습하고 공연해 본다.

2. 국악 무용가와 만나요(전문가 초빙)

전통 무용가를 초대하여 궁금한 점을 질문하고 전통무용을 감상한다.

교사를 위한 도움말

- 인형극틀에 소고의 높이를 다르게 달아주면 오고무 공연 놀이를 쉽게 할 수 있습니다.
- 벽면에 오고무 공연 장면의 사진을 게시하면, 유아들이 다양한 동작으로 표현하는 데 도움이 됩니다.

찾아가는 음악회 정보

- 성남 시립 국악단
- 전화번호: 031)729-4810
- 홈페이지: http://www.sn-pac.or.kr (성남예술단홈페이지)
- 비고: 각 지역의 시청 홈페이지에서 '찾아가는 음악회' 신청 가능

활동10 꼬마신랑, 꼬마신부

관련 직업
혼례도우미

생활주제	우리나라
진로교육개념 영역	II. 일과 직업 세계 이해-일에 대한 긍정적 태도 형성 IV. 진로디자인-계획과 실천의 중요성 인식
활동목표	• 우리의 전통혼례문화에 대해 관심을 갖는다. • 전통혼례 도우미의 역할에 대해 알고 체험한다.
누리과정 관련요소	• 사회관계-사회에 관심 갖기(우리나라에 관심 갖고 이해하기) • 예술경험-예술적 표현하기(극놀이로 표현하기)
활동자료	전통혼례 영상, 혼례복, 족두리, 음식, 장구, 대본(혼례순서) 등

활동방법

1. 전통혼례 영상을 감상한 후, 전통혼례문화에 대해 이야기 나눈다.
   - 우리나라의 전통혼례를 본 적이 있니? (전통혼례를 감상한다.)
   - 사람들이 어떤 옷을 입고 있니?
   - 상 위에는 어떤 것들이 있니?
   - 신랑 신부 말고 또 어떤 사람들이 있었니?

2. 전통혼례놀이에 필요한 것에 대해 이야기 나누며 함께 준비한다.
   - 혼례놀이를 하려면 무엇이 필요할까? (음식, 소품)
   - 어떤 역할이 필요할까? (신랑, 신부, 사회, 도우미, 하객, 연주가)
   - 음식은 무엇으로(어떻게) 만들까?
   - 결혼식 순서는 어떻게 기억할 수 있을까?
   - 어떤 악기로 연주하는 것이 좋을까?
   - 신랑 · 신부에게 어떤 도움을 주어야 할까?

3. 전통혼례 놀이를 한다.

– 어떤 역할을 해 보고 싶니?

- 사회자: 전통혼례 순서를 알려주며 진행한다.
- 혼례도우미: 신랑, 신부 혼례 진행을 도와준다.
- 연주가: 전통악기를 연주하며 축하한다.
- 하객: 혼례를 감상하고 혼례가 끝나면 음식을 나누어 먹는다.

– 혼례 순서는 누가(어떻게) 알려줄까?

- 신랑, 신부가 입장한다. → 신랑, 신부 각각 절을 한다. → 신랑, 신부 차를 마신다. → 기러기 나무 인형을 서로 주고받는다. → 하객들에게 인사한 후 음식을 나누어 먹는다.

4. 놀이 후 활동을 회상한다.

– 전통혼례 놀이를 할 때 어떤 역할이 가장 재미있었니?

– 혼례 도우미를 할 때 어려운 점은 없었니?

– 사회자가 없다면 어떨까?

– 놀이를 할 때 더 필요한 것은 없었니?

확장활동

1. 음식 만들기(미술영역)

혼례상에 필요한 음식(곶감, 배, 사과, 밤, 대추)을 다양한 재료로 만들어본다(천사점토, 아이클레이, 스티로폼 공, 한지 등).

2. 족두리, 사모, 병풍 만들기(미술영역)

혼례상 주변의 세워 놓는 병풍과 족두리, 사모를 함께 준비한다.

3. 혼례식장 구성하기(쌓기놀이영역)

다양한 블록을 이용하여 혼례식장을 구성해 본다.

교사를 위한 도움말

- 전통혼례에 대한 사전 경험이 부족하므로 동영상 또는 현장체험을 통해 탐색하는 시간이 반드시 필요합니다.
- 유아의 수준에 맞게 혼례 순서를 조절해 보는 것이 필요합니다.
- 옛날과 오늘날의 결혼식을 비교해 보며 역할놀이를 해 보아도 재미있어요.

꼬마신랑 꼬마신부

활동11 신기한 그림자 실험실

관련 직업
과학자

생활주제	환경과 생활
진로교육개념 영역	Ⅱ. 일과 직업 세계 이해－일과 직업에 대한 인식 Ⅲ. 진로탐색－직업정보의 탐색
활동목표	• 과학자가 하는 일에 대해 알아보며 소중함을 느낀다. • 그림자에 대한 호기심을 가지고 다양한 방법으로 탐색한다.
누리과정 관련요소	• 자연탐구－탐구하는 태도 기르기(탐구과정 즐기기) • 사회관계－다른 사람과 더불어 생활하기(친구와 사이좋게 지내기)
활동자료	OHP기계, 환등기, 광목천, 손전등, 스탠드, 탐색할 물건들

활동방법

1. 빛과 그림자를 찾아보며 궁금한 점에 대해 생각해 본다.
   - 우리 교실에서 그림자를 찾아보자.
   - 그림자를 또 어디에서 보았니?
   - 그림자는 어떻게 생기는 것일까?
   - 빛이 없다면 어떨 것 같니?
   - 빛은 어디에 있을까?
   - 또 어떤 점이 궁금하니?

2. 과학자가 하는 일에 대해 알아본다.
   - 궁금한 점을 알아보는 일을 하는 사람은 누구일까?
   - 과학자가 되어 그림자에 대한 궁금한 점을 알아볼까?
   - 궁금한 점을 어떤 방법으로 알아볼 수 있을까?

3. 빛과 그림자 실험을 하며 궁금한 점을 알아본다.
   - 빛을 어떻게 만들 수 있을까?

- 그림자의 크기는 왜(어떻게) 달라질까?
- 다른 방향에서 그림자를 만들 수 있을까?
- 그림자를 여러 개 만들 수 있을까?
- 여러 가지 색의 그림자도 만들 수 있을까?

4. 알게 된 점을 함께 나눈다.
   - 놀이를 하면서 무엇을 알게 되었니?
   - 알게 되니 어떤 기분이 들었니?
   - 더 궁금한 점이 있니?
   - 과학자가 없다면 어떨 것 같니?

확장활동

1. 그림자밟기 놀이(바깥놀이)

운동장에서 친구 그림자 밟기 놀이를 하며 그림자의 특성을 알아본다.

2. 그림자 인형극, 동극(역할놀이영역, 동극)

막대인형과 소품을 활용하여 그림자 인형극, 동극 놀이를 한다.

3. 색 돋보기 만들기(미술영역, 바깥놀이)

셀로판지를 이용하여 돋보기를 만든 후, 산책을 하며 다양한 색의 빛과 그림자를 관찰한다.

4. 라이트테이블에서 그려요(과학영역)

라이트테이블 위에서 물감을 긁어내며 빛으로 그림 그려본다.

교사를 위한 도움말

- 유아들이 탐구하는 과정의 사진을 벽면에 게시하면 놀이에 대한 흥미와 사고의 확장을 도울 수 있습니다.
- 유아들이 궁금한 점을 알아볼 수 있도록 다양한 문제 상황을 제시해 주면 좋습니다.

Kid's talk

재미있는 그림자놀이

"우리 교실에서 그림자를 찾아보자."

"그림자는 왜 생기는 걸까?"

"손전등을 가까이 대면 커지고, 멀리하면 작아지네"

Kid's Talk

“(빛이 나오는 부분을 만지며) 여기를 만지니까 뜨겁네~*”

“우리 손으로 동물 그림자 만들어보자”

“나 손으로 나비도 만들 수 있다~*”

“막대 두 개로 토끼 귀도 만들 수 있어”

“우와~* 교실이 어두우니까 그림자가 더 잘 보인다~*”

“우리 아주 긴~* 그림자를 만들어보장”

“선생님, 우리 놀이터에 가서 그림자 찾아봐요.”

“그림자는 정말 신기해~*”

Chapter

현장체험학습을 통한 유아진로교육의 실제 09

연번	생활주제	현장체험	관련 직업	확장활동	진로교육 영역*
1	우리 동네	마음을 전해 주는 우체국	우체부, 택배기사	역할–우체국놀이 동화, 동극–행복을 전하는 편지	Ⅱ, Ⅲ
2	동 · 식물과 자연	음매 음매~ 즐거운 농도원 목장 체험	사육사	언어–목장에서 일하시는 분들에게 감사 편지 쓰기	Ⅱ, Ⅲ
3	건강과 안전	몸이 튼튼 식품안전체험관	영양사	과학–칙칙 폭폭, 건강 기차	Ⅱ, Ⅲ
4	생활도구	하하 호호 즐거운 인형극	연극인	미술, 언어–인형극 계획하고 공연하기	Ⅱ, Ⅲ
5	생활도구	야호~ 신나는 방송국 견학	아나운서, 방송인, 카메라감동, 조명감독, 프로듀서	역할–방송국 놀이 토의–유치원 현장취재	Ⅱ, Ⅲ
6	교통기관	뛰뛰빵빵 어린이 교통공원	교통경찰	바깥놀이–교통공원 놀이	Ⅱ, Ⅲ
7	환경과 생활	우주에 대해 알고 싶어요	천문학자, 우주탐험가	역할–우주놀이하기	Ⅱ, Ⅲ
8	환경과 생활	음악가 엄마, 아빠를 초대해요	피아니스트, 드러머	음률–우리들의 음악회	Ⅱ, Ⅳ
9	봄 · 여름 · 가을 · 겨울	나는야 어린이 곤충박사! 판교생태학습원	곤충학자, 식물학자, 정원사, 사육사	언어–궁금한 것을 알아보아요 과학–나의 곤충도감	Ⅱ, Ⅲ
10	봄 · 여름 · 가을 · 겨울	맛있는 채소들이 쑥! 쑥! 농업기술센터	농업기술자	요리–무 생채 만들기	Ⅱ, Ⅲ

*진로교육 영역: Ⅰ. 자기이해와 사회적 역량 계발, Ⅱ. 일과 직업 세계 이해, Ⅲ. 진로탐색, Ⅳ. 진로디자인과 준비

활동1 마음을 전해 주는 우체국

관련 직업
우체부, 택배기사

생활주제	우리 동네
진로교육개념 영역	• Ⅱ. 일과 직업의 세계 이해-일과 직업에 대한 인식 • Ⅲ. 진로탐색-직업정보의 탐색
활동목표	• 우체국에서 하는 일에 관심을 갖고 우리 생활과의 연관성을 알아본다. • 우체국에서 일하시는 분들께 감사하는 마음을 갖는다.
누리과정 관련요소	• 자연탐구-탐구하는 태도 기르기(호기심을 유지하고 확장하기) • 사회관계-사회에 관심 갖기(지역사회에 관심 갖고 이해하기)
활동자료	유아 : 유아들이 쓴 엽서 교사 : 카메라, 비상연락망, 비상약품, 휴대폰, 물티슈, 휴지

활동방법

1. (엽서를 보여주며) 엽서를 보낼 수 있는 방법에 대해 이야기 나눈다.
   - 너희들이 썼던 엽서를 기억하니?
   - 엽서 앞면에 무엇을 적었니?(받는 사람, 보내는 사람, 주소)
   - 주소는 왜 적었을까?
   - 주소를 보고 우리 집으로 엽서를 보내주는 분은 누구일까?

2. 우체국에 가 본 경험에 대해 이야기 나눈다.
   - 우체국에 가 본 적이 있니?
   - 우체국에서 무엇을 했니?

3. 우체국에서 하는 일에 대해 이야기 나누고 궁금한 것을 알아본다.
   - 우체국은 어떤 일을 하는 곳일까?
   - 어떤 분들이 계실까?

- 엽서를 보내기 위해 필요한 것은 무엇이 있을까?
- 우체국에 대해 더 궁금한 것이 있니?
- 우리가 궁금해 하는 것들을 어떻게 알아볼 수 있을까?

4. 우체부와 택배기사가 하는 일에 대해 이야기 나누고 궁금한 것을 알아본다.
   - 우체부 아저씨(택배기사)는 어떤 일을 하실까?
   - 우체부 아저씨(택배기사)는 우리에게 어떤 도움을 주실까?
   - 우체부 아저씨(택배기사)가 안 계신다면 어떤 점이 불편할까?

5. 우체국에서 지켜야 할 약속에 대해 이야기를 나눈다.
   - 우체국을 안전하게 다녀오기 위해 우리가 지켜야 할 것들은 무엇이 있을까?

6. 현장체험 활동을 한다.
   - 편지를 보내기 위해서 무엇을 먼저 해야 할까?(대기순서표 뽑기)
   - 편지나 소포를 보내는 장소는 어디일까?
   - 이렇게 모여진 많은 편지들은 어떻게 나누어질까?

7. 현장체험을 다녀온 후, 느낀 점에 대해 이야기를 나눈다.
   - 우체국에서 일하시는 분들은 어떤 일을 하고 계셨니?
   - 너희들이 쓴 엽서를 직접 보내보니 느낌이 어땠니?

확장활동

1. 우체국 놀이(역할놀이영역)

우체국에서 관찰한 모습과 찍은 사진을 활용하여 우체국을 구성하여 역할놀이를 한다.

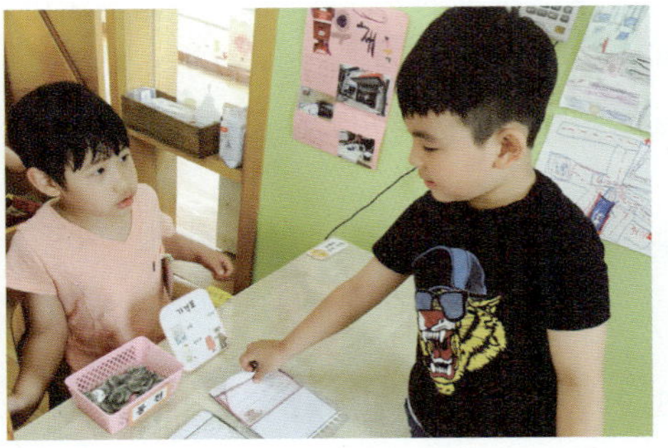

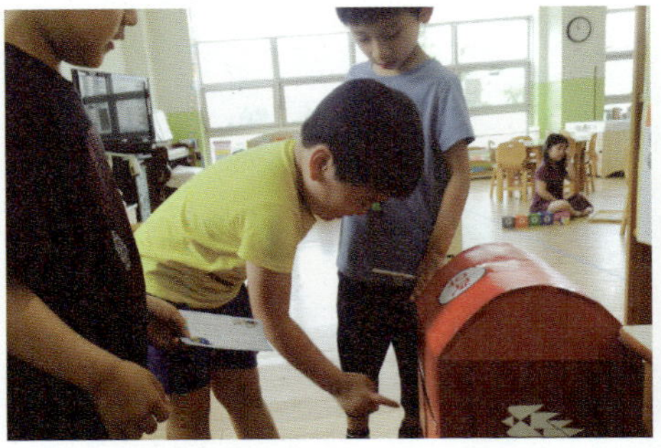

2. 행복을 전하는 편지(동화, 동극)

동화 '행복을 전하는 편지'를 읽고, 직접 편지를 전해 주는 우체부의 역할을 표현해 볼 수 있는 동극을 한다.

교사를 위한 도움말

- 우체국 견학을 위한 사전예약이 필요합니다.
- 우체통에 편지를 넣어보는 활동을 위해 사전에 엽서를 적어 준비합니다.

활동2

음매 음매~ 즐거운 농도원 목장 체험

관련 직업
사육사

생활주제	동 · 식물과 자연
진로교육개념 영역	• II. 일과 직업 세계 이해–일에 대한 긍정적 태도 • III. 진로탐색–직업 정보의 탐색
활동목표	• 목장에서 일하는 분들에게 감사한 마음을 갖는다. • 동물이 우리에게 주는 이로움을 알고 체험활동에 즐겁게 참여한다.
누리과정 관련요소	• 자연탐구–탐구하는 태도 기르기(호기심을 유지하고 확장하기) • 사회관계–사회에 관심 가지기(지역사회에 관심 갖고 이해하기)
활동자료	유아 : 개인 도시락, 돗자리, 물티슈, 휴지, 쓰레기봉투 교사 : 카메라, 비상연락망, 비상약품, 휴대폰, 물티슈, 휴지, 치즈 담는 용기에 붙일 유아이름 라벨

활동방법

1. 목장에 가 본 경험에 대해 이야기 나눈다.
   - 목장에 가 본 적이 있니?
   - 목장에서 무엇을 보았니?

2. 목장에서 하는 일에 대해 이야기 나누고 궁금한 것을 알아본다.
   - 목장은 무엇을 하는 곳일까?
   - 목장에 계신 분들은 어떤 일을 하실까?
   - 목장에 대해 더 궁금한 것이 있니?
   - 우리가 궁금해 하는 것들을 어떻게 알아볼 수 있을까?

3. 목장에서 지켜야 할 약속과 준비해야 할 것에 대해 이야기 나눈다.
   - 목장 체험을 할 때 우리가 지켜야 할 것들은 무엇이 있을까?

- 우리가 준비할 것은 무엇이 있을까?

4. 현장체험 활동을 한다.
   - 젖소들은 무엇을 먹을까?(우유, 건초)
   - 젖소는 우리에게 무엇을 주니?
   - 우유로는 무엇을 만들 수 있을까?

5. 현장체험을 다녀온 후, 느낀 점에 대해 이야기 나눈다.
   - 목장에서 동물을 돌봐 주시는 분들은 누구였니?
   - 직접 젖소들에게 먹이도 주고, 우유도 짜 보면서 어떤 생각을 해 보았니?
   - 목장에서 일하는 분들이 없다면 어떨까?

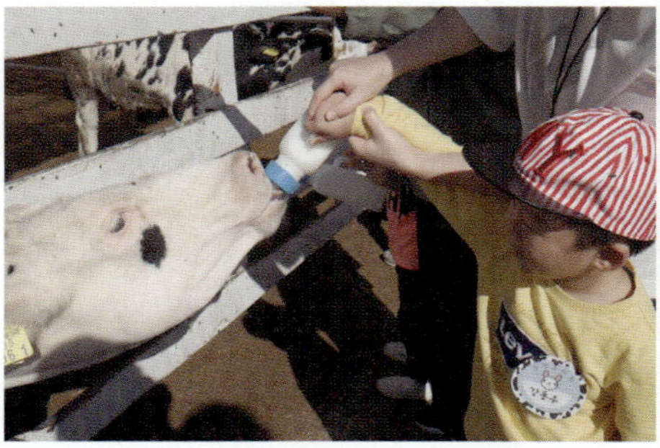

확장활동

1. 목장에서 일하시는 분들에게 감사편지 쓰기(언어영역)

   목장에서 체험한 경험을 생각하며 목장에서 일하시는 분들에게 감사한 마음을 편지로 쓴다.

교사를 위한 도움말

경기도 용인시 농도원 목장

주소 : 경기 용인시 처인구 원삼면 원양로 377번길 1-34 농도원 목장

전화번호 : 031-321-0445

홈페이지 : http://www.nongdo.co.kr/

〈경기도 용인시 농도원 목장〉
* 먹이주기: 젖소들에게 우유, 마른 풀(건초)을 먹이는 체험
* 젖 짜기: 젖소의 젖을 직접 짜 보며 우유를 맛보는 체험
* 트랙터 타기: 목장에 있는 트랙터를 타고 농도원 목장을 다니는 체험
* 만들기 체험: 신선한 우유로 치즈와 아이스크림 만들기 체험

- 농도원 체험을 위한 사전예약이 필요합니다.
- 가족과 함께 체험하기에 좋은 장소이므로 가족 참여수업으로 계획하거나 가족들이 체험해 볼 수 있는 장소로 추천해도 좋습니다.

활동3

몸이 튼튼 식품안전체험관

관련 직업
영양사

생활주제	건강과 안전
진로교육개념 영역	• II. 일과 직업 세계 이해－일과 직업에 대한 인식 • III. 진로탐색－직업정보의 탐색
활동목표	• 몸을 튼튼하게 해 주는 음식들을 알려주시는 분에 대해 관심을 갖는다. • 건강한 생활을 위한 방법에 대해 체험을 하며 영양사 분들께 감사한 마음을 갖는다.
누리과정 관련요소	• 신체운동 · 건강－건강하게 생활하기(바른 식생활하기) • 자연탐구－탐구하는 태도 기르기(탐구과정 즐기기)
활동자료	카메라, 비상연락망, 비상약품, 휴대폰, 물티슈, 휴지, 여벌옷

활동방법

1. 아침에 먹고 온 음식에 대해 이야기 나눈다.
   - 오늘 아침에 어떤 음식을 먹고 왔니?
   - 우리는 음식을 왜 먹는 걸까?
   - 어떤 음식을 먹으면 건강해질까?

2. 식품안전체험관에 대한 궁금한 점을 이야기 나눈다.
   - 식품안전체험관에 가면 무엇을 볼 수 있을까?
   - 어떤 분들이 계실까?
   - 음식에 대해 궁금한 점이 있니?
   - 그 분들께 궁금한 점들을 여쭈어볼까?

3. 현장체험을 갈 때에 지켜야 할 약속에 대해 이야기를 나눈다.
   - 안전하게 다녀오기 위해 우리가 지켜야 할 것들은 무엇이 있을까?

4. 현장체험 활동을 한다.

- 어떤 음식을 먹어야 우리 몸이 튼튼해질 수 있을까?
- 손을 어떻게 씻어야 깨끗해질 수 있을까?
- 우리 몸에서 음식을 어떻게 소화시켜줄까?

5. 현장체험을 다녀온 후, 느낀 점에 대해 이야기를 나눈다.

- 현장체험을 다녀온 후 어떤 점을 느꼈니?
- 몸이 튼튼해지기 위해서는 어떻게 해야 할까?

6. 체험활동을 회상하며 영양사에 대해 이야기를 나눈다.

- 식품안전체험관에 다녀와서 무엇을 알게 되었니?
- 우리를 건강하게 해 주는 음식에 대해 알려주는 분은 누구일까?
- 그 분이 계시지 않는다면 어떤 불편한 점이 있을까?
- 음식에 대해 더 궁금한 점이 있니?
- 궁금한 점은 어떻게 알아볼 수 있을까?

확장활동

1. 칙칙 폭폭 건강 기차(과학영역)

식품안전체험관에서 알아보았던 것을 회상하면서 음식과 영양에 대해 알아본다.

교사를 위한 도움말

경기도 어린이 식품안전체험관

주소 : 경기도 안양시 만안구 냉천로 31번길 33

전화번호 : 031-470-4732

홈페이지 : http://www.ay-safefood.or.kr/

〈경기도 어린이 식품안전체험관〉

* 손 씻기 체험: 올바른 손 씻기 방법을 체험하는 손 씻기 체험
* 몸 속 미끄럼틀: 몸 속 소화과정을 체험할 수 있는 몸 속 미끄럼틀
* 건강 장보기: 건강마트(장보기 체험을 통한 우리 몸에 좋은 식품 체험 교육), 안심냉장고체험(냉장고 속 알맞은 식품 위치 알기), 뚱뚱이 식품 물리치기(몸을 뚱뚱하게 만들어주는 식품 찾아 없애기)

- 체험을 위한 인터넷 사전예약이 필요합니다.
- 체험 정원은 최대 35명이므로 반 별 체험 학습을 다녀오는 것이 좋습니다.

활동4 하하 호호 즐거운 인형극

관련 직업
인형극단

생활주제	생활도구
진로교육개념 영역	• II. 일과 직업 세계 이해－일에 대한 긍정적 태도 • III. 진로탐색－직업정보의 탐색
활동목표	• 인형극 공연에 필요한 것을 알아보며 인형극 놀이를 계획한다. • 다른 사람을 위해 일하는 것의 의미를 생각해 본다.
누리과정 관련요소	• 자연탐구－탐구하는 태도 기르기(호기심을 유지하고 확장하기) • 예술경험－예술적 표현하기(통합적으로 표현하기)
활동자료	카메라, 비상연락망, 비상약품, 휴대폰, 물티슈, 휴지, 인형극 계획 활동지

활동방법

1. (인형극 공연장 사진을 보며) 공연장에 가본 경험에 대해 이야기 나눈다.
   - 인형극을 본 적이 있니?
   - 공연장은 왜 어두울까?

2. 인형극 연극인이 하는 일에 대해 이야기 나누고 궁금한 것을 알아본다.
   - 인형극에서 공연을 하시는 분들에는 어떤 분들이 계실까? (연기자, 관객, 미술팀, 소품팀 등)
   - 그 분들은 공연을 하기 위해 어떤 일을 하실까?

3. 인형극을 관람한다.
   - 인형극을 볼 때 어떤 약속을 지켜야 할까?
   - 인형을 움직이는 분들은 어디에 있을까?
   - 공연을 하기 위해 또 어떤 분들이 일을 하실까?

4. 인형극 관람을 회상한다.

- 인형극을 보면서 어떤 생각을 했니?
- 인형들이 어떻게 움직였니?
- 누가 움직였을까?
- 무대 뒤에서 준비하고 있는 사람들은 어떤 생각을 할까?

5. 인형극 놀이를 계획한다.

- 우리도 인형극 놀이를 해 볼까?
- 인형극 놀이를 하려면 무엇이 필요할까?
- 어떤 이야기를 인형극으로 만들까?
- 나는 어떤 역할을 맡을까?

확장활동

1. 인형극 계획하고 공연하기(미술영역, 언어영역)

인형극 공연을 계획하고 필요한 준비물(인형, 대본, 배경, 소품 등)들을 만든 후, 인형극을 공연한다.

교사를 위한 도움말

우리 인형극단

주소 : 서울특별시 강동구 암사길 25 2층(극장주소 : 올림픽로 930 암사어린이극장)

전화번호 : 02-415-2048

홈페이지 : http://www.wooripp.co.kr/

뉴코아 소극장(야탑점)

주소 : 경기 성남시 분당구 야탑로 81번길 11 킴스클럽

전화번호 : 031-780-3008

괜찮은 홀(지역별 예약 가능)

홈페이지 : http://www.2001hall.com/

- 여름, 겨울방학 맞이 공연이 풍성하므로 미리 일정을 확인한 후 사전 예약하는 것이 좋습니다.
- 인형극 시작 20분 전에 도착하여 대기하는 것이 좋습니다.

활동5 야호~ 신나는 방송국 견학

관련 직업
아나운서, 방송인, 카메라감독, 조명감독, 프로듀서

생활주제	생활도구
진로교육개념 영역	• II. 일과 직업 세계 이해－일과 직업에 대한 인식 • III. 진로탐색－직업정보의 탐색
활동목표	• 방송과 관련된 다양한 직업과 하는 일에 관심을 가진다. • 방송이 되기까지 여러 사람들이 서로 협력해야 함을 안다.
누리과정 관련요소	• 자연탐구－탐구하는 태도 기르기(호기심을 유지하고 확장하기) • 자연탐구－과학적 탐구하기(간단한 도구와 기계 활용하기)
활동자료	유아 : 질문 목록 종이, 연필, 지우개, 판 교사 : 방송국에서 일하는 장면 사진이나 동영상, 카메라, 비상연락망, 비상약품, 휴대폰, 물티슈, 휴지

활동방법

1. 사진이나 동영상을 보며, 방송국에 가본 경험이나 궁금한 점들을 이야기 나눈다.
   - (사진을 보며)여기는 어디일까?
   - 사람들은 무엇을 하고 있니?
   - 방송국에 가 본 적 있니?
   - 방송국에는 어떤 분들이 일하고 있을까?
   - TV에 나오는 다양한 방송들은 어떻게 만들어질까?

2. 방송에 대해 궁금한 것들을 이야기 나눈 후, 질문목록을 적어본다.
   - 방송에 대해 궁금한 것들이 있니?
   - 우리가 궁금해 하는 것들을 어떻게 알아볼 수 있을까?
   - 질문목록을 적은 후 방송국에 일하시는 분들께 직접 여쭤보자.

3. 현장체험에서 지켜야 할 약속들을 이야기 나눈다.

- 다양한 기계들이 있는 방송국을 둘러보기 위해 주의해야 할 점은 무엇일까?
- 방송을 찍고 있는 스튜디오에 들어가게 된다면 어떤 약속이 필요할까?

4. 현장체험 활동을 한다.

- 사람들이 녹화를 하고 있다는 것을 어떻게 알 수 있을까?
- 방송프로그램마다 스튜디오가 다른 이유는 무엇일까?

5. 아나운서에 대해 알아본다.

- 아나운서는 많은 이야기를 어떻게 기억하고 전달하는 걸까?
- 아나운서가 되려면 무엇을 잘 해야 할까?

6. 카메라감독에 대해 알아본다.

- 방송을 찍고 있는 카메라는 왜 다양할까?
- 카메라감독이 찍고 있는 장면은 무엇이니?
- 카메라로 촬영하는 장면은 어떻게 확인할 수 있을까?

7. 방송국의 견학 담당 직원에게 궁금한 것들을 질문한다.

8. 현장체험을 다녀온 후, 느낀 점에 대해 이야기 나눈다.

- 가장 기억에 남는 것은 무엇이니?
- 방송국에서 어떤 사람들을 볼 수 있었니?
- 방송국견학을 통해 새롭게 알게 된 것이 있니?

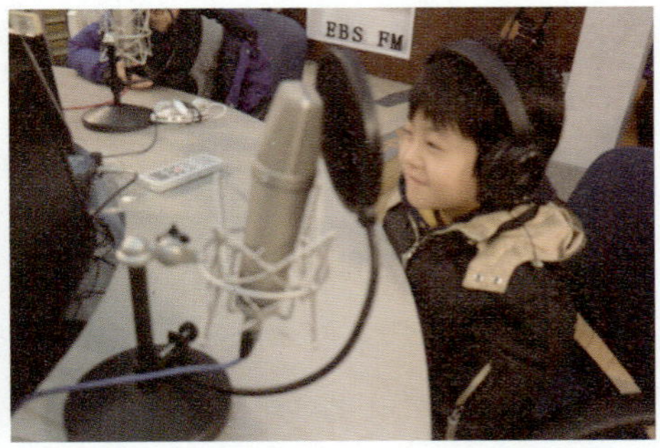

확장활동

1. 방송국 놀이(역할놀이영역)

유아들과 제작하고 싶은 방송프로그램에 대해 이야기 나눈 후, 방송국놀이에 필요한 역할을 정한다. 또 소품(카메라, 조명, 마이크, 대본 등)도 직접 제작하여 놀이에 활용한다.

2. 유치원 현장취재(토의)

유치원의 다양한 이야기들을 직접 취재하여 뉴스를 제작해 본다. 그룹별 토의를 통해 취재하고 싶은 내용을 정하고 작가, 아나운서, 카메라감독, 프로듀서, 스텝들을 정한다. 직접 취재하여 인터뷰영상을 촬영하고 뉴스를 제작해 본다.

교사를 위한 도움말

EBS 방송센터

주소 : 서울특별시 서초구 바우뫼로 1길 35 한국교육방송공사

전화번호 : 1588-1580, 02-526-2089

홈페이지 : http://www.ebs.co.kr

- 사전예약이 필요합니다.
- 라디오 방송실, 녹화 스튜디오, 부조정실, 분장실, 소품실, 의상실, 가상 스튜디오 등을 견학할 수 있습니다.
- 스튜디오 안에 여러 소품과 기계들이 있으므로 유아들이 만지지 않도록 주의해야 합니다.

활동6 뛰뛰빵빵 어린이 교통공원

관련 직업
교통경찰

생활주제	교통기관
진로교육개념 영역	• II. 일과 직업 세계 이해 – 일과 직업에 대한 인식 • III. 진로탐색 – 직업정보의 탐색
활동목표	• 교통신호와 표지판의 필요성을 알고 지킨다. • 교통경찰이 하는 일과 마음가짐에 대해 안다.
누리과정 관련요소	• 신체운동 · 건강 – 안전하게 생활하기(교통안전 규칙 지키기) • 사회관계 – 다른 사람과 더불어 생활하기(사회적 가치를 알고 지키기)
활동자료	간식, 카메라, 비상연락망, 비상약품, 휴대폰, 물티슈, 휴지, 여벌옷, 쓰레기봉투

활동방법

1. 길을 건너 본 경험에 대해 이야기 나눈다.
   - 길을 건너 본 경험이 있니?
   - 안전하게 건너기 위해서 무엇이 필요할까?
   - 안전하게 건너려면 어떻게 해야 할까?

2. 안전한 교통생활을 위해 필요한 것과 도움을 주는 분들에 대해 알아본다.
   - 안전하게 길을 건너기 위해 도움을 주는 것은 무엇일까?
   - 교통표지판을 본 적 있니?
   - 안전하게 생활하기 위해 도움을 주는 분들은 또 누가 있을까?

3. 현장체험을 갈 때에 지켜야 할 약속에 대해 이야기를 나눈다.
   - 안전하게 다녀오기 위해 우리가 지켜야 할 것들은 무엇이 있을까?

4. **현장체험 활동을 한다.**

- 길(또는 육교)을 건널 때에 어떻게 건너야 할까?
- 운전을 하는 사람들은 어떤 표지판들을 볼 수 있을까?
- 이 표지판의 약속은 무엇일까?

5. **현장체험을 다녀온 후, 느낀 점에 대해 이야기를 나눈다.**

- 현장체험을 다녀온 후 어떤 점을 느꼈니?
- 교통경찰은 어떤 마음으로 일을 하실까?
- 우리의 안전을 위해 수고하시는 분들께 우리가 할 수 있는 것은 무엇일까?

확장활동

1. 교통공원 놀이(바깥놀이)

유치원 마당에 신호등과 도로, 교통표지판을 이용하여 어린이 교통공원을 만들고 운전자, 보행자, 교통경찰, 주유원 등의 역할을 놀이로 경험하며 교통규칙을 지키는 놀이를 경험한다.

교사를 위한 도움말

어린이 교통공원

주소 : 서울특별시 송파구 올림픽로35다길 33

전화번호 : 02-413-0004

〈어린이 교통공원〉

* 교통교실: 교통안전 애니메이션 감상하기
* 교육광장: 횡단보도, 육교, 지하보도, 철길 건널목 등 안전하게 건너는 방법 알아보기
* 운전 연습장: 자동차 탑승을 하며 신호등과 교통표지판의 의미 알아보기

- 체험을 위해 사전에 전화예약이 필요합니다.
- 체험하는 활동이 많아 간식을 준비하는 것이 좋습니다.
- 담당자가 안전교육은 해 주시지만 교통표지판과 안전에 대해 교사가 함께 지도해 주시는 것이 좋습니다.

활동7 우주에 대해 알고 싶어요

관련 직업
천문학자, 우주탐험가

생활주제	환경과 생활
진로교육개념 영역	• Ⅱ. 일과 직업 세계 이해–일과 직업에 대한 인식 • Ⅲ. 진로탐색–직업정보의 탐색
활동목표	• 우주인이 하는 일에 대해 안다. • 미래의 일과 직업에 대해 관심을 갖는다.
누리과정 관련요소	• 자연탐구–탐구하는 태도 기르기(호기심을 유지하고 확장하기) • 의사소통–말하기(느낌, 생각 말하기)
활동자료	카메라, 비상연락망, 비상약품, 휴대폰, 물티슈, 휴지

활동방법

1. 우주에 대해 알고 있는 것이나 궁금한 것에 대해 이야기 나눈다.
   - '우주'하면 무엇이 생각나니?
   - 우주에 대해 알고 있는 것이 있니?
   - 우주에는 무엇이 있을 것 같니?
   - 우주에 간다면 무엇을 하고 싶니?
   - 우주에 갈 때 무엇을 가져갈까?

2. 우주를 탐험하는 사람들에 대해 알아본다.
   - 우주에 다녀온 사람을 알고 있니?
   - 왜 사람들은 우주에 대해 알고 싶어(우주를 탐험)할까?
   - 우주로 탐험하기 위해 어떤 노력을 했을까?

3. 과천 과학관 현장학습을 계획한다.
   - 우주에 대해 궁금한 점은 어떻게 알아볼 수 있을까?
   - 과학관에 가서 우주에 대해 더 자세히 알아볼까?

4. 과천 과학관에서 지켜야 할 약속에 대해 이야기 나눈다.
   - 과학관을 다녀오기 위해 우리가 지켜야 할 것들은 무엇이 있을까?

5. 현장체험 활동을 한다.
   - 우주는 어떻게 탄생하게 되었을까?

6. 현장체험을 다녀온 후, 느낀 점에 대해 이야기 나눈다.
   - 우주에 대해 많이 알게 되었니?
   - 과학관에 다녀오며 어떤 생각을 하게 되었니?

확장활동

1. 우주놀이하기(역할놀이영역)

   과학관에서 체험한 모습의 사진을 활용하거나 우주에 대해 알고 있는 상식을 토대로 우주 여행에 필요한 것을 준비하여 역할놀이를 한다.

교사를 위한 도움말

국립 과천 과학관

주소 : 경기도 과천시 상하벌로 110 국립과천과학관

전화번호 : 02-3677-1500

홈페이지 : http://www.sciencecenter.go.kr/scipia/

〈국립 과천 과학관〉

* 첨단 기술관(2층): 항공, 우주, ICT 소재 분야 전시 '우주여행극장', '자이로스코프', '월면점프', '유인조종장치' 등 53건의 체험물을 체험하기

* 자연사관(2층): 우주의 탄생과 지구의 탄생, 현재의 인간과 자연의 모습을 이루기까지의 모든 과정 관람하기

- 우주에 대한 생각 모으기를 한 후 가는 것이 좋습니다.
- 사람이 많아 관람시간이 상대적으로 짧으니, 여유 있게 계획하여 가는 것도 좋습니다.

활동8 음악가 엄마, 아빠를 초대해요

관련 직업
피아니스트, 드러머

생활주제	환경과 생활
진로교육개념 영역	• Ⅱ. 일과 직업 세계 이해-일에 대한 긍정적 태도 • Ⅳ. 진로디자인과 준비-개획과 실천의 중요성 인식
활동목표	• 음악가가 하는 일의 기쁨과 보람에 대해 알아본다. • 자신의 꿈을 이루기 위해 열심히 노력해야 함을 안다.
누리과정 관련요소	• 예술경험-예술 감상하기(다양한 예술 감상하기) • 자연탐구-탐구하는 태도 기르기(호기심을 유지하고 확장하기)
활동자료	유아 : 질문목록 종이, 연필, 지우개 교사 : 카메라

활동방법

1. 피아노 연주곡을 듣고 느낀 점을 이야기 나눈다.
   - 음악을 들으니 어떤 느낌이 드니?
   - 연주자는 어떻게 피아노 연주를 잘 할 수 있었을까?

2. 학부모 전문가와 만남을 계획한다.
   - 음악가 엄마, 아빠를 초대해서 궁금한 것들을 여쭈어 볼까?
   - 엄마, 아빠를 초대하려면 어떻게 해야 할까?
   - 어떤 것을 여쭈어 보고 싶니?

3. 음악가의 이야기와 음악을 듣고 궁금한 점에 대해 이야기 나눈다.
   - 어떤 악기를 가지고 오셨니?
   - 엄마, 아빠가 들려주시는 연주를 잘 들어보자.
   - 연주가 엄마, 아빠의 이야기를 들어볼까?(연주가가 된 이유, 하는 일, 일하면서 느끼는 보람, 노력해야 하는 점 등)

4. 궁금한 점을 질문을 통해 알아본다.

5. 음악가와의 만남을 통해 느낀 점에 대해 이야기 나눈다.
   - 직접 연주가를 만나보니 어땠니?
   - 음악가 엄마, 아빠의 이야기를 들으며 어떤 생각을 해 보았니?
   - 음악가들은 어떻게 연주를 잘할 수 있었을까?
   - 음악가가 되고 싶은 친구가 있니?
   - 왜 그렇게 생각했니?

확장활동

1. 우리들의 음악회(음률영역)

   연주하고 싶은 악기를 정한 후, 친구와 함께 연주할 곡과 방법에 대해 이야기 나눈다. 지휘자와 연주자가 되어 연습한 후 친구들에게 공연한다.

교사를 위한 도움말

- 유아들과 계획하기 전 학부모와 연락하여 가능한 시간과 교육내용, 장소 등을 협의해야 합니다.

연주가에게 궁금해요

"언제부터 연주가가 되고 싶었나요?"

"몇 살 때부터 피아노를 배웠나요?"

"드럼은 어떤 소리가 나나요?"

"어떻게 그렇게 빨리 연주해요?"

"하루에 얼마나 연습하나요?"

"텔레비전에는 나오나요?"

활동9

나는야 어린이 곤충 박사! 판교생태학습원

관련 직업

곤충학자, 식물학자, 정원사, 사육사

생활주제	봄 · 여름 · 가을 · 겨울
진로교육개념 영역	• II. 일과 직업 세계 이해-일에 대한 긍정적 태도 • III. 진로탐색-직업정보의 탐색
활동목표	• 동 · 식물의 생김새와 특징에 대해 호기심을 가지고 탐구하는 태도를 기른다. • 현장체험을 통해 알게 된 점을 다양한 방법으로 표현하며 곤충학자와 식물학자가 하는 일에 관심을 갖는다.
누리과정 관련요소	• 자연탐구-탐구하는 태도 기르기(탐구과정 즐기기) • 자연탐구-과학적 탐구하기(생명체와 자연환경 알아보기)
활동자료	판교생태학습원의 장소별 사진, 동물 발자국 활동지, 카메라, 비상연락망, 비상약품, 휴대폰, 물티슈, 휴지

활동방법

1. 봄이 되어 변한 환경에 대해 이야기 나눈다.
   - 봄이 되니 날씨가 어떻게 변했니?
   - 주변의 식물, 곤충들은 어떻게 되었니?
   - 식물과 곤충에 대해 궁금한 것을 알아볼 수 있는 방법은 무엇이 있을까?

2. 판교생태학습원에 대해 소개한다.
   - (교사가 사전에 찍어둔 판교생태학습원의 모습을 보여준다.)
   - 이곳은 어디인 것 같니?
   - 이곳에서 무엇을 할 수 있을까?
   - (궁금한 동 · 식물들의 모습을 관찰할 수 있단다.)
   - (장소마다 있는 동물 발자국 도장도 찍어 발자국카드를 완성해 보자.)

3. 현장체험에서 지켜야 할 약속들을 이야기 나눈다.
   - 안전하고 즐겁게 다녀오기 위해 어떤 약속들을 지켜야 할까?
   - 판교생태학습원에서 놀이할 때 주의해야 할 점은 무엇일까?

4. 현장체험 활동을 한다.
   - 흙 속에서는 어떤 곤충이 살고 있니?
   - 이 곳 식물들은 왜 온실에서 자라고 있을까?

5. 곤충학자에 대해 알아본다.
   - 곤충들의 이름이나 생활에 대해 어떻게 알게 되었을까?
   - 곤충학자는 어떤 일을 할까?
   - 곤충학자가 되려면 무엇을 잘 알아야 할까?

6. 식물학자에 대해 알아본다.
   - 여기에 사는 식물들은 누가 키울까?
   - 식물을 키우는 방법은 어떻게 알게 되었을까?
   - 식물학자가 되려면 무엇을 잘 알아야 할까?
   - 식물학자에게 궁금한 것은 무엇이니?

7. 현장체험을 다녀온 후, 느낀 점에 대해 이야기 나눈다.
   - 어떤 것을 보았니?
   - 장소마다 살고 있는 동 · 식물이 다른 이유는 무엇일까?
   - 가장 기억에 남는 것은 무엇이었니?
   - 동 · 식물의 생활모습이나 특징 등을 우리가 알 수 있도록 도와주는 분은 누구일까?

확장활동

1. 궁금한 것을 알아보아요(언어영역)

   친구가 적은 질문카드를 보고 관련된 책, 인터넷 검색 등을 통해 답을 찾아 적은 후 친구에게 알려주고 게시한다.

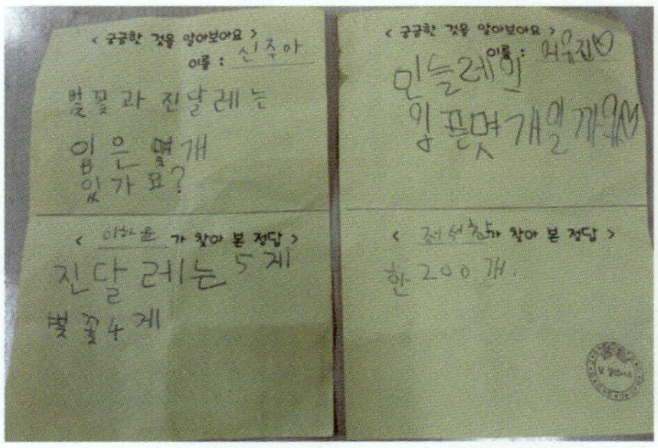

2. 나의 곤충도감(과학영역)

   친구가 적은 질문카드를 보고 관련된 책, 인터넷 검색 등을 통해 답을 찾아 적은 후 친구에게 알려주고 게시한다.

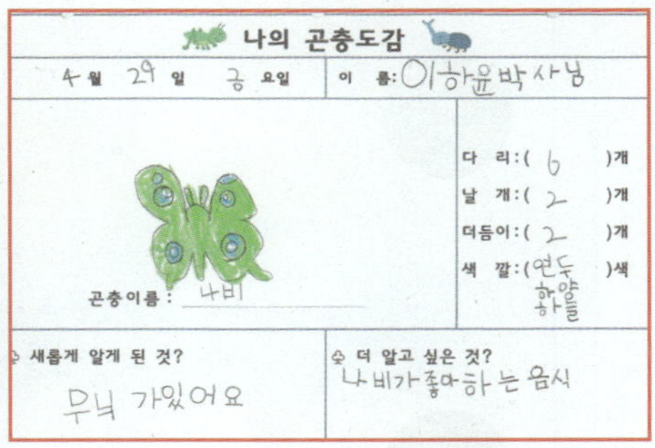
나의 곤충도감

4 월 29 일 금 요일	이 름: 이하윤박사님
곤충이름 : 나비	다 리:(6)개 날 개:(2)개 더듬이:(2)개 색 깔:(연두 하얄)색
새롭게 알게 된 것? 무늬 가있어요	더 알고 싶은 것? 나비가 좋아하는 음시

교사를 위한 도움말

판교 생태학습원

주소 : 경기도 성남시 분당구 대왕판교로 645번길 21 생태학습원

전화번호 : 031-8016-0100

홈페이지 : http://psh.snpark.net/

〈판교생태학습원〉
* 초록마을(1층): 우리 주변 식물들의 모습을 관찰하고, 산과 하천의 모습 살피기
* 실내온실(1층): 따뜻한 곳, 더운 나라에서 온 야생나무와 식물 관찰하기
* 파란마을(2층): 하늘과 물에 사는 동물들의 생김새, 소리를 관찰하기
* 하얀마을(3층): 살아 숨쉬는 자연을 지키기 위해 지켜야 할 것들 알아보기

- 홈페이지에서 프로그램을 골라 사전예약을 할 수 있으며 숲 놀이학교, 동화구연 등 다양한 프로그램이 있습니다.
- 아이들이 세 가지 마을을 다니며 각 마을의 동물 발자국 도장을 찍을 수 있습니다.
  (동물 발자국 활동지는 판교생태학습원에서 받을 수 있습니다.)
- 1층 영상실에서는 환경보호 관련 동영상(15분 정도)을 관람할 수 있으며, 사전에 예약이 필요합니다.

Kid's talk

우리들의 곤충도감을 만들며...

"야! 이 곤충 이름은 뭘까?"

"우리 곤충연구소에서 찾아보자.
여기에 보면 있을 수도 있어."

"나비는 곤충이게 아니게?"

"거미는 곤충이게 아니게?"

"그럼 지네는 곤충이게 아니게?"

활동10

맛있는 채소들이 쑥!쑥! 농업기술센터

관련 직업

농업기술자

생활주제	봄 · 여름 · 가을 · 겨울
진로교육개념 영역	• II. 일과 직업 세계 이해 – 일과 직업에 대한 인식 • III. 진로탐색 – 직업정보의 탐색
활동목표	• 농작물을 수확하기 위해 열심히 일하시는 농부의 노력에 대해 관심을 갖는다. • 무 뽑기 체험 활동에 즐겁게 참여한다.
누리과정 관련요소	• 자연탐구 – 과학적 탐구하기(생명체와 자연환경 알아보기) • 신체운동건강 – 신체활동에 참여하기(바깥에서 신체활동하기)
활동자료	유아 : 무 뽑기용 장갑 교사 : 카메라, 비상연락망, 비상약품, 휴대폰, 물티슈, 휴지, 여벌옷

활동방법

1. 밭에 가 본 경험에 대해 이야기 나눈다.
   - 밭에 가 본 적이 있니?
   - 유치원 텃밭에서 무엇을 길러보았니?
   - 채소를 잘 기르기 위해 어떻게 했었니?

2. 농업기술자가 하는 일에 대해 이야기 나누고 궁금한 것을 알아본다.
   - 농업기술자라는 직업을 들어본 적이 있니?
   - 무슨 일을 하시는 분일까?
   - 농업기술자는 우리에게 어떤 도움을 줄까?
   - 이 분들이 계시지 않는다면 어떤 점이 불편할까?

3. 현장체험을 갈 때에 지켜야 할 약속에 대해 이야기 나눈다.
   - 안전하게 다녀오기 위해 우리가 지켜야 할 것들은 무엇이 있을까?

4. 현장체험 활동을 한다.
   - 무를 잘 뽑으려면 어떻게 해야 할까?
   - 농부아저씨께 궁금한 것을 여쭈어 볼까?

5. 궁금한 점을 알아본다.
   - 커다란 무를 기르기 위해 어떻게 하셨나요?
   - 무는 무슨 맛을 가지고 있나요?
   - 무로 할 수 있는 요리는 무엇이 있나요?

6. 현장체험을 다녀온 후, 느낀 점에 대해 이야기 나눈다.
   - 현장체험을 다녀온 후 어떤 점을 느꼈니?
   - 우리가 뽑은 무로 어떤 요리를 하면 좋을까?

확장활동

1. 무생채 만들기(요리)

   유아들이 뽑은 무를 재료로 무생채를 요리해서 먹는다.

교사를 위한 도움말

성남시 농업기술센터

주소 : 경기도 성남시 분당구 성남대로 762번길 2

전화번호 : 031-729-4011~5

홈페이지 : http://agri.seongnam.go.kr

- 체험을 위해 사전에 전화 및 팩스로 예약이 필요합니다.
- 체험하는 곳에 간이 화장실밖에 없으므로 미리 다녀오도록 신경 써야 합니다.
- 주차공간이 없으니 버스에서 안전하게 내릴 수 있도록 도움을 주어야 합니다.

Kid's talk

무 뽑기 체험에서 우리들의 이야기

"무 백 개 뽑아서 선생님도 나눠줄게요"

"선생님, 이것 좀 봐요. 엄청 커요. 나 힘 쎄죠"

"오늘 무로 국 끓여 먹을 거야"

"이 깍두기 우리가 뽑은 무로 만든거죠?"

Chapter

10

통합적 접근을 통한 유아진로교육의 실제

1. 직업
2. 봄의 식물
3. 우리 동네 사람들
4. 동물은 내 친구
5. 교통기관
6. 운동

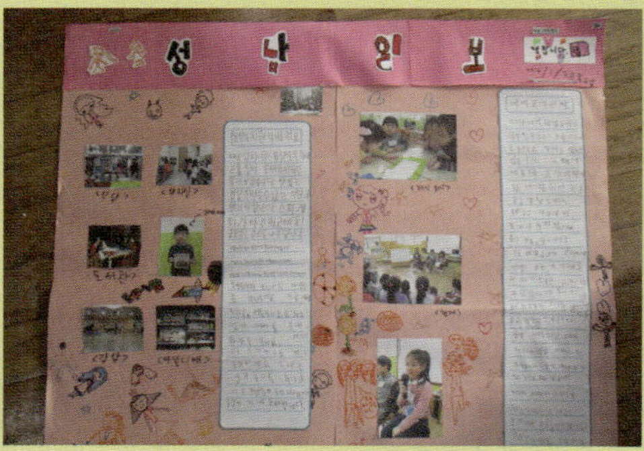

생활주제 **직업**

누리과정 교사용 지도서 생활주제

유치원
나와 가족
우리 동네

직업

자기이해와 사회적 역량

- 언어–나를 동물이나 식물에 비유한다면?
- 이야기 나누기–나의 재능을 나눠요
- 언어–장점 기차
- 언어–나의 흥미 찾기
- 수 조작–내가 잘하는 것과 관련된 직업조사

일과 직업의 세계 이해

- 이야기 나누기–넓은 세상, 재미있는 직업
- 동화–아빠는 냄새나지 않아
- 언어–청소 아주머니께 편지쓰기
- 동화–지후의 직업찾아 한바퀴
- 신체–어떤 직업일까?
- 언어–직업글자 모으기 대작전
- 이야기 나누기–생기는 직업과 사라지는 직업이 있어요
- 동극–구름빵 꿈이 너무 많아
- 과학–꼬마 새우 기르기
- 명화감상–김홍도 '대장간'
- 음악감상–헨델 '흥겨운 대장간'

진로탐색

- 토의–궁금한 직업에 대해 알아봐요
- 동화–내 꿈이 최고야
- 언어–나의 꿈 피자
- 수 조작–직업 수수께끼
- 수 조작–직업들의 공통점과 차이점(벤다이어그램)
- 현장체험–잡월드 직업 체험

관련 직업

여러 가지 직업

진로디자인과 준비

- 수 조작–우리반 최고의 인기직업은?
- 동화–네가 크면 말이야
- 역할–직업놀이
- 미술–나의 꿈 책 만들기
- 음악–나의 꿈 보따리

활동1

나를 동물이나 식물에 비유한다면?

활동 유형	관련 직업
자유선택활동 언어영역	다양한 직업

생활주제	직업
진로교육개념 영역	• Ⅰ. 자기이해와 사회적 역량 개발–자기이해와 긍정적 자아개념 형성
활동목표	• 자신을 동 · 식물에 비유해 보며 자기 자신에 대해 생각해 본다. • 자신과 다른 사람의 차이점을 알고 존중한다.
누리과정 관련요소	• 사회관계–나를 알고 존중하기(나를 알고 소중히 여기기) • 의사소통–쓰기(쓰기에 관심가지기)
활동자료	자랑인형, '나를 동물이나 식물에 비유한다면? '활동지, 필기도구, 색연필

활동방법

1. 자랑인형을 소개한 후, 나의 장점에 대해 이야기 나눈다.

- 오늘 선생님과 함께 온 친구가 있어. 누굴까?

> 안녕, 나는 자랑인형이야. 누구든 나를 안고 있으면 자기가 잘하는 것 한 가지를 자랑할 수 있단다.

- 내가 좋아하는 것은 무엇일까?
- 우리도 자랑인형을 들고 내가 잘하는 것이나 다른 친구와 다른 점들도 소개해 보자.

  (내가 좋아하는 색깔, 음식, 친구, 내가 잘하는 것 등을 주제로 정한다.)
- 내 소개를 마치면 옆의 친구에게 전달하는 거야.

2. 나의 모습을 동물과 식물에 비유해 본다.

- 우리들은 생김새도 다르지만 좋아하는 것도 잘하는 것도 다르구나.
- 키가 큰 친구는 식물에 비유한다면 무엇이 생각나니?
- 달리기가 가장 빠른 친구는 어떤 동물에 비유할 수 있을까?

- 나의 특별한 점을 닮은 동물이나 꽃, 식물이 있을까?
- 만약 나를 식물에 비유한다면 무엇에 비유해 보고 싶니?
- 선생님은 해바라기 꽃을 닮았다고 생각해. 왜냐하면 항상 해님처럼 활짝 웃고 있거든.

3. 활동지에 나의 생각을 적어 본다.
   - 나를 닮은 동물과 식물을 생각해 보고 이유도 적어보자.

4. 완성된 활동지를 친구들에게 소개한 후 게시한다.
   - OO는 왜 사슴 같다고 생각하니?
   - OO는 해바라기 같다고 적었는데 그 이유는 무엇이니?
   - 동물이나 식물에 나를 비유해 보았는데 어땠니?
   - 친구들이 소개한 내용 중에서 재미있었던 생각은 무엇이었니?

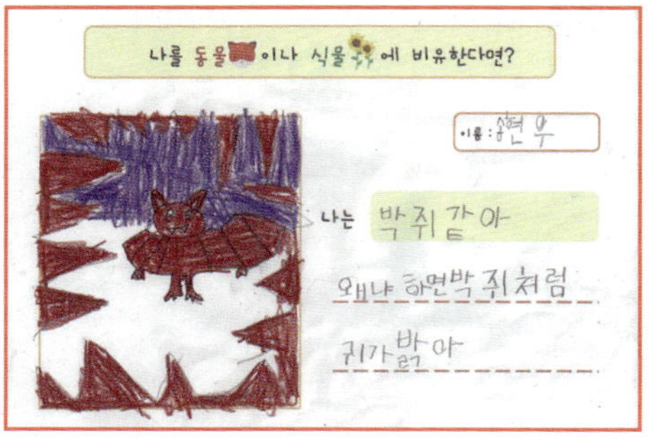

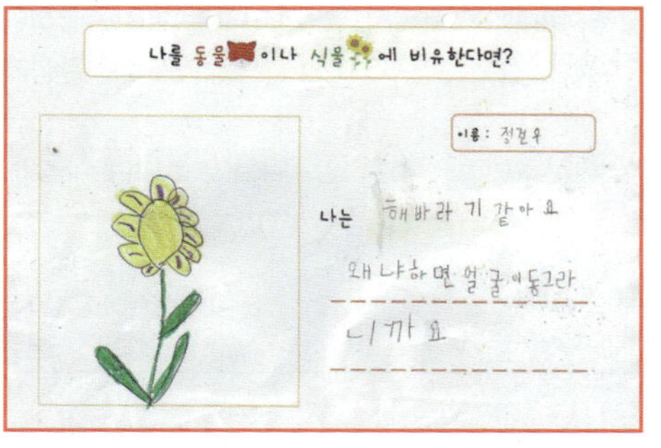

확장활동

1. 장점기차 만들기(언어영역)

   소그룹으로 모여 앉아 '친구의 장점'에 대해 토의하고 3가지씩 글로 적는다.

2. 나의 재능을 나눠요(이야기 나누기)

내가 잘할 수 있는 것 중에서 친구를 위해 할 수 있는 일을 생각해 본 후, 도우미가 되어 친구를 도와준다.

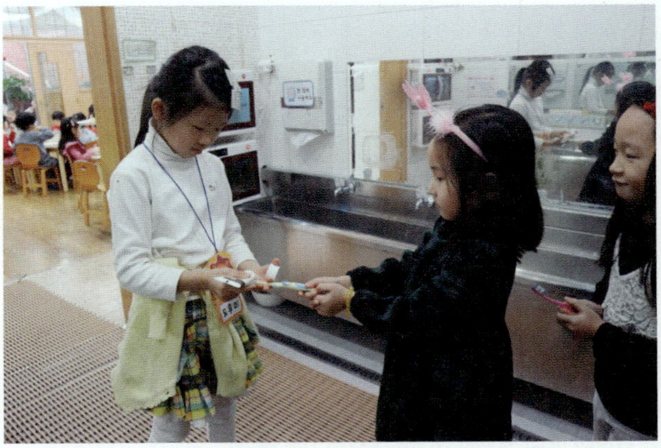

교사를 위한 도움말

- 친구의 특징(생김새, 장점)에 대해 서로 이야기 나눈 후 활동하면, 다양한 생각을 들을 수 있어 좋습니다.
- 단순히 자신이 좋아하는 동물이나 식물이 아니라 나의 특징을 잘 나타낼 수 있는 것에 비유할 수 있도록 지도해야 합니다.
- 초시계가 울리기 전에 유아들이 자랑인형을 전달하며 게임형식으로 해 보는 것도 좋습니다.

활동2 나의 꿈 보따리

활동 유형	관련 직업
음악	다양한 직업

생활주제	직업
진로교육개념 영역	• Ⅰ. 자기이해와 사회적 역량 개발–자기이해와 긍정적 자아개념 형성 • Ⅳ. 진로디자인과 준비–계획과 실천의 중요성 인식
활동목표	• 미래의 나의 꿈에 대해 생각해 본다. • 우리 주변의 다양한 일과 직업에 대해 관심 갖는다.
누리과정 관련요소	• 사회관계–나를 알고 존중하기(나를 알기) • 예술경험–예술적 표현하기(음악으로 표현하기)
활동자료	보따리, 직업카드, 가사판, 악보

활동방법

1. 내가 가진 다양한 꿈에 대해 이야기 나눈다.
   - 너희들은 어떤 꿈을 가지고 있니?
   - 여러 가지의 꿈을 가지고 있는 친구들도 있니?

2. 노랫말을 이야기로 들려준다.
   - 선생님도 어렸을 때 되고 싶은 꿈이 정말 많았단다.
     이 보따리는 꿈을 담을 수 있는 보따리래. 선생님의 꿈을 여기에 담아보았어.
     어떤 꿈들이 들어있는지 함께 알아보자.

3. '나의 꿈 보따리' 노래를 들어본다.
   - 이 보따리처럼 꿈을 담은 보따리에 대한 노래가 있는데 잘 들어보자.
   - 어떤 생각이 들었니?
   - 노랫말에서 어떤 이야기가 나왔니?

4. 노랫말을 넣어 다양한 방법으로 나누어서 불러본다.

- 노랫말을 생각하며 한 소절씩 나누어 불러볼까?
- 박자를 잘 기억해 보며 한 줄씩 따라 불러보자.
- 이 노래를 어떻게 부르면 더 재미있을까?
- 너희들이 하고 싶은 꿈을 넣어 다시 한 번 불러보자.
- 어떤 직업을 넣어서 불러 보고 싶니?

5. 노래를 불러본 느낌을 나눈다.

- '나의 꿈 보따리'를 불러보니 어땠니?
- 노래를 부를 때 어려운 부분이 있었니?
- 꿈을 이룬 나의 모습을 생각하며 신나게 불러보자.

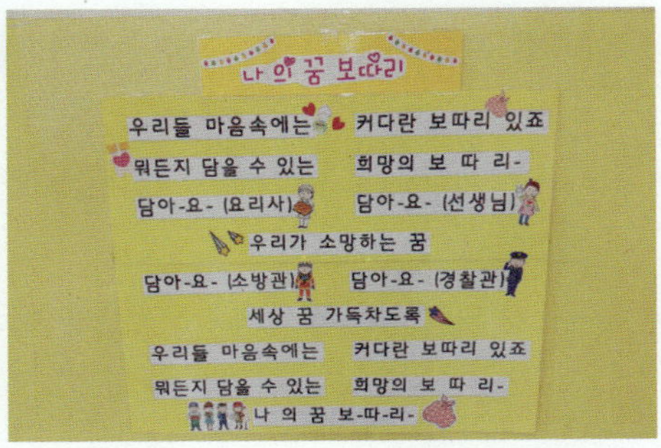

확장활동

1. 우리 반 최고의 인기직업은?(수 · 조작영역)

우리 반 친구들의 꿈을 적어보고 그래프로 만들어 어떤 직업이 가장 인기가 많은지 비교해 본다.

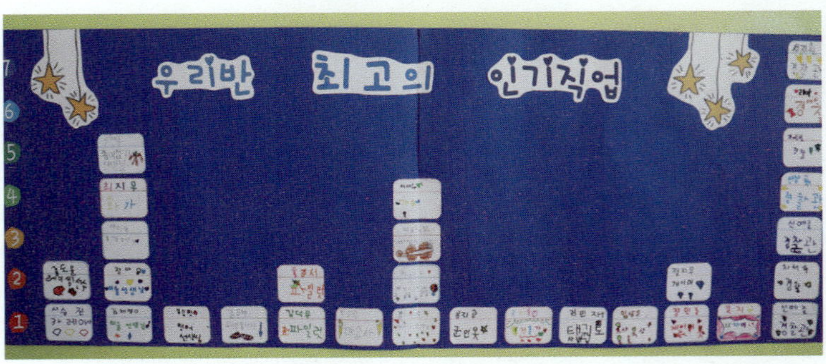

2. 나의 꿈 피자(언어영역)

주사위를 굴려 나온 재료(형용사, 직업)로 내 피자 판을 완성한다.

피자 판을 완성하면 피자 재료에 적혀진 글자를 보고 짧은 문장을 만들어본다.

교사를 위한 도움말

- 원곡에는 네 글자로 이루어진 직업의 노랫말이 있는데 유아들 수준에 맞게 세 글자로 바꾸어 불러도 좋습니다.
- 유아들이 되고 싶은 직업으로 노랫말을 바꿀 수 있습니다.

활동3

넓은 세상, 재미있는 직업

활동 유형	관련 직업
이야기 나누기	다양한 직업

생활주제	직업
진로교육개념 영역	• II. 일과 직업 세계 이해 – 일과 직업에 대한 인식 – 일에 대한 긍정적 태도
활동목표	• 세계의 여러 직업에 관심을 갖고 알아본다. • 직업의 다양함을 알고 직업에 대한 개방적인 태도를 기른다.
누리과정 관련요소	• 의사소통 – 말하기(느낌, 생각, 경험 말하기) • 사회관계 – 사회에 관심 갖기(세계와 여러 문화에 관심 가지기)
활동자료	음식관련 광고동영상, PPT자료(세계의 재미있는 직업들 – 골프공 다이버, 악취감식가, 음악치료사, 쇼콜라티에, 로봇공연기획자, 애견유치원교사, 웃음치료사, 애견동물 산책도우미, 필체감정사 등)

활동방법

1. 광고 속 음식장면을 보고, '푸드스타일리스트'에 대해 이야기 나눈다.
   - 무엇을 홍보하는 광고일까?
   - 광고 속의 음식을 맛있게 보여주기 위해 일하는 분이 있단다.
   - 이런 일을 하는 분을 뭐라고 부를까?
   - 푸드스타일리스트는 음식을 먹음직스럽게 하기 위해, 음식의 모습, 접시, 테이블 등을 디자인하는 사람이란다.

2. 세계의 재미있는 직업들에 대해 알아본다.
   - 사진 속 사람은 무엇을 하고 있니?
   - 왜 이런 직업이 필요하게 되었을까?
   - 이 직업을 하기 위해서는 무엇을 배워야 할까?

3. 특별한 직업에 대해 상상해 본다.

- 어떤 직업이 있었으면 좋겠니?
- 왜 그렇게 생각했니?
- 그 직업이 있다면 우리에게 어떤 도움을 줄까?

4. 재미있는 직업을 친구들과 함께 조사해 본다.

- 친구들과 함께 재미있는(사람들이 잘 모르고 있는) 직업을 찾아볼까?
- 어떤 방법으로 조사할 수 있을까?
- 세계의 재미있는 직업에 대해 조사해 본 후 발표해 보자.

5. 조사한 결과를 살펴본다.

- 어떤 직업이 가장 재미있었니?
- 그중에서 해 보고 싶은 직업도 있었니?
- 세계에는 얼마나 다양한 직업이 있을까?

확장활동

1. 직업 글자 모으기 대작전(언어영역)

신문에서 글자를 찾아 오린 후 직업단어로 완성한다.

교사를 위한 도움말

- 평소 주변에서 볼 수 있는 직업이 아닌 다양한 직업에 대해서도 관심을 가질 수 있어 좋습니다.
- 사라지는 직업과 생기는 직업을 알아볼 수도 있습니다.
- 다양한 직업에 대해 조사해 보는 활동은 가정과 연계하여 지도하면 더욱 유익합니다.

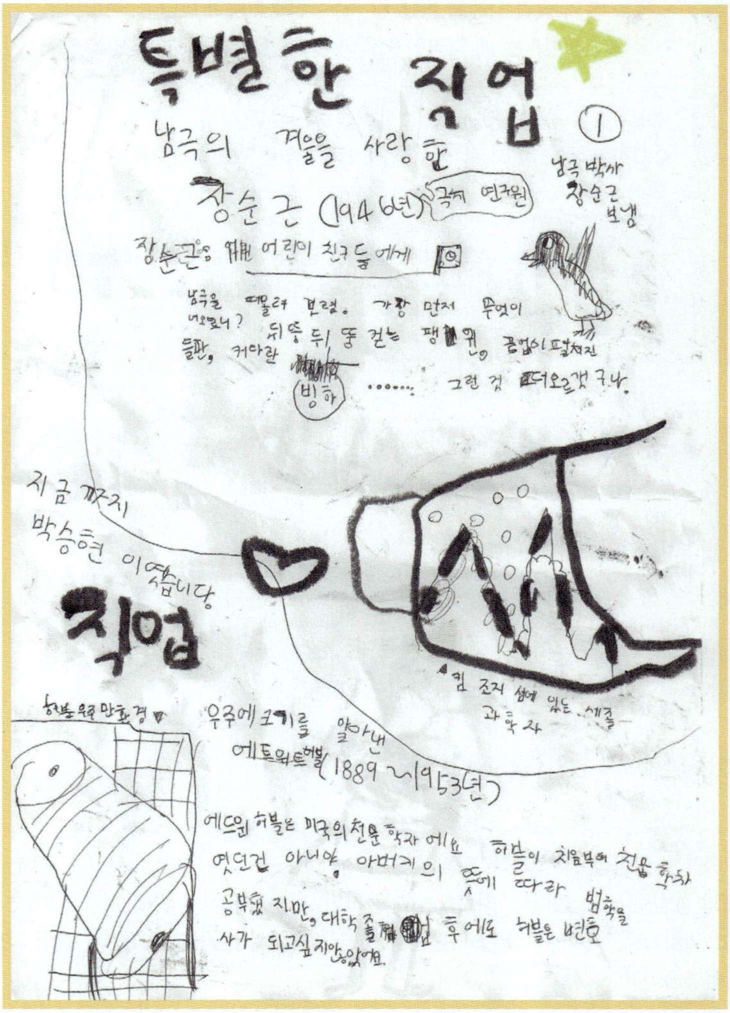

활동4 아빠는 냄새나지 않아

활동 유형	관련 직업
동화	환경미화원

생활주제	직업
진로교육개념 영역	• II. 일과 직업 세계 이해–일에 대한 긍정적 태도
활동목표	• 동화 속의 직업 사례를 통해 일 하는 것의 기쁨과 보람을 알아본다. • 우리가 생활하는 데 다양한 직업이 필요함을 알고, 개방적인 태도를 갖는다.
누리과정 관련요소	• 의사소통–듣기(동요, 동시, 동화를 듣고 이해하기) • 사회관계–사회에 관심 갖기(사회적 가치를 알고 지키기)
활동자료	 그림동화 '아빠는 냄새나지 않아!'(앙드레 풀랭 글, 장 모랭 그림, 씨드북, 2013), 쓰레기 사진자료

활동방법

1. 사진 자료를 보며 이야기 나눈다.
   - 이곳에는 쓰레기가 왜 이렇게 많을까?
   - 아침이 되면 이곳의 쓰레기가 다 사라진대. 누가 치운 걸까?
   - 환경미화원은 어떤 일을 하시는 분이니?

2. 동화 '아빠는 냄새나지 않아!'를 듣고 내용을 회상한다.

마르고의 아빠는 환경미화원입니다. 아빠 직업을 소개하는 수업 시간에 마르고는 아빠 직업 때문에 친구들의 놀림을 받게 됩니다. 마르고는 발끈하며 아빠를 지키기 위해 '우리 아빠는 냄새나지 않아!' 라고 외치지요. 하지만 아이들의 편견 때문에 계속해서 놀림을 받습니다. 결국 마르고는 아빠에게 털어놓습니다.

- 마르고는 왜 친구들의 놀림을 받았니?
- 마르고는 어떤 기분이 들었을까?
- 아빠는 마르고의 친구들을 어떻게 대했니?
- 친구들의 생각은 어떻게 바뀌게 되었니?

3. 직업에 대한 편견에 대해 이야기 나눈다.
   - 좋은 직업과 나쁜 직업이 있다고 생각하니?
   - 왜 그렇게 생각했니?
   - 그 직업을 가진 사람들이 없다면 어떻게 될까?
   - 직업에는 좋고 나쁨이 없단다. 우리가 생활하기 위해서는 다양한 직업이 필요해.
   - 혹시 우리도 마르고의 친구들처럼 행동하진 않았는지 생각해 보고 모든 직업을 소중하게 생각하는 마음을 갖자.

확장활동

1. 청소 아주머니께 편지쓰기(언어영역)

   우리 유치원을 깨끗하게 청소해 주시는 청소 아주머니를 생각하며 편지로 감사한 마음을 전한다.

교사를 위한 도움말

- 사람들은 직업에 대한 여러 가지 편견을 가지고 있습니다. 우리 생활에는 다양한 일과 직업의 필요함을 알고, 모든 직업을 소중히 여기는 태도를 기를 수 있습니다.
- 우리 동네를 깨끗하게 해 주시는 환경미화원께 편지를 써볼 수도 있습니다.

활동5 궁금한 직업에 대해 알아봐요

활동 유형	관련 직업
토의	다양한 직업

생활주제	직업
진로교육개념 영역	• II. 일과 직업 세계 이해－일과 직업에 대한 인식 • III. 진로탐색－직업정보의 탐색
활동목표	• 우리 주변에서 볼 수 있는 다양한 직업에 관심을 갖는다. • 궁금한 직업에 대해 관심을 갖고 정보를 찾아본다.
누리과정 관련요소	• 사회관계－사회에 관심 갖기(지역사회에 관심 갖고 이해하기) • 자연탐구－탐구하는 태도 기르기(탐구과정 즐기기) • 의사소통－말하기(느낌, 생각, 경험 말하기)
활동자료	토의지, 필기도구, 종이, 풀, 가위, 직업과 관련된 책, 컴퓨터, 프린터 등

활동방법

1. 우리가 알고 있는 직업에 대해 이야기 나눈다.
   - 우리 주변에서 볼 수 있는 직업은 무엇이 있을까?
   - 다양한 직업 중에 친구에게 소개해 주고 싶은 직업이 있니?

2. 우리가 궁금한 직업과 궁금증을 풀 수 있는 방법에 대해 이야기 나눈다.
   - 다양한 직업 중에 궁금한 직업(더 알아보고 싶은 직업)이 있니?
   - 그 직업에 대해 무엇이 궁금하니?
   - 그 일을 하시는 분께 여쭤보고 싶은 것도 있니?
   - 궁금한 점은 어떻게 알아볼 수 있을까?

3. 그룹을 나누어 친구들과 토의하며 우리가 궁금한 직업에 대해 알아본다.
   - 우리 팀에서 조사하고 싶은 직업은 무엇이니?
   - 그 직업에 대해 궁금한 점은 무엇이니?

- 궁금한 점은 어떻게 알아볼 수 있을까?
- 책이나 인터넷을 통해 자료를 찾아보자.

4. 우리가 조사한 자료를 정리하여 포스터를 만든다.
   - 궁금한 것을 알아보았니?
   - 우리가 알아본 것 중에서 친구들에게 무엇을 소개해 주면 좋을까?
   - 포스터에는 어떤 내용을 넣을지 생각해 보자.
   - 포스터는 어떻게 만들 수 있을까?
   - 포스터를 만들기 위해 어떤 역할이 필요할까?
   - 역할을 나누어 포스터를 만들어보자.

5. 조사한 결과를 친구들에게 소개한다.
   - 우리가 알아본 직업을 소개해 보자.
   - 친구들에게 질문하고 싶은 것이 있니?

6. 활동을 평가한다.
   - 친구들과 함께 궁금한 직업에 대해 알아보니 어땠니?
   - 혹시 더 알아보고 싶은 직업도 있니?
   - 우리가 만든 포스터는 어디에 전시하면 좋을까?

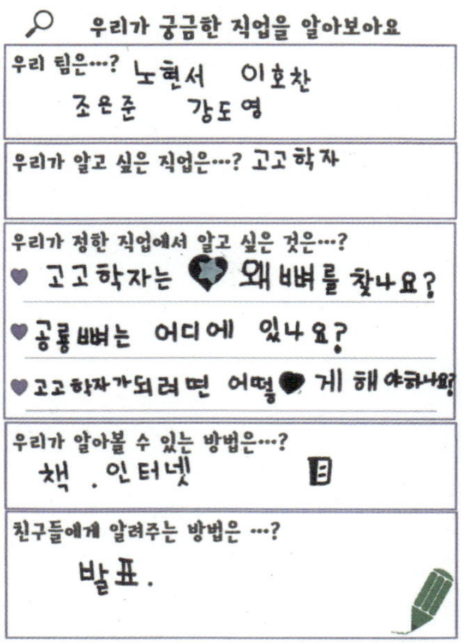
우리가 궁금한 직업을 알아보아요

우리 팀은…? 노현서 이호찬 조은준 강도영

우리가 알고 싶은 직업은…? 고고학자

우리가 정한 직업에서 알고 싶은 것은…?
- 고고학자는 왜 뼈를 찾나요?
- 공룡뼈는 어디에 있나요?
- 고고학자가되려면 어떻게 해야하나요?

우리가 알아볼 수 있는 방법은…? 책. 인터넷

친구들에게 알려주는 방법은…? 발표.

확장활동

1. 벤다이어그램 "직업들의 공통점과 차이점" (수 · 조작영역)

다양한 직업 중 두 가지를 선정하여 공통점과 차이점을 비교한다.

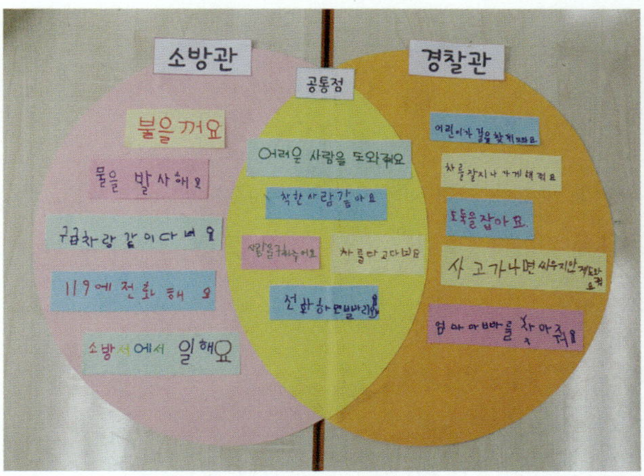

교사를 위한 도움말

- 자유선택활동 시 소그룹으로 활동하는 것이 좋으며, 한 차시의 수업으로 진행하기보다는 유아들이 주체가 되어 궁금한 것을 지속적으로 찾아보고 기록할 수 있도록 지원해야 합니다.
- 교사도 인터넷이나 관련된 도서를 제공하며 활동에 함께 참여하는 것이 좋습니다.

활동6 직업 놀이

활동 유형	관련 직업
자유선택활동 역할놀이영역	다양한 직업

생활주제	직업
진로교육개념 영역	• Ⅲ. 진로탐색－직업정보의 탐색 • Ⅳ. 진로디자인과 준비－의사결정의 중요성 인식
활동목표	• 여러 가지 의사결정 방식이 있음을 알고 의사결정을 한다. • 친구들과 함께 결정한 놀이를 계획하고 실천한다.
누리과정 관련요소	• 사회관계－사회에 관심 갖기(지역사회에 관심 갖고 이해하기) • 자연탐구－탐구하는 태도 기르기(탐구과정 즐기기)
활동자료	필기도구, 보드판, 보드마카 등

활동방법

1. 역할놀이에서 놀이해 보고 직업에 대해 이야기 나눈다.
   - 만약에 우리에게 직업이 있다면, 어떤 직업을 갖고 싶니?
   - 역할 놀이에서 그 직업놀이를 해 볼까?

2. 친구들과 토의를 통해 역할놀이를 정한다.
   - 어떤 직업놀이를 해 보고 싶니?
   - 또 다른 생각이 있는 친구도 있니?
   - 여러 가지 직업 중에서 한 가지를 정해 보자.
   - 어떤 방법으로 정할 수 있을까?
   - 놀이하고 싶은 친구의 생각을 듣고 어떤 놀이가 좋은지 투표해 보자.

3. 결정된 직업놀이를 하기 위해 필요한 것을 준비하고 놀이를 한다.
   - 놀이를 하기 위해 필요한 것은 무엇이 있니?

- 어떤 역할이 필요할까?
- 몇 명이 하면 좋을까?
- 이름은 무엇으로 할까?
- 놀이를 할 때 필요한 약속은 무엇이 있을까?

4. 놀이 후 활동을 회상한다.

-우리가 계획한 놀이를 직접해 보니 어땠니?

-재미있거나 어려운 점도 있었니?

내가 만들고 싶은 장난감 설계

장난감 제작

개발한 장난감 전시

장난감 판매

〈꼬마 장난감 회사놀이〉

확장활동

1. 나의 흥미 찾기(언어영역)

   질문 목록이 담긴 활동카드를 읽고 '예/아니오'로 대답하며 놀이를 진행한 후 도착점에 있는 나의 성격유형을 찾아본다.

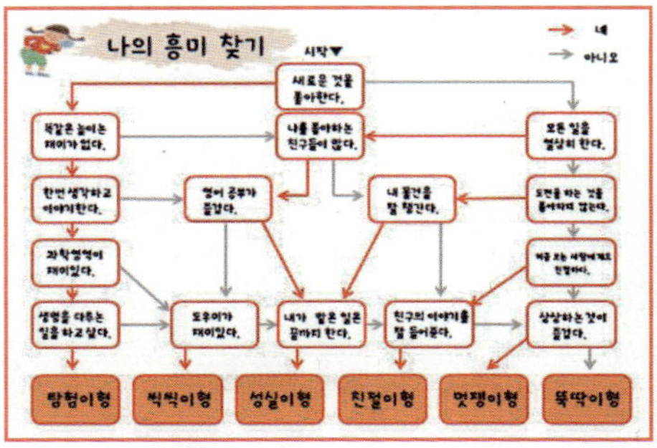

교사를 위한 도움말

- 역할놀이를 정할 때 다양한 의사결정 방법이 있음을 이야기 나누고 유아들과 의논하는 것이 좋습니다.
- 놀이에 필요한 것을 준비하고 놀이가 확장되도록 지속적인 관심과 상호작용이 필요합니다.

생활주제 봄의 식물

누리과정 교사용 지도서 생활주제

봄 · 여름 · 가을 · 겨울
동 · 식물과 자연
환경과 생활

봄의 식물

자기이해와 사회적 역량

- 언어-봄꽃에게 이름을 지어주어요
- 동화-꽃 할아버지의 선물
- 과학-내가 좋아하는 꽃 관찰하며 그리기
- 미술-친구에게 선물하고 싶은 꽃다발
- 수 조작-내 친구가 좋아하는 꽃 조사
- 명화감상-신사임당 '초충도'

일과 직업의 세계 이해

- 이야기 나누기-꽃을 만나기까지
- 동화-화분을 키워주세요
- 동화-행복을 파는 꽃집
- 역할-봄 꽃가게 놀이
- 과학-다시 태어난 화분
- 미술-나무이름표 만들기

진로탐색

- 현장체험-꽃시장을 가요
- 바깥놀이-꽃모종
- 토의-꽃을 잘 가꾸려면?
- 현장체험-용인 농촌 테마 파크
- 현장체험-서울숲
- 현장체험-판교생태학습원
- 신체-꽃 향기 표현하기

관련 직업

플로리스트, 원예가
조경사, 정원사, 식물학자
숲 해설가

진로디자인과 준비

- 바깥놀이-행복이 자라는 정원
- 미술-나무에게 마음을 전해요
- 역할-행복을 전하는 플로리스트

활동1 꽃시장을 가요

활동 유형	관련 직업
현장체험	원예가

생활주제	봄의 식물
진로교육개념 영역	• Ⅱ. 일과 직업 세계 이해-일에 대한 긍정적 태도 • Ⅲ. 진로탐색-직업 정보의 탐색
활동목표	• 다양한 꽃에 관심을 가지고 생김새를 탐색한다. • 꽃을 피우기 위한 일을 할 때의 마음가짐을 알고 사랑으로 돌본다.
누리과정 관련요소	• 사회관계-사회에 관심 갖기(지역사회에 관심 갖고 이해하기) • 자연탐구-과학적 탐구하기(생명체와 자연환경 알아보기)
활동자료	 그림동화 '화분을 키워주세요'(진 자이언 글 · 그림, 웅진주니어, 2001) 교사 : 꽃시장 질문목록표, 카메라, 비상연락망, 비상약품, 휴대폰, 물티슈, 휴지, 여벌옷

활동방법

1. 동화 '화분을 키워주세요'를 감상하며 꽃을 키우고 가꾸는 사람에 대해 이야기 나눈다.

> 토미는 아빠가 너무 바빠 휴가를 가지 못합니다. 그래서 휴가를 떠난 이웃들의 화분을 키워 주기로 했어요. 모두들 토미에게 화분을 맡겨 토미네 집은 온통 화분으로 가득 차게 되었고 토미는 화분을 정성스럽게 키웠답니다. 화분을 키우는 일이 힘들고 불편한 것도 있었지만 이웃을 생각해 열심히 화분을 돌봤답니다. 시간이 지나 이웃들이 휴가를 다녀왔을 때 토미는 화분을 무사히 전달하고 작은 화분까지도 아이들에게 선물로 줄 수 있게 되었습니다.

- 동화 속에서 토미는 어떤 일들을 했니?
- 토미처럼 화분을 가꾸는 분들을 본 적이 있니?
- 어디서 보았니?

- 그 분들은 예쁜 꽃을 피우기 위해 어떤 일을 하실까?

2. 현장학습에서 지켜야 할 약속에 대해 이야기 나눈다.
   - 꽃시장에서 우리가 어떤 약속을 지켜야 할까?
   - 꽃을 볼 때 어떻게 해야 할까?(눈으로 봐요)

3. 현장체험 활동을 한다.
   - 꽃의 모양과 색이 어떠니?
   - 가꾸고 싶은 꽃이 있니?

4. 꽃시장의 직원분께 궁금한 것을 질문한다.
   - "어떻게 꽃을 피웠나요?"
   - "꽃은 무엇을 좋아하나요?"
   - "꽃을 가꾸는 분들은 어떤 마음으로 꽃을 심고 가꾸나요?"

5. 꽃시장에 다녀온 후 알게 된 것들을 이야기 나눈다.
   - 꽃시장에서 여러 꽃을 보니 기분이 어떠니?
   - 우리가 사온 화분을 잘 돌보려면 어떻게 해야 할까?

확장활동

1. 꽃모종 심기(바깥놀이)

   꽃시장에서 구입해 온 꽃모종을 화분에 심는다.

교사를 위한 도움말

- 사전 답사할 때 유아들이 궁금한 것을 질문할 수 있음을 알리고 예상 질문 내용을 전하는 것이 좋습니다.

꽃모종에게 하고 싶은 말

"내가 매일 사랑해라고 해줄게."

"물 많이 먹고 쑥쑥 자라라."

"물도 많이 줄게, 꽃도 많이 피워야 해."

"꽃 많이 피우면 나비가 좋아해."

"선생님, 오늘 '사랑해'라고 이야기 해 줬어요."

활동2 꽃을 잘 가꾸려면?

활동 유형	관련 직업
토의	원예가

생활주제	봄의 식물
진로교육개념 영역	• Ⅲ. 진로탐색－직업정보의 탐색 • Ⅳ. 진로디자인과 준비－의사결정의 중요성 인식
활동목표	• 아름다운 꽃을 피우기 위해 해야 할 일을 안다. • 꽃에 관심을 가지고 탐구하며 소중히 대하는 태도를 기른다.
누리과정 관련요소	• 사회관계－사회에 관심 갖기(지역사회에 관심 갖고 이해하기) • 자연탐구－과학적 탐구하기(생명체와 자연환경 알아보기)
활동자료	사진자료(유아들이 심은 꽃모종), 토의 활동지

활동방법

1. 사진자료(유아들이 심은 꽃모종)을 보며 꽃모종 활동을 회상한다.
   - 우리가 심은 꽃모종을 잘 키우려면 어떻게 해야 할까?

2. 팀을 나누어 꽃을 가꾸기 위한 방법을 토의한다.
   - 꽃을 돌보기 위해 어떤 일을 해야 할까?
   - 식물이 잘 자라기 위해 어떤 것들이 필요할까?
   - 어떤 마음을 가지고 꽃을 돌봐야 할까?

3. 각 팀에서 의논한 내용을 발표한다.
   - 우리 팀이 생각한 것을 친구들에게 소개해 보자.

4. 토의 결과를 생각하며 꽃을 잘 가꾸기 위해 필요한 약속을 정한다.
   - 화분은 어디에 두는 것이 좋을까?
   - 물은 언제(얼만큼) 주는 것이 좋을까?

- 누가 물을 줄까?
- 꽃을 피우기 위해서 우린 또 어떤 일을 할 수 있을까?

확장활동

1. 봄꽃 기르며 관찰하기(바깥놀이)

자신이 심은 꽃모종 화분에 물을 주고 관찰하며 사랑으로 가꾼다.

교사를 위한 도움말

- 정성껏 기를 수 있도록 약속판을 만들거나 꽃모종 화분에 이름을 지어주면 좋습니다.

활동3 다시 태어난 화분

활동 유형	관련 직업
자유선택활동 과학영역	원예가

생활주제	봄의 식물
진로교육개념 영역	• II. 일과 직업 세계 이해–일에 대한 긍정적 태도 • III. 진로탐색–직업정보의 탐색
활동목표	• 꽃을 가꾸는 직업에 관심을 가진다. • 재활용품을 활용하여 화분을 재구성한다.
누리과정 관련요소	• 사회관계–다른 사람과 더불어 생활하기(친구와 사이좋게 지내기) • 자연탐구–과학적 탐구하기(생명체와 자연환경 알아보기)
활동자료	사진자료(재활용 화분), 재활용품, 배양토, 삽, 물뿌리개, 모종, 꽃모종

활동방법

1. 사진자료 '재활용 화분'을 보며 이야기 나눈다.
   - 사진 속 꽃은 어디에 심어져 있니?
   - 버려진 물건이 화분으로 다시 사용된 것을 보니 어떠니?
   - 만약 재활용 화분이 말을 한다면 뭐라고 할 것 같니?

2. 2~3명이 한 팀이 되어 만들고 싶은 재활용 화분과 꽃모종을 선택한다.
   - 우리도 사용하지 않는 물건을 화분으로 만들어 꽃을 심어볼까?
   - 어떤 물건을 화분으로 하면 좋을까?
   - 그 물건은 어디에 있니?
   - 우리처럼 꽃을 심고 가꾸는 것을 직업으로 하시는 분들을 뭐라고 부르는지 알고 있니?

3. 친구들과 함께 꽃모종을 심는다.
   - 꽃모종을 심으려면 무엇이 필요할까?
   - (재활용품을 보며) 이 화분에 어떤 꽃모종을 심으면 좋을까?

- 우리가 심은 꽃에게 어떤 말을 해 줄 수 있을까?

4. 화분을 놓을 장소를 정하고 가꾼다.
   - 재활용화분으로 꽃을 심으니 어떠니?
   - 우리가 만든 재활용화분을 어디에 두고 싶니?

확장활동

1. 행복이 자라는 쉼터(바깥놀이)

   재활용 화분으로 만든 화분을 유치원 주변에 전시해 두어 작은 화단과 쉼터를 만든다.

교사를 위한 도움말

- 재활용 화분이 화분의 역할을 할 수 있도록 바닥면에 구멍을 뚫어 준비합니다.
- 꽃모종을 심을 때 서로 협력할 수 있도록 역할을 정하면 좋습니다.
- 재활용 화분에 대한 정보는 인터넷 검색으로 찾을 수 있습니다.

재활용 화분을 만들며...

"신발로 어떻게 화분을 만들어요?"

"플라스틱 컵은 못 쓰는 쓰레기인데 화분 못 만들어요."

"구멍은 왜 뚫는 거예요?"

"신발 색칠하면 더 예쁘겠어요."

"주전자 화분은 너무 무거워요."

"검정 신발에는 분홍 꽃이 어울려요."

"와~* 신기하다. 신발이 화분이 됐어."

활동4 봄꽃에게 이름을 지어주어요

활동 유형	관련 직업
자유선택활동 언어영역	원예가

생활주제	봄의 식물
진로교육개념 영역	• Ⅰ. 자기 이해와 사회적 역량 개발－다른 사람과의 긍정적 상호작용
활동목표	• 봄꽃을 탐색하며 봄꽃에 대한 나의 생각을 자유롭게 표현한다. • 나와 친구의 생각에 차이가 있음을 알고 존중하는 태도를 보인다.
누리과정 관련요소	• 의사소통－말하기(생각, 느낌, 경험 말하기) • 사회관계－다른 사람과 더불어 생활하기(친구와 사이좋게 지내기) • 자연탐구－과학적 탐구하기(생명체와 자연환경 알아보기)
활동자료	사진자료(봄에 피는 꽃), 꽃 그림(개나리, 진달래, 목련 등 봄에 피는 꽃), 모양종이 (2cm*4cm), 사인펜

활동방법

1. 사진자료 '봄에 피는 꽃'을 보며 봄꽃을 탐색한다.
   - 봄에는 어떤 꽃을 볼 수 있을까?
   - (사진자료를 보며) 어떤 꽃이니?
   - 꽃의 모양(색)이 어떠니?

2. 꽃의 느낌에 대해 이야기 나눈다.
   - 이 꽃을 보면 어떤 생각이 드니?
   - 이 꽃을 만지면 느낌이 어떨까?
   - 어떤 향기가 날까?
   - 이 꽃의 이름은 뭘까?

3. 꽃에게 이름(별명)을 지어 붙여준다.
   - 이 꽃에게 새로운 이름(별명)을 지어준다면 어떤 이름(별명)을 지어주고 싶니?

– 왜 그렇게 생각했니?

– 이름을 적어 꽃에게 이름표를 붙여주자.

4. 활동 결과물을 보며 이야기 나눈다.

– 친구들은 꽃에게 어떤 이름(별명)을 지어주었을까?

– 어떤 이름(별명)이 잘 어울리는 것 같니?

확장활동

1. 봄꽃 짝짓기(게임)

내가 좋아하는 봄꽃의 목걸이를 하고 음악에 맞춰 춤을 추다가 음악이 멈추면 나와 같은 꽃을 찾아 자리에 앉는다.

교사를 위한 도움말

- 개나리, 진달래, 벚꽃 등 봄의 대표적인 꽃도 좋지만 제비꽃, 달래, 찔레꽃 등의 유아들이 잘 모르는 꽃 이름을 사용하여 이름(별명) 짓기를 해도 좋습니다.

활동5 행복을 전하는 플로리스트

활동 유형	관련 직업
자유선택활동 역할놀이영역	플로리스트

생활주제	봄의 식물
진로교육개념 영역	• Ⅱ. 일과 직업 세계 이해－일에 대한 긍정적 태도 • Ⅳ. 진로디자인과 준비－계획과 실천의 중요성 인식
활동목표	• 플로리스트가 하는 일을 알고 경험해 본다. • 플로리스트의 일과 마음가짐을 생각해 보며 역할놀이를 즐긴다.
누리과정 관련요소	• 예술경험－예술적 표현하기(통합적으로 표현하기) • 의사소통－말하기(느낌, 생각, 경험말하기)
활동자료	 그림동화 '행복을 파는 꽃집' (조은숙 글 · 그림, 한얼에듀, 2016), 꽃(코팅자료, 조화), 화분, 꽃다발, 계산기, 돈, 가격표, 앞치마, 역할이름표

활동방법

1. 그림동화 '행복을 파는 꽃집'을 듣고 플로리스트 직업에 대해 이야기 나눈다.

송이의 엄마 아빠는 꽃가게를 하는 플로리스트랍니다. 플로리스트는 꽃 이름과 꽃이 언제 피는지를 알아야 하고 시들지 않게 잘 가꿔줘야 하며 꽃을 사기 위해 새벽에 일찍 시장에 가야 돼서 부지런해야 한다고 알려줍니다. 어느 날 꽃가게에 찾아온 손님들이 있었습니다. '결혼식장을 꾸며주세요'라는 말에 엄마 아빠는 어떻게 결혼식장을 꾸밀지 생각하고 어떤 꽃이 어울릴지, 신랑, 신부를 위해 꽃을 아름답게 장식하며 행복을 전했답니다.

– 동화에서 송이의 부모님은 어떤 일을 하셨니?
– 꽃으로 어딜 꾸며주셨니?
– 꽃으로 장식된 결혼식장을 본 사람들은 기분이 어땠을까?
– 꽃을 이용하여 아름답게 장식하고 꾸미는 사람을 플로리스트라고 한단다.

2. 역할영역 '꽃가게' 놀이를 함께 준비한다.
   - 플로리스트 놀이를 하려면 어떤 것들이 필요할까?
   - 플로리스트는 손님에게 어떤 말을 할까?
   - 플로리스트는 어떤 마음으로 손님이 주문한 꽃다발을 만들까?

4. 친구들과 함께 플로리스트가 되어 꽃가게 놀이를 한다.

5. 활동을 평가한다.
   - 플로리스트가 되어 보니 어땠니?
   - 놀이하면서 재미있었던 점은 무엇이니?
   - 친구에게 꽃을 꾸며주니 기분이 어땠니?
   - 친구가 만들어준 꽃을 받아보니 기분이 어땠니?

확장활동

1. 봄꽃 장식품(미술영역)

떨어진 나뭇가지나 재활용품(계란판) 등을 이용하여 유아들이 느끼는 봄의 색을 칠하여 봄꽃을 만든 후 교실이나 복도에 장식한다.

교사를 위한 도움말

- 꽃가게에 필요한 다양한 꽃을 꽃 철사, 아이클레이, 오아시스를 이용하여 유아들과 함께 만들어 볼 수 있습니다.
- 주문서를 활용하여 손님이 주문한 내용에 적합한 꽃다발이나 장식을 만들어보아도 좋습니다.

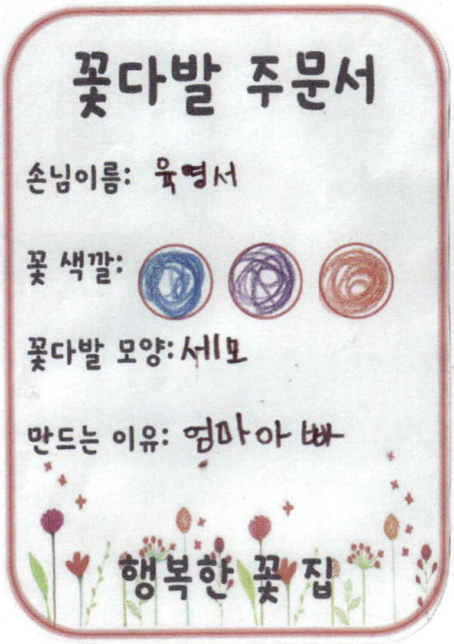

꽃다발 주문서

손님이름: 육영서

꽃 색깔:

꽃다발 모양: 세모

만드는 이유: 엄마아빠

행복한 꽃집

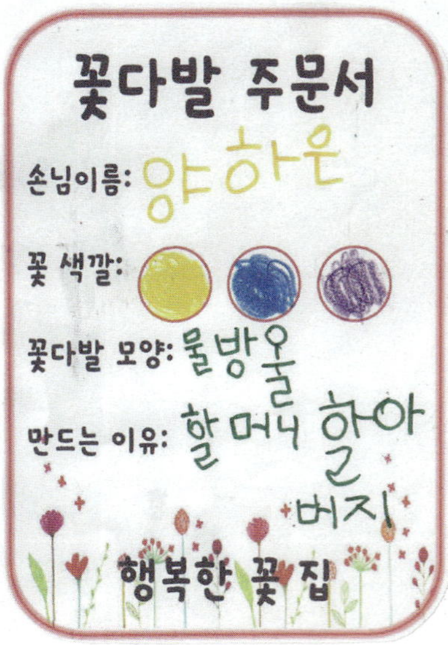

꽃다발 주문서

손님이름: 양하은

꽃 색깔:

꽃다발 모양: 물방울

만드는 이유: 할머니 할아버지

행복한 꽃집

생활주제 우리 동네 사람들

우리 동네 사람들

누리과정 교사용 지도서 생활주제

우리 동네, 생활도구, 환경과 생활, 건강과 안전

자기이해와 사회적 역량

- 이야기 나누기–내가 사는 동네를 소개해요
- 바깥놀이–우리 동네 둘러보기
- 미술–우리 동네 디오라마
- 이야기 나누기–우유배달원께 감사편지 만들어 전달하기
- 동시–우리 동네 자랑
- 수 조작–고마운 이웃과 친하게 지내요
- 명화감상–구스타브 카유보트 '비오는 날의 파리거리'

일과 직업의 세계 이해

- 동화–아빠와 소방서에 가요
- 동화–삐요 삐요 불이 났어요
- 이야기 나누기–고마운 이웃들이 있어요
- 신체–어떤 직업일까?
- 수 조작–시장에 갔어요
- 언어–우리 동네 사람들
- 게임–우리 동네 기관 완성하기
- 역할–새콤 달콤 과일 사세요
- 역할–병원놀이
- 역할–우체국 놀이
- 토의–마트가 없다면?
- 역할–미용사 놀이
- 동화–새벽을 여는 할아버지
- 쌓기–우리 동네 구성하기
- 수 조작–누구일까요? 다양한 직업빙고
- 수 조작–채소 수확하기

진로탐색

- 전문가 초빙–치과의사
- 현장체험–소방서로 출동!
- 동극–행복을 전하는 편지
- 동화–행복을 배달하는 폴짝이
- 현장체험–우체국 견학
- 지역사회연계–아름다운 가게
- 가정연계–우리 동네 편의점 조사하기

관련 직업

소방관, 우체부, 가게주인, 점원, 경찰관, 의사, 간호사, 환경미화원, 우유배달원

진로디자인과 준비

- 바깥놀이–출동! 소방관이 되어보자
- 언어–내가 만약 우체부가 된다면?
- 토의–벼룩시장을 준비해요
- 바깥놀이–벼룩시장
- 미술–환경 포스터 만들기
- 바깥놀이–깨끗한 우리 동네 만들기 캠페인

활동1

우리 동네 디오라마

활동 유형	관련 직업
자유선택활동 미술영역	다양한 직업

생활주제	우리 동네 사람들
진로교육개념 영역	• Ⅰ. 자기이해와 사회적 역량 개발 – 다른 사람과의 긍정적 상호작용 • Ⅱ. 일과 직업 세계 이해 – 일과 직업에 대한 인식
활동목표	• 내가 만든 우리 동네 기관을 친구에게 소개한다. • 우리 동네에는 생활에 필요한 다양한 기관과 장소가 있음을 안다.
누리과정 관련요소	• 의사소통 – 말하기(느낌, 생각, 경험 말하기) • 사회관계 – 사회에 관심 갖기(지역사회에 관심 갖고 이해하기)
활동자료	우리 동네 사진, A4 흰 도화지, 연필, 색연필, 크레파스, 가위

활동방법

1. 우리 동네의 사진을 보며 이야기 나눈다.
   - 선생님이 유치원 동네의 모습을 사진으로 찍어 보았는데 함께 볼까?
   - 우리 동네에서 내가 좋아하는 곳은 어디니?
   - 이곳은 어떤 일을 하는 곳일까?
   - 이 사람은 무엇을 하고 있을까?

2. 우리가 생활하는 데 필요한 기관과 장소에 대해 이야기 나눈다.
   - 우리 동네에 꼭 필요한 기관(가게)은 무엇일까?
   - 왜 그렇게 생각했니?
   - 그곳에는 어떤 분이 일을 하고 계시니?

3. 살기 좋은 우리 동네를 생각하며 디오라마를 만든다.
   - 우리 동네에 꼭 필요한 기관(가게)과 사람들을 생각하며 살기 좋은 마을을 만들어 보자.
   - 어떻게 만들까?

- 우리가 만든 기관(가게)으로 어떤 놀이를 해 볼까?

3. 자신이 만든 디오라마를 친구에게 소개한다.
   - 무엇을 만들었니?
   - 왜 이 건물을 만들었니?

확장활동

1. 우리 동네 구성하기(쌓기놀이 영역)

   미술영역에서 만들었던 내가 만든 건물, 표지판, 길을 일하는 사람을 이용하여 쌓기놀이 영역에 우리 동네(마을)를 구성하고 놀이한다.

교사를 위한 도움말

- 일하는 사람의 모습을 그리거나 잡지에서 찾아 오린 후 놀이에 사용하면 좋습니다.
- 완성된 그림은 코팅한 후, 삼각대를 만들고 디오라마의 위쪽에 클립을 끼워두면 잘 세워집니다.

활동2 어떤 직업일까?

활동 유형	관련 직업
신체	다양한 직업

생활주제	우리 동네 사람들
진로교육개념 영역	• II. 일과 직업 세계 이해－일과 직업에 대한 인식 • III. 진로탐색－직업정보의 탐색
활동목표	• 우리 동네에서 볼 수 있는 여러 직업에 대해 관심을 갖는다. • 다양한 직업이 하는 일을 몸으로 표현하며 즐거움을 느낀다.
누리과정 관련요소	• 사회관계－사회에 관심 갖기(지역사회에 관심 갖고 이해하기) • 예술경험－예술적 표현하기(통합적으로 표현하기)
활동자료	다양한 직업 이름과 그림이 있는 스케치북(운동선수, 발레리나 등)

활동방법

1. 우리 동네에서 일하시는 분들에 대해 이야기 나눈다.
   - 우리 동네에 함께 살고 있는 사람들을 무엇이라고 부를까?
   - 이웃들 중에서 일하고 계시는 어른들의 모습을 본 적 있니?

2. 교사가 시범을 보여주며 활동을 소개한다.
   - 너희들이 보았던 OO(직업)을 몸으로 표현해 본다면 어떻게 할 수 있을까?
   - 그럼 선생님은 어떤 직업을 표현하고 있는지 맞춰봐.

3. 직업별 특징을 생각하며 몸으로 표현해 본다.
   - 이 분의 직업은 무엇일까요?
   - 이 분이 하는 일을 몸으로 이야기해 보세요.

4. 신체 표현한 활동을 회상한다.
   - 직업을 몸으로 표현해 보니 어땠니?
   - 어떤 친구의 표현이 재미있었니?

확장활동

1. "누구일까요?" 다양한 직업빙고(언어영역)

   한 친구가 '불러주는 카드'를 보고 직업에 대해 수수께끼를 내면 다른 친구들은 게임판에서 수수께끼의 정답에 해당되는 그림을 카드로 가린다. 먼저 게임판을 다 덮으면 빙고를 외친다.

교사를 위한 도움말

- 유아들에게 쉽고 친숙하며 몸으로 표현할 수 있는 직업들을 준비합니다.
- 2팀 혹은 4팀으로 나누어 몸으로 직업 표현하기를 릴레이로 전달한 후 맞추어보는 게임 활동을 진행할 수 있습니다.

활동3 새콤 달콤 과일 사세요

활동 유형	관련 직업
자유선택활동 역할놀이영역	과일가게 주인

생활주제	우리 동네 사람들
진로교육개념 영역	• Ⅱ. 일과 직업 세계 이해－일과 직업에 대한 인식 • Ⅳ. 진로디자인과 준비－계획과 실천의 중요성 인식
활동목표	• 과일가게 주인이 하는 일에 대해 알고 직업의 소중함을 느낀다. • 놀이 상황에서의 나의 역할을 알고 즐겁게 참여한다.
누리과정 관련요소	• 사회관계－다른 사람과 더불어 생활하기(친구와 사이좋게 지내기) • 사회관계－사회에 관심 갖기(지역사회에 관심 갖고 이해하기) • 의사소통－말하기(상황에 맞게 바른 태도로 말하기)
활동자료	유아들이 만든 과일(사과, 배, 감, 땅콩), 각 과일 가격표, 과일 담아 놓는 바구니, 계산대, 돈, 장바구니, 과일가게 간판

활동방법

1. 과일가게에 다녀온 경험에 대해 이야기 나눈다.
   - 과일가게에 다녀와 본 적 있니?
   - 과일가게에서 어떤 과일을 사 보았니?

2. 과일가게 사진을 보며 필요한 역할과 물건을 알아본다.
   - 과일가게에는 누가 계실까?
   - 그 분들은 어떤 일을 하실까?
   - 과일가게 놀이를 할 때 필요한 물건은 무엇이 있을까?
   - 가격표는 어떻게 만들면 좋을까?
   - 과일가게 이름은 무엇으로 하면 좋을까?
   - 과일가게 놀이를 하기 위해 더 필요한 것은 무엇이 있을까?

3. 과일가게 놀이를 하기 위해 지켜야 할 약속을 알아본다.
   - 과일가게 놀이를 즐겁게 하기 위해 어떤 약속이 필요할까?
   - 과일가게 주인, 손님은 몇 명씩 정해 놀이하면 좋을까?

4. 역할영역에서 과일가게 놀이를 한다.
   - 과일가게 주인은 손님이 오면 무슨 말을 하면 좋을까?
   - 어떻게 하면 손님이 가게에 또 오고 싶은 마음이 들 수 있을까?
   - 손님이 과일을 살 때 지켜야 할 약속은 무엇이 있을까?

5. 놀이 후 활동을 평가한다.
   - 놀이를 하면서 더 필요한 것은 없었니?
   - 과일가게 주인이 되어보니 어땠니?
   - 예의 없는 손님이 왔을 때(손님이 맛있는 과일을 사주었을 때) 어떤 기분이 들었니?
   - 이런 과일 가게가 없다면 어떤 점이 불편할까?
   - 이 분들께 어떠한 마음을 가져야 할까?

확장활동

1. 채소 수확하기(수 · 조작영역)

친구와 함께 활동판 위 말을 움직이며 채소가 있는 칸에 도착하면 채소를 가져간다. 게임이 끝난 후 채소의 수를 세어보아 많이 수확하면 이긴다.

교사를 위한 도움말

- 유아들과 함께 과일가게 놀이에 필요한 과일들을 직접 만들어 놀이에 활용해 볼 수 있습니다.

Kid's Talk

과일가게 손님과 주인의 이야기

주인: "여기 맛있는 과일이 있습니다. 지금 특별 할인가격입니다."

손님 : "조금만 깎아주세요."

주인: "오늘은 1+1입니다. 하나를 사면 하나 더 드려요."

손님 : "(산 과일을 바로 먹을 수 있음) 사과 샐러드 만들어 주세요."

손님 : "감이랑 배를 섞어서 갈아주세요."

활동4 소방서로 출동!

활동 유형	관련 직업
현장체험	소방관, 구급대원, 응급구조사

생활주제	우리 동네 사람들
진로교육개념 영역	• II. 일과 직업 세계 이해–일과 직업에 대한 인식 • III. 진로탐색–직업정보의 탐색
활동목표	• 소방관이 하는 일과 보람에 대해 안다. • 소방관이 하는 일을 체험해 보고 감사하는 마음을 가진다.
누리과정 관련요소	• 자연탐구–탐구하는 태도 기르기(호기심을 유지하고 확장하기) • 사회관계–사회에 관심 갖기(지역사회에 관심 갖고 이해하기)
활동자료	불이 난 그림자료, 여벌옷, 약품, 비상연락망, 휴대폰, 카메라

활동방법

1. 그림 속 상황에 대해 이야기 나눈다.
   - 무슨 일이 일어났니?
   - (그림을 보며) 어떻게 해야 할까?
   - 불이 났을 때 우리를 도와주는 분은 누구일까?

2. 소방서에서 하는 일에 대해 이야기 나누고 궁금한 것을 알아본다.
   - 우리 동네에서 소방서를 본 적 있니?
   - 소방서에는 어떤 분들이 계실까?
   - 소방서에서 또 무엇을 볼 수 있을까?

3. 우리 동네 소방서 견학 시 지켜야 할 약속을 정한다.
   - 소방서에 갈 때 어떤 약속을 지켜야 할까?
   - 궁금한 점은 어떻게 알아보면 좋을까?

4. 현장체험 활동을 한다.

- 상황실은 무슨 일을 하는 장소일까?
- 불을 끄려면 어떤 것들이 필요할까?
- 소방차는 왜 빨간 색일까?
- 불을 끄러갈 때 왜 다른 옷을 입을까?

5. 현장체험을 다녀온 후, 느낀 점에 대해 이야기를 나눈다.

- 소방서에는 어떤 것들이 있었니?
- 소방호스를 사용해 보니 어땠니?
- 소방서에 다녀와서 새롭게 알게 된 점은 무엇이니?
- 소방관에게 어떤 마음을 가지면 좋을까?

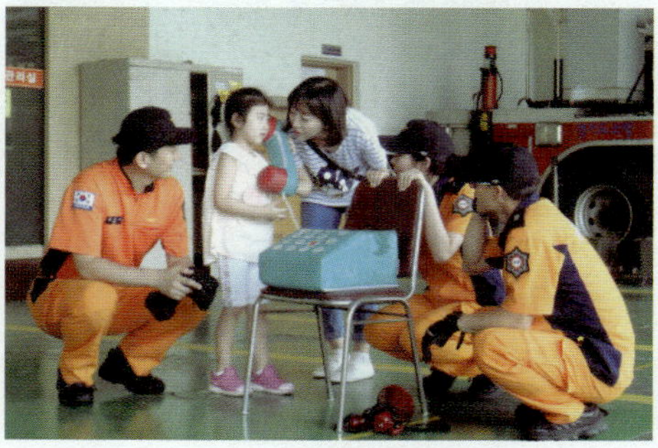

확장활동

1. 출동 소방관이 되어보자(바깥놀이)

소방관이 하는 일을 생각하며 화재신고를 받고, 불이난 장소로 신속히 출동하여 불을 끄며 사람을 구조하는 역할놀이를 한다.

교사를 위한 도움말

- 소방서 견학을 위해 사전예약이 필요합니다.
- 소방관이 사용하는 물건을 역할놀이 소품으로 준비하면 더 재미있게 놀이할 수 있습니다.

활동5 깨끗한 우리 동네 만들기

활동 유형	관련 직업
바깥놀이	환경미화원, 환경운동가

생활주제	우리 동네 사람들
진로교육개념 영역	• II. 일과 직업 세계 이해 – 일에 대한 긍정적 태도 • Ⅳ. 진로디자인과 준비 – 계획과 실천의 중요성 인식
활동목표	• 깨끗한 우리 동네를 만들기 위해 내가 할 수 있는 일을 알아본다. • 우리 동네를 깨끗하게 하는 방법을 계획하고 실천한다.
누리과정 관련요소	• 사회관계 – 나를 알고 존중하기(나의 일 스스로하기) • 사회관계 – 사회에 관심 갖기(지역사회에 관심 갖고 이해하기)
활동자료	사진자료(유치원 주변의 지저분한 모습), 비닐봉지 6개, 집게 10개, 장갑, 어린이용 빗자루, 쓰레받이

활동방법

1. 우리 동네의 사진을 보며 이야기 나눈다.
   - (쓰레기가 많은 유치원 앞길) 어떤 일이 일어난 것 같니?
   - 왜 이렇게 되었을까?
   - 유치원 오는 길에 쓰레기가 많으면 어떨 것 같니?

2. 우리 동네를 깨끗하게 하는 방법을 친구들과 함께 생각해 본다.
   - 깨끗한 동네로 만들기 위해 우리가 할 수 있는 일들은 무엇이 있을까?
   - 사람들이 쓰레기를 버리지 않도록 하기 위해 우리가 할 수 있는 일은 무엇일까?

3. 바깥놀이 시간에 친구들과 함께 유치원 주변을 직접 청소한다.
   - 우리가 다 함께 역할을 나누어 유치원 주변을 청소하자.

4. 활동을 한 후 평가한다.
   - 친구들과 함께 쓰레기를 주우며 어떤 생각을 했니?

- 우리 동네를 깨끗하게 청소해 주시는 분들을 본 적 있니?
- 그 분들을 뭐라고 부를까?
- 만약 미화원이 없거나, 힘들다고 일을 안 하면 어떨 것 같니?
- 우리 동네를 아끼고 사랑하는 방법에는 또 무엇이 있을까?

확장활동

1. 환경 포스터 만들기(미술영역)

깨끗한 환경을 만들기 위한 포스터를 소그룹으로 만든다.

2. 환경 캠페인(바깥놀이)

바깥놀이 시간에 환경보호 캠페인을 한다.

교사를 위한 도움말

- 사전활동으로 우리 동네 돌아보기를 한 후, 이야기를 나누면 좋습니다.
- 환경을 깨끗하게 하기 위한 포스터를 소그룹으로 만든 후 유치원 주변을 오고가는 사람들이 볼 수 있도록 전시하면 효과적입니다.

쓰레기를 줍고 난 후 우리의 생각

"중학생 언니, 오빠들이 쓰레기를 버리지 않았으면 좋겠어요."

"우리 아빠가 담배 피우고 길에 버렸어요."

"우리 유치원이 더 예뻐보여요."

"식물들아 미안해. 이제 우리가 아프지 않게 도와줄게."

생활주제 동물은 내 친구

자기이해와 사회적 역량

- 수 조작–내가 좋아하는 동물
- 동화–경민이의 아주 특별한 친구
- 언어–강아지와 대화해요
- 미술, 역할극–강아지 가면 만들기
- 명화감상–에드가 헌터 '침입자'

누리과정 교사용 지도서 생활주제

동 · 식물과 자연, 환경과 생활, 나와 가족

일과 직업의 세계 이해

- 이야기 나누기–병아리 엄마 아빠가 되어요
- 바깥놀이–병아리 운동시키기
- 동화–양념이와 프라이드
- 동화–응아, 어디가 아프니?
- 동화–고마워요 아저씨
- 역할–동물을 돌보는 수의사
- 역할–동물미용사 놀이
- 새노래–동물원에서 일하시는 분

동물은 내 친구

진로탐색

- 과학–부화기 속 달걀이 궁금해요
- 동화–행복한 미용사 룰라
- 현장체험–과천 동물원
- 전문가 초빙–동물원이 움직인다
- 현장체험–농도원 목장
- 게임–동물 목소리 흉내내기
- 과학–동물을 직접 길러요

관련 직업

수의사, 동물 미용사, 사육사, 동물학자, 축산업자, 낙농업자

진로디자인과 준비

- 미술–병아리 집 만들기
- 쌓기–동물원 구성하기
- 이야기 나누기–동물을 위해 우리가 할 수 있는 일
- 언어–동물을 위한 우리의 약속

활동1 강아지와 대화해요

활동 유형	관련 직업
자유선택활동 언어영역	수의사, 사육사

생활주제	동물은 내 친구
진로교육개념 영역	• Ⅰ. 자기이해와 사회적 역량 개발-다른 사람과의 긍정적 상호작용
활동목표	• 나와 다른 사람의 생각의 차이를 알고 존중한다. • 강아지의 몸짓과 표정 그림을 보며 자신의 생각을 표현해 본다.
누리과정 관련요소	• 의사소통-쓰기(쓰기에 관심 가지기) • 사회관계-나와 다른 사람의 감정알고 조절하기 (나와 다른 사람의 감정알고 표현하기)
활동자료	강아지 퍼펫인형, 활동지(다양한 상황 그림)

활동방법

1. 울고 있는 강아지 인형의 이야기를 들으며 관심을 가져본다.
   - 강아지의 표정이 어떠니? 어떤 기분일까?
   - 왜 울고 있는 것 같니?
   - 친구와 다른 생각을 한 친구 있니?
   - 강아지의 생각을 어떻게 알았니?

2. 여러 가지 상황의 다양한 그림을 감상한다.
   - 너희들에게 이야기하고 싶은 다른 강아지의 사진을 볼까?
   - 이 강아지는 무엇을 하고 있는 것 같니?
   - 강아지의 표정이 어떠니?
   - 강아지에게 무슨 일이 생긴 것 같니?

3. 나의 생각을 글로 써서 표현해 본다.

- 강아지가 어떤(무슨) 말을 하고 있는지 생각한 후 말 주머니에 적어 보자.
  (유아가 글씨를 못 쓰는 경우, 유아가 하는 이야기를 교사가 적어준다.)

4. 이야기를 완성한 후 친구들에게 소개하며 발표한다.

- 나의 생각을 친구들에게 소개해 보자.
- 친구의 생각을 들어보니 어떠니?
- 같은 그림을 보고도 서로 다른 생각을 할 수 있구나.
- 어떤 생각이 가장 기억에 남니?

확장활동

1. 동물 가면 만들어 놀이하기(미술영역, 역할놀이)

다양한 표정의 강아지 가면을 만들어서 쓰거나 퍼펫인형을 이용하여 친구들과 함께 역할극을 해 본다 .

교사를 위한 도움말

- 그림 속 장면을 충분히 감상하고 생각할 수 있는 시간이 필요합니다.
- 친구와 나의 생각이 차이가 있음을 알고 서로의 의견을 존중해야 함을 알아봅니다.

활동2 웅아, 어디가 아프니?

활동 유형	관련 직업
동화	수의사, 사육사

생활주제	동물은 내 친구
진로교육개념 영역	• II. 일과 직업 세계의 이해–일과 직업에 대한 인식
활동목표	• 우리 생활과 밀접한 수의사 직업에 대해 관심을 갖는다. • 자신이 좋아하는 것과 관련된 직업을 생각해 본다.
누리과정 관련요소	• 의사소통–듣기(이야기 듣고 이해하기) • 사회관계–사회에 관심 갖기(지역사회에 관심갖고 이해하기)
활동자료	 그림동화 '웅아, 어디가 아프니?' (제민조 글, 가아루 그림, 한얼에듀, 2012), 실물화상기, 악보, 피아노, 동물병원사진(도구, 치료장면), 악보(안미정 작사 · 작곡, 키드키즈자료)

활동방법

1. 동물병원에 다녀온 교사의 경험을 들려준다.
   - 선생님이 키우는 강아지가 아파서 동물병원에 다녀왔어.
   - 동물병원에 가니 의사선생님, 간호사선생님, 미용사선생님이 있었단다.
   - (사진을 보며) 그곳에서 이런 물건을 보았어.
   - 너희들도 본 적이 있니?

2. 동화를 감상한 후 내용을 회상한다.

> 동물들은 아프면 어디로 갈까요? 바로 수의사 선생님이 있는 동물병원입니다. 웅이는 어디가 아파서 동물병원에 갔을까요? 애완동물과 노는 것이 너무나 재미있고 동물들에 호기심이 넘친다면 훌륭한 수의사가 될 수 있을 겁니다.

- 웅이는 동물병원에 왜 가게 되었니?
- 동물병원에서 누구를 만났니?
- 동물 친구들은 어떤 치료를 받았니?
- 송아지가 무사히 태어났을 때 수의사 선생님의 기분은 어땠을까?
- 주사를 맞을 때 수의사선생님의 손이 왜 따뜻하게 느껴졌을까?

3. 수의사에 대해 이야기 나누며 좋아하는 것과 관련된 직업을 생각해 본다.
   - 수의사는 동물병원에서만 일할까?
   - 수의사는 어떤 마음으로 동물을 대해야 할까?
   - 너희들 중 동물을 좋아하는 친구가 있니?
   - 만약 동물을 좋아하지 않는 친구가 수의사가 된다면 어떨 것 같니?
   - 수의사는 어떤 마음으로 동물을 대해야 할까?

확장활동

1. 동물원에서 일하시는 분(음악)
   동물원에서 일하시는 분들에 대한 노랫말이 담긴 노래를 부르며 다양한 직업에 관심을 갖는다.

교사를 위한 도움말

- 수의사가 하는 여러 가지 일을 교사가 미리 정확하게 숙지하고 있어야 합니다.
- 동물병원에 현장체험을 가거나 전문가 초빙을 하여 궁금한 점을 직접 알아보는 방법을 추천합니다.

〈정보나눔〉
수의사가 궁금해요.

▶ 수의사는 어떤 일을 하나요?

- 수의사는 동물들이 다치거나 병에 걸렸을 때 어디가 아픈지 살펴보고 치료를 해요.
- 동물이 병에 걸리지 않도록 예방을 하거나 새끼를 낳을 때 도와주는 일도 해요.
- 사람들에게 애완동물을 잘 키우는 방법을 알려 주기도 하지요.

▶ 수의사는 동물병원에서만 일을 하나요?

동물원에서 동물들을 돌보는 수의사도 있고, 외국에서 들어오는 동물이 해로운지 아닌지를 검사하는 수의사도 있어요. 사람의 질병 치료를 위해 동물 실험을 하는 사람들과 함께 일하는 수의사도 있지요. 또 동물 보호소에서 주인을 잃은 동물들을 돌보는 수의사도 있어요.

활동3 동물을 돌보는 수의사

활동 유형	관련 직업
자유선택활동 역할놀이영역	수의사, 사육사

생활주제	동물은 내 친구
진로교육개념 영역	• Ⅱ. 일과 직업 세계 이해–일과 직업에 대한 인식 • Ⅲ. 진로탐색–직업정보의 탐색
활동목표	• 아픈 동물을 치료하는 수의사의 일과 보람에 대해 안다. • 동물을 아끼고 사랑하는 마음을 가진다.
누리과정 관련요소	• 사회관계–사회에 관심 갖기(지역사회에 관심 갖고 이해하기) • 자연탐구–과학적 탐구하기(생명체와 자연환경 알아보기)
활동자료	병원놀이 기구, 동물 인형, 의사 가운, 사진(동물병원 실내 모습)

활동방법

1. 동물병원 사진을 보며 사전경험에 대해 이야기 나눈다.
   - 이곳은 어디일까?
   - 동물병원에 가 본 적이 있니?
   - 동물병원에는 어떤 것들이 있니?
   - 동물을 치료하는 의사를 뭐라고 할까?

2. 수의사 놀이에 필요한 물건을 알아본다.
   - 수의사 놀이를 하려면 무엇이 필요할까?
   - 수의사에게 필요한 물건은 무엇이 있니?(청진기, 반사경, 가운 등)
   - 동물을 치료할 때 필요한 도구는 또 어떤 것들이 있을까?(붕대, 연고, 주사, 가위 등)
   - 동물병원 이름은 무엇이라고 할까?

3. 아픈 동물을 돌봐주는 역할놀이를 해 본다 .
   - 치료하는 곳은 어디로 할까?

- 접수 받는 것은 누가 하면 좋을까?
- 아픈 동물이 쉬는 곳은 어디로 할까?
- 동물병원에서 간호사는 어떤 일을 할까?
- 동물을 씻기고 털을 다듬는 곳은 어디로 정할까?

4. 놀이 후 활동을 회상한다.
   - 수의사가 되어 보니 어땠니?
   - 수의사, 간호사는 어떤 마음으로 동물을 돌봐 주어야 할까?
   - 만약 수의사가 없다면 어떨까?

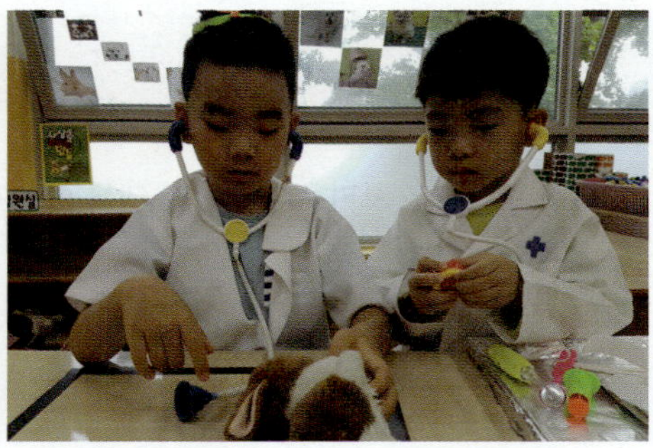

확장활동

1. 동물원 구성하기(쌓기놀이영역)

   다양한 블록을 이용하여 동물원을 구성하고 동물모형으로 꾸민 후 사육사가 되어 놀이해 본다.

교사를 위한 도움말

- 수의사 놀이에 필요한 소품은 유아들이 미술영역에서 스스로 만들어 볼 수 있도록 다양한 재료를 준비하면 좋습니다.
- 가정통신문을 통해 애견미용용품이나 간식, 먹이 등 반려동물을 기르는 친구들의 도움을 받으면 놀이의 흥미를 높일 수 있습니다.

Kid's talk

동물병원 놀이를 하며...

의사: "어서오세요~* 어디가 아파서 왔나요?"

손님: "오리의 다리가 이상해요."

의사: "어떻게 이상한가요?"

손님: "오리가 뒤뚱뒤뚱 걸어요"

의사: "원래 오리는 뒤뚱 뒤뚱 걸어요. 그래도 검사해드릴까요?"

활동4 동물원이 움직인다!

활동 유형	관련 직업
바깥놀이 전문가 초빙	사육사

생활주제	동물은 내 친구
진로교육개념 영역	• II. 일과 직업 세계 이해–일과 직업에 대한 인식 • III. 진로탐색–직업정보의 탐색
활동목표	• 호기심을 가지고 동물을 탐색하며 즐겁게 체험활동에 참여한다. • 사육사가 하는 일을 알고 궁금한 점을 질문을 통해 알아본다.
누리과정 관련요소	• 자연탐구–과학적 탐구하기(생명체와 자연환경 알아보기) • 사회관계–사회에 관심 갖기(지역사회에 관심 갖고 이해하기)
활동자료	출장 동물원(4영역 동물 25종), 비눗방울, (동물 못 만지는 유아) 대형비눗방울 틀, 모양 틀, 비눗방울大 1통, 큰 대야 2개, 신나는 음악, 카세트, 마이크

활동방법

1. 동물원에 가 본 경험에 대해 이야기 나눈다.
   - 동물들을 어디에 가면 볼 수 있니?
   - 동물원에서 어떤 동물들을 보았니?

2. 찾아오는 동물원 만남을 계획한다.
   - 이번에는 동물들이 우리를 만나러 유치원에 온대.
   - 어떤 동물들이 우리를 만나러 올까?
   - 동물들을 우리에게 소개해 주기 위해 함께 오시는 분은 누구실까?
   - 동물들을 기르고 돌보는 일을 하는 분들을 뭐라고 부를까?(사육사)

3. 동물사육사의 이야기를 듣고 난 후 궁금한 점을 질문한다.
   - “어떤 동물들을 돌보나요?”
   - “언제 가장 힘든가요?“

- "동물들과 이야기할 수 있나요?"
- "왜 동물사육사가 되려고 했나요?"

4. 동물원을 체험해 보고 느낀 점에 대해 이야기 나눈다.
   - 뱀을 직접 만져보니 느낌이 어땠니?
   - 동물들을 가까이에서 자세히 관찰해 보며 어떤 생각을 해 보았니?
   - 동물사육사가 없다면 어떨까?
   - 왜 다른 동물들은 오지 못 했을까?

확장활동

1. 동물을 직접 길러요(과학영역)

   교실에서 기를 수 있는 작은 동물을 과학영역에서 기르며 관찰한다.

교사를 위한 도움말

- 출장 동물원이 올 수 있는 넓은 실외 공간이 필요합니다.
- 우천 시에는 유치원에 있는 강당 등 넓은 실내 공간에서 활동할 수 있습니다.
- 동물 알레르기나 동물을 싫어하는 유아들을 위해 한 쪽에는 다른 놀이공간을 마련해 주어도 좋습니다.

동물전시체험 안내

- 체험시간 : 약 2~3시간 정도
- 체험활동 : 동물 6종, 15종, 25종, 35종, 50종 이상 체험 중 선택
- 동물구성 : 원숭이, 스컹크, 패럿, 고슴도치, 토끼, 다람쥐, 프레리독, 비단구렁이, 불파이톤, 킹스네이크, 사바나모니터, 이구아나, 콘스네이크, 비어드드래곤, 레오파드게코, 육지거북, 회색앵무새, 왕관앵무새, 모란앵무, 잉꼬, 백문조, 미성앵무, 카나리아, 타란튤라, 아시안포레스트전갈 등 절지류, 양서류, 곤충류, 포유류, 파충류, 조류 15종 추가

활동5 동물을 위해 우리가 할 수 있는 일

활동 유형	관련 직업
이야기 나누기	사육사, 수의사

생활주제	동물은 내 친구
진로교육개념 영역	• Ⅳ. 진로디자인과 준비－의사결정의 중요성 인식 • Ⅳ. 진로디자인과 준비－계획과 실천의 중요성 인식
활동목표	• 동물을 위해 할 수 있는 실천 가능한 계획을 세워본다. • 나의 일에 책임감 갖고 동물을 사랑으로 돌본다.
누리과정 관련요소	• 의사소통－말하기(느낌, 생각, 경험말하기) • 자연탐구－과학적 탐구하기(생명체와 자연환경 알아보기)
활동자료	도우미목걸이, 약속판, 사인펜

활동방법

1. 동물장을 관찰하며 관심을 갖는다.
   - 우리 유치원에는 어떤 동물들이 살고 있니?
   - 만약 우리 유치원에 동물이 없다면 어떨까?
   - 동물들과 함께 살아서 좋은 점은 무엇이 있을까?
   - 동물은 우리에게 어떤 도움을 주니?

2. 동물을 위해 할 수 있는 일에 대해 이야기 나눈다.
   - 우리는 동물에게 어떤 도움을 줄 수 있을까?
   - 토끼와 닭은 무엇을 먹을까?
   - 동물을 위해 우리가 할 수 있는 일은 또 무엇이 있을까?

     (이름 지어주기, 인사 나누기, 사랑으로 돌보기, 조용히 하기, 위협하지 않기)

3. 동물을 기르기 위해 계획한 것을 함께 실천해 본다.
   - 먹이 당번은 어떻게 정할까?

- 다른 반 친구들에게 동물을 관찰할 때 지켜야 할 약속을 어떻게 알릴까?
- 약속판은 어디에 걸어두면 좋을까?

4. 놀이 후 활동을 회상한다.
   - 함께 정한 약속을 지키지 않으면 어떻게 될까?
   - 어떤 마음으로 돌봐주어야 할까?

확장활동

1. 동물을 돌보기 위한 우리의 약속(언어영역)

   동물을 위해 우리가 할 수 있는 일들을 이야기 나눈 후, 모든 친구들이 볼 수 있도록 글로 적어 약속판을 만들어본다.

교사를 위한 도움말

- 일상생활에서 실천할 수 있는 계획을 세워 보고 꾸준히 할 수 있도록 교사의 지속적인 관심과 지원이 필요합니다.

Kid's talk

동물장에서...

"누가 우리 삑삑이에요?"

"병아리가 너무 부드러워서 솜사탕 같아요."

"병아리가 먹는 것처럼 물을 마셔볼래요."

"삑삑이에는 진한 점이 날개에 있네."

"삑삑이 머리에 벼슬이 났어요. 남자 닭이에요?"

생활주제 교통기관

누리과정 교사용 지도서 생활주제

유치원과 친구
건강과 안전, 생활도구
우리 동네, 교통기관

자기이해와 사회적 역량

- 수 조작–내가 좋아하는 자동차
- 동화–엄마는 비행사
- 신체–자전거 운전하기
- 언어–유치원 버스기사님께 편지쓰기
- 이야기 나누기–지하철에서 지켜야 할 약속
- 이야기 나누기–화가 난 자동차

일과 직업의 세계 이해

- 쌓기–교통놀이(신호등과 교통표지판)
- 역할–승무원, 운전기사, 조종사
- 바깥놀이–자동차 세차하기
- 이야기 나누기–일하는 자동차
- 게임–딩동~! 택배왔어요~
- 동화–즐거운 비행
- 동화–달려라 차돌이
- 언어–버스에서 우리가 지켜야 할 약속
- 토의–여자도 버스를 운전할까?
- 전문가 초빙–교통경찰관을 만나요
- 바깥놀이–도로에서 지켜야 할 약속
- 언어, 미술–우리 반 표지판 놀이
- 언어–택배기사님 감사해요

교통기관

진로탐색

- 쌓기–커다란 버스놀이
- 바깥놀이–버스기사님 궁금해요
- 동화–검피 아저씨의 드라이브
- 동극–신나는 자동차 놀이
- 현장체험–어린이 교통공원
- 동화–토비의 용감한 여행
- 전문가 초빙–친절한 승무원을 초대해요
- 동화–꿈을 싣고 비행을 떠나요
- 명화감상–장욱진 '자동차가 있는 풍경'

관련 직업

승무원, 조종사, 운전기사,
교통경찰관, 세차원,
정비사, 기술자, 택배기사

진로디자인과 준비

- 바깥놀이–어린이 교통공원 놀이
- 동시–무얼 탈까?
- 신체–자전거 면허시험
- 쌓기–교통공원 구성하기

활동1

화가 난 자동차

활동 유형	관련 직업
이야기 나누기	교통경찰

생활주제	우리 동네 사람들
진로교육개념 영역	• Ⅰ. 자기이해와 사회적 역량 개발–다른 사람과의 긍정적 상호작용
활동목표	• 안전한 교통생활을 위해 교통규칙이 필요함을 알고 지킨다. • 다른 사람의 생각과 의견을 존중하며 자신의 생각을 말할 수 있다.
누리과정 관련요소	• 의사소통–말하기(상황에 따라 바른 태도로 말하기) • 사회관계–다른 사람과 더불어 생활하기(사회적 가치를 알고 지키기) • 신체운동건강–안전하게 생활하기(교통안전 규칙 지키기)
활동자료	막대인형(화가 난 자동차의 모습), 교통표지판 그림 자료

활동방법

1. 막대인형 '화가 난 자동차'의 이야기를 듣고 주의집중을 한다.
   - 안녕 얘들아!(화가 난 말투) 나는 너무 화가 났단다. 왜 화가 났는지 아니? 사람들이 횡단보도를 건널 때 약속을 지키지 않아 너무 위험했단다. 자동차를 타거나 길을 건널 때 약속이 필요한거 알고 있니? 어떤 약속들이 있는지 알아보고 약속을 잘 지키자.

2. 교통 표지판을 보며 교통규칙에 대해 토의해 본다.
   - (여러 표지판 사진을 보여주며) 이것을 본 적 있니?
   - 무엇을 알려주는 표지판일까?
   - (어린이 보호구역 표지판) 이 표지판은 무엇을 이야기하는 걸까?
   - 왜 그렇게 생각했니?
   - 다른 생각을 해 본 친구가 있니?
   - (횡단보도/횡단주의/횡단금지 표지판) 무엇이 다른 것 같니?
   - 표지판의 색은 왜 다를까? 색은 무엇을 말하는 걸까?

3. 교통규칙을 지켜야 하는 이유에 대해 이야기 나눈다.

- 만약에 교통규칙을 지키지 않으면 어떻게 될까?
- 우리가 알아본 교통규칙을 가족들에게도 알려주자.

확장활동

1. 우리 반 표지판 놀이(언어영역, 미술영역)

교실 속에서 생활하면서 불편했던 점이나 약속이 필요한 상황에 대해 이야기를 나눈 후 교실 약속 표지판을 만들어 교실에 전시한다.

2. 교통공원 구성하기(쌓기놀이영역)

다양한 블록으로 길을 구성한 후 교통 표지판을 설치하여 교통규칙을 지키며 놀이한다.

교사를 위한 도움말

- 등 · 하원 길에서 볼 수 있는 교통표지판의 특징을 이해할 수 있도록 돕습니다.
- 복도와 계단에서 지켜야할 약속을 표지판을 만들어 게시해도 좋습니다.

친구들의 멋진 생각이 모여 우리반 표지판이 생겼어요.

"표지판의 모양은 왜 달라요?"

"우와 신호등이랑 비슷하다"

"동명 유치원 앞에도 표지판이 있어요."

"계단에서는 조심히 내려가야 되니까 노란색 표지판을 만들면 어때요?"

"표지판으로 친구랑 사이좋게 놀라고 알려주고 싶어요."

활동2 딩동~! 택배 왔어요~

활동 유형	관련 직업
게임	택배기사

생활주제	교통기관
진로교육개념 영역	• II. 일과 직업 세계 이해－일과 직업에 대한 인식
활동목표	• 택배기사의 하는 일을 알고 감사한 마음을 갖는다. • 다른 사람을 위해 일하는 것의 의미를 생각해 본다.
누리과정 관련요소	• 자연탐구－수학적 탐구하기(수와 연산의 기초개념 알아보기) • 사회관계－사회에 관심 갖기(지역사회에 관심 갖고 이해하기)
활동자료	트럭 2대, 주사위(층 주사위 1개, 호 주사위 1개), 카드 28장(배달할 물건), 아파트 층 호수가 적힌 판 12개, 벽돌블럭, 신호악기

활동방법

1. 택배기사에 대한 수수께끼를 낸다.
   - 나는 물건을 아주 많이 배달해요.
   - 나는 일을 할 때 주소가 꼭 있어야 해요.
   - 사람들은 내가 빨리 오기를 기다려요. 그래서 항상 바쁘게 움직이지요.
   - 나는 누구일까요?

2. 택배기사가 하는 일을 알아본다.
   - 택배로 물건을 받아 본 적이 있니?
   - 택배 물건을 배달해 주는 분들은 누굴까?
   - 택배기사는 무엇을 보고 물건을 주문한 사람을 찾아올까?
   - (층과 호수가 적혀 있는 사진 제시) 현관문의 숫자는 무엇을 알려 주는 걸까?(층, 호수)

3. 게임 자료를 알아본다.

- 어떤 게임 자료들이 보이니?(택배 배달 물건, 차, 주사위, 아파트 모형[교구장 활용])
- 주사위의 크기가 어떠니? 왜 두 개일까?(큰 주사위-층/작은 주사위-호)

〈게임방법〉

① 유아들을 두 팀으로 나눈 후, 양 팀에서 한 명씩 나와 배달 물건을 뽑아 출발점에 선다.
② 층 주사위와 호 주사위를 하나씩 선택해서 던진다.
③ 숫자를 기억하면서 배달차를 탄 후 출발신호가 울리면 출발한다.
④ 차를 타고 장애물을 건너 도착하기 전 주차선에 택배차를 주차시킨다.
⑤ 주사위에 나온 주소에 맞게 물건을 배달한다.
⑥ 배달 후 트럭을 타고 출발선으로 먼저 돌아온다.
⑦ 출발선으로 돌아오면 층과 호수에 맞게 택배가 잘 배달되었는지 확인한다.

- 게임을 할 때 어떤 약속을 지켜야 할까?

4. 게임 후 평가한다.

- 직접 택배를 배달해 보니 어땠니?
- 어떤 점이 재미있었니?
- 게임을 하면서 어려웠던 점이 있니?
- 게임을 하며 택배기사님이 어떻게 일하시는지 알게 되었니?
- 택배기사님은 어떤 마음으로 일을 하실까?
- 우리에게 물건을 배달해 주시는 택배 기사님께 어떤 마음을 가져야 할까?

확장활동

1. 택배기사님 감사해요(언어영역)

우리에게 택배를 배달해 주시는 택배 기사님께 감사한 마음을 가지고, 언어영역에서 편지 쓰기 활동을 한후 직접 전달해 본다.

교사를 위한 도움말

- 게임하기 전 유아들과 층과 호에 대해 이야기 나누어야 합니다.
- 아파트 모형은 교구장과 벽돌블록을 활용하면 좋습니다.
- 주사위의 크기와 숫자의 색을 다르게 하는 것이 좋습니다.
- 물건을 실을 수 있도록 택배 차를 부직포로 만들고, 택배물건 사진 뒷면에는 까슬이를 붙여주면 좋습니다.
- 사진으로 하지 않고 실물을 활용하여도 좋습니다.

활동3 신나는 자동차 놀이

활동 유형	관련 직업
동극	운전기사

생활주제	교통기관
진로교육개념 영역	• II. 일과 직업 세계 이해–일에 대한 긍정적 태도 • III. 진로탐색–직업정보의 탐색
활동목표	• 운전기사의 역할을 이해하고 극으로 표현한다. • 극놀이를 통해 친구들과 서로 돕고 협력하는 태도를 기른다.
누리과정 관련요소	• 사회관계–다른 사람과 더불어 생활하기(공동체에서 화목하게 지내기) • 예술경험–예술적 표현하기(극놀이로 표현하기)
활동자료	그림동화 '검피 아저씨의 드라이브', 동극머리띠(검피 아저씨, 동물), 유아들과 함께 만든 버스, 자동차(의자 6개), 운전대

활동방법

1. 막대인형 '검피 아저씨'의 이야기를 듣고 주의집중한다.
   - 안녕? 난 운전을 잘하는 검피 아저씨야. 운전을 하던 중 나에게 무슨 일이 생겼어. 너희가 나 좀 도와줄 수 있겠니?

2. 동화를 듣고 내용을 회상하며 이야기 나눈다.

〈검피 아저씨의 드라이브〉
해설 : 검피 아저씨는 자동차를 타고 드라이브 가려고 차를 몰고 길에 나왔어요.
검피 아저씨 : 드라이브 가야겠다!
해설 : 공놀이하던 강아지도 물었어요.
강아지 : 나도 따라가도 돼요?
검피 아저씨 : 좋아!
해설 : 검피 아저씨는 강아지와 드라이브 함께 갈 생각에 행복해졌어요.
낮잠 자던 고양이도 물었어요.

고양이 : 나도 따라가도 돼요?
검피 아저씨 : 좋아!
해설 : 검피 아저씨는 대답했어요. 도토리를 먹고 있던 다람쥐가 물었어요.
다람쥐 : 나도 따라가도 돼요?
검피 아저씨 : 좋아!
해설 : 대답하고 있는 검피 아저씨 옆으로 달려가던 토끼도 물었어요.
토끼 : 나도 따라가도 돼요?
검피 아저씨 : 좋아!
해설 : 햇볕은 쨍쨍, 자동차는 덜컹덜컹 다 함께 떠날 생각에 검피 아저씨와 동물들은 신이 났어요. 그런데 갑자기 새까만 구름이 몰려와 하늘을 뒤덮었어요. 비가 내리자 길이 질퍽거려 바퀴가 진흙탕에 빠져버렸어요.
검피 아저씨 : 누가 내려서 차를 밀어줄래?
강아지 : 안돼요! 나는 힘들어요.
고양이 : 안돼요! 나는 힘들어요.
다람쥐 : 안돼요! 나는 힘들어요.
토끼 : 안돼요! 나는 힘들어요.
오리 : 안돼요! 나는 힘들어요.
해설 : 바퀴가 마구 헛돌더니 자동차는 점점 진흙탕 속으로 빠져들었어요.
검피 아저씨 : 모두 힘을 합치자!
해설 : 그래서 모두 내려서 차를 밀었어요.
다같이 : 영차! 영차! 영차!
해설 : 모두 온 힘을 다해 자동차를 밀었더니 진흙탕에서 빠져나올 수 있었어요. 아저씨는 다시 집으로 운전을 했어요.
검피 아저씨 : 안녕~ 다음에 또 드라이브하자!

- 동화 속에는 누가 나왔니?
- 검피 아저씨 집에는 무엇이 있었니?
- 그런데 갑자기 새까만 구름이 몰려오더니 비가 오면서 자동차가 어떻게 되었니?
- 동물들이 약속을 지키지 않아서 자동차가 어떻게 되었니?
- 자동차가 진흙탕에 빠져서 검피 아저씨가 도움을 청하자 동물들이 뭐라고 말했니?
- 아저씨가 헤어지면서 어떤 말을 했었니?

3. 동극을 하기 위해 역할을 정한다.
   - 내가 하고 싶은 역할이 있니?

4. 동극에 필요한 소품에 대해 이야기 나눈다.
   - 동극을 하려면 무엇이 필요하니?
   - 어떻게 무대를 꾸미면 좋을까?

- 그 외 동극을 할 때 필요한 것은 무엇이 있을까?

5. 동극을 즐겁게 하기 위해 지켜야 할 약속에 대해 이야기 나눈다.
   - 동극을 재미있게 하려면 지켜야 할 약속이 무엇이 있을까?
   - 앞에 나와 동극을 하려면 어떤 약속이 필요할까?
   - 앉아서 보는 친구들은 어떤 약속을 지켜야 할까?

6. 동극을 한다.

7. 동극에 대해 평가를 한다.
   - 동극을 해 보니 어떤 점이 가장 기억에 남니?
   - 친구들과 함께 동극을 해 보니 어떤 느낌이 들었니?
   - 역할을 맡은 친구들에게 칭찬해 주고 싶은 점은 무엇이 있니?

확장활동

1. 버스에서 지켜야 할 약속(언어영역)

   버스에서 지켜야 할 약속에 대해 이야기를 나눈 후 약속판을 만들어본다.

교사를 위한 도움말

- 유아들의 흥미를 높일 수 있도록 동극에 필요한 소품과 배경을 스스로 만들어 보도록 돕는 것이 좋습니다.
- 동극에 사용했던 소품들을 역할놀이영역에서 활용하여 놀이할 수 있습니다.

동극을 준비하는 유아들의 고민

"버스는 몇 명이 탄다고 할까?"

"어디로 가는 버스야?"

"버스 번호는 몇 번으로 할까?"

"핸들은 무엇으로 만들까?"

"버스 손잡이는 어디에 만들까?"

"반짝이는 백미러는 어떻게 만들까?"

"카드는 어디서 찍어?"

활동4 친절한 승무원을 초대해요

활동 유형	관련 직업
전문가 초빙	승무원

생활주제	교통기관
진로교육개념 영역	• Ⅱ. 일과 직업 세계 이해–일에 대한 긍정적 태도 • Ⅲ. 진로탐색–직업정보의 탐색
활동목표	• 승무원이 하는 일의 기쁨과 보람에 대해 안다. • 승무원에 대한 궁금한 점을 알아보는 과정에 즐겁게 참여한다.
누리과정 관련요소	• 사회관계–사회에 관심 갖기(지역사회에 관심 갖고 이해하기) • 자연탐구–탐구하는 태도 기르기(호기심을 유지하고 확장하기)
활동자료	유아 : 질문목록종이 교사 : PPT(승무원 놀이 장면), 카메라

활동방법

1. (PPT를 보며) 승무원 역할놀이를 회상한다.
   - 요즘 우리는 역할놀이 영역에서 무슨 놀이를 하고 있니?
   - 승무원 놀이를 하니 어떤 점이 즐겁니?

2. 학부모 전문가 승무원을 소개한다.
   - 우리에게 승무원이 하는 일을 소개해 주러 오신 분이 있어.
   - 누구실까?
   - 우리 다 같이 인사드리도록 하자.
   - 친구 엄마의 직업이 승무원인지 어떻게 알 수 있었니?

3. 학부모 전문가 이야기를 들으며 승무원 하는 일을 알아본다.
   - 어떤 물건을 가지고 오셨니?
   - 언제 사용하는 물건들일까?(캐리어 속 안전지침 책, 신발 등)

- 승무원 엄마의 이야기를 들어볼까?

(승무원이 된 이유, 하는 일, 되기 위해 노력한 점, 승무원으로서 좋은 점 등)

4. 궁금한 점을 질문을 통해 알아본다.

- 승무원에 대해 더 궁금한 점이 있니?
- "승무원은 왜 여행가방(캐리어)을 가지고 다녀요?"
- "승무원은 어디서 잠을 자나요?"
- "승무원은 왜 키가 커야 하나요?"

5. 승무원과의 만남을 통해 느낀 점에 대해 이야기 나눈다.

- 직접 승무원을 만나보니 어땠니?
- 승무원 엄마의 이야기를 들으며 어떤 생각을 해 보았니?
- 승무원이 되고 싶은 친구가 있니?
- 왜 그렇게 생각했니?

확장활동

1. 조종사, 승무원 놀이(역할놀이영역)

역할놀이영역에서 조종대, 승객의 자리를 만들어 비행기로 꾸민 후 조종하기, 승객에게 자리를 안내하기, 도와주기 등 조종사, 승무원, 승객이 되어 놀이를 한다.

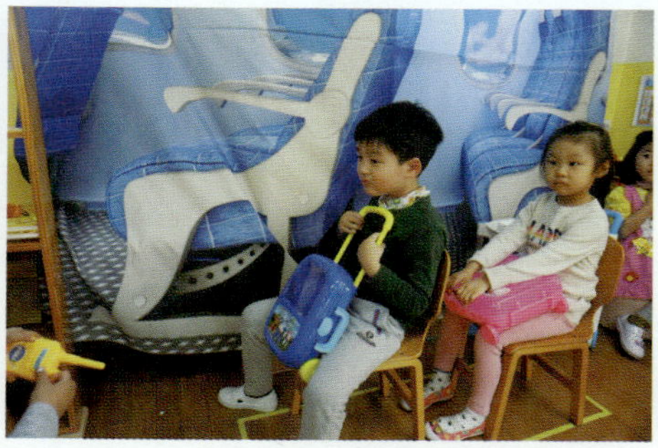

교사를 위한 도움말

- 유아들과 계획하기 전 학부모와 연락하여 가능한 시간과 교육내용, 장소 등을 협의해야 합니다.
- 승무원 관련 동화 '꼬미와 함께하는 즐거운 비행', '꿈을 싣고 비행을 떠나요'를 들으면 궁금한 점을 질문하는 데 많은 도움이 됩니다.

활동5 어린이 교통공원 놀이

활동 유형	관련 직업
바깥놀이	운전기사, 교통경찰

생활주제	교통기관
진로교육개념 영역	• Ⅲ. 진로탐색-직업정보의 탐색 • Ⅳ. 진로디자인과 준비-계획과 실천의 중요성 인식
활동목표	• 신호등, 교통표지판, 노면 표지의 의미를 이해하며 교통규칙을 지킨다. • 교통공원놀이 방법과 역할을 계획하여 직접 경험해 본다.
누리과정 관련요소	• 신체운동건강-안전하게 생활하기(교통안전 규칙 지키기) • 예술경험-예술적 표현하기(극놀이로 표현하기)
활동자료	데크에 설치한 고무매트(노면표지 및 횡단보도 표시), 자동차 5대, 여러 가지 교통표지판, 주유기, 교통경찰관 모자, 신호등

활동방법

1. 교통놀이를 하기 위해 준비된 것을 보며 놀이를 계획한다.
   - 데크가 어떻게 달라졌니?
   - 여기서 어떤 놀이를 하면 좋을까?
   - 어디에서 길을 건너면 좋겠니?
   - 차도의 화살표, 노란색 선은 무슨 뜻일까?
   - 자동차는 어디에 주차할까?
   - 주유소에서는 어떤 일을 하니?
   - 표지판은 어디에 놓을까?

2. 교통공원 놀이에 필요한 역할과 방법을 이야기 나눈다.
   - 어떤 역할이 필요할까?

① 운전자
- 신호등과 교통 표지판을 보며 방향에 맞게 운전하기
- 차도를 한 바퀴 돌면 주차한 후에 보행자 역할하기

② 보행자
- 인도로 걸어 다니고, 횡단보도에서 길 건너기
- 주차장에 빈 차가 있을 경우 운전자 역할하기

③ 경찰관
- 신호등의 색깔 바꾸기
- 교통공원을 돌아보며 규칙을 알려주기

④ 주유소 점원
- 인사하며 손님 맞이하기
- 손님이 필요한 만큼 기름 넣어주기

3. 역할을 정하여 놀이한 후 평가한다.
- 무슨 역할을 해 보았니?
- 교통공원에서 어떤 일이 있었니?
- 교통질서를 잘 지킨 친구는 누구였니?
- 어린이 교통경찰관에게 물어볼까?

확장활동

1. 교통경찰관을 만나요(전문가 초빙)

유치원으로 교통경찰관을 초대하여 궁금했던 점을 질문하고 알아본다.

교사를 위한 도움말

- 교통공원 놀이를 할 수 있는 넓은 공간이 필요합니다.
- 장소와 자동차의 수에 따라 놀이인원을 조정해야 합니다.

경찰관이 궁금해요!

"여자경찰도 있어요?"

"도둑 잡아 봤어요?"

"신호를 안 지키면 잡아가요?"

"경찰서는 어디에 있어요?"

"멋진 총도 가지고 있어요?"

생활주제 **운동**

자기이해와 사회적 역량

- 이야기 나누기–우리가족이 좋아하는 운동
- 수 조작–내가 잘하는 운동경기
- 미술–『콜라주』미래의 국가대표
- 언어–친구가 잘하는 운동 칭찬 릴레이
- 토의–운동에 대한 생각 모으기

누리과정 교사용 지도서 생활주제

유치원과 친구,
건강과 안전, 생활도구,
세계 여러 나라

일과 직업의 세계 이해

- 이야기 나누기–운동은 누구나 할 수 있어요
- 동화–분홍토슈즈
- 신체–줄넘기 대회
- 음악–힘이 솟는 응원가 만들기
- 역할–튼튼 체육관

운동

진로탐색

- 언어–궁금한 운동에 대해 알아봐요
- 동화–일곱 살의 꿈
- 동화–반칙은 안 돼!
- 토의–우리가 만드는 올림픽경기
- 게임–운동 흉내 내고 맞추기
- 현장체험–탄천종합운동장
- 전문가 초빙–축구선수
- 과학–운동에 필요한 용품 관찰하기
- 바깥놀이–운동도구로 놀이해보기
- 명화감상–브리헐 '아이들 놀이'

관련 직업

심판, 감독, 코치,
운동선수, 치어리더,
해설위원

진로디자인과 준비

- 언어–내가 만약 운동선수가 된다면?
- 수 조작–나의 운동 달력(줄넘기)
- 미술–응원도구 만들기
- 미술–운동선수 만들기
- 토의–운동경기에 필요한 규칙을 만들어요
- 신체–신나는 어린이 올림픽
- 바깥놀이–아빠와 함께 하는 운동회

활동1 우리가족이 좋아하는 운동

활동 유형	관련 직업
이야기 나누기	운동선수

생활주제	운동
진로교육개념 영역	• Ⅰ. 자기이해–자기이해와 긍정적 자아개념 형성 –다른 사람과의 긍정적인 상호작용
활동목표	• 우리 가족이 좋아하는 운동을 알아본 후 발표한다. • 사람마다 좋아하는 운동이 다양함을 알고 존중한다.
누리과정 관련요소	• 의사소통–말하기(느낌, 생각, 경험말하기) • 사회관계–가족을 소중히 여기기(가족과 협력하기)
활동자료	'우리 가족이 좋아하는 운동경기' 활동지

활동방법

1. 좋아하는 운동에 대한 생각을 이야기하며 활동지를 소개한다.
   - 너희들은 어떤 운동을 좋아하니?
   - 왜 그 운동을 좋아하니?
   - 우리 가족도 나와 생각이 같을까?
   - (활동지를 소개하며) 주말 동안 우리 가족이 좋아하는 운동경기를 조사한 후 친구에게 소개해 보자.

2. (조사를 마친 후) 우리 가족이 좋아하는 운동경기에 대해 이야기 나눈다.
   - 우리 가족이 좋아하는 운동을 소개해 볼까?
   - 우리 가족 중 친구들이 소개하지 않은 운동을 좋아하는 사람이 있니?
   - 어떤 운동을 좋아한다고 했니?
   - 왜 그 운동을 좋아한다고 했을까?

3. 사람마다 좋아하는 운동에 대한 생각과 이유가 같거나 다를 수 있음을 이야기 나눈다.

- 우리 반 친구들은 어떤 운동을 가장 좋아하는 것 같니?
- 그 운동을 좋아하는 이유는 무엇이니?
- 혹시 다른 이유가 있는 친구들도 있니?
- 사람들은 왜 좋아하는 운동이 서로 다를까?

4. (활동 결과물을 보며) 조사한 결과를 활용한 놀이나 활동을 생각해 본다.

- 우리가 조사한 활동지는 어떻게 할까?
- 활동지를 이용해서 어떤 놀이를 할 수 있을까?

  (운동의 종류 알아보기, 비슷한 운동 분류해 보기, 좋아하는 운동 그래프 만들기, 도구를 이용한 경기, 혼자서 또는 여럿이 하는 경기 조사하기)

확장활동

1. 운동에 대한 생각 모으기(토의)

   운동에 대한 다양한 생각을 해 본다 .

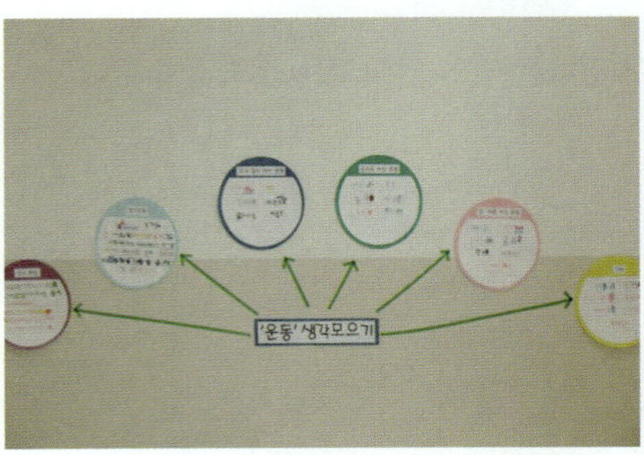

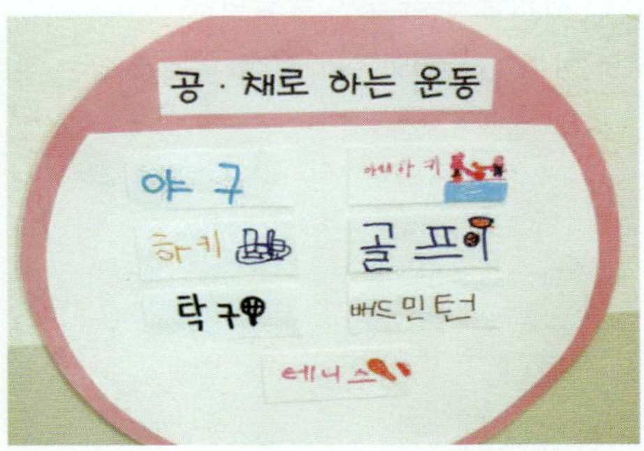

2. 운동에 필요한 도구와 용품 관찰하기(과학영역)

집에서 가져온 다양한 운동경기의 도구와 용품을 관찰한다.

3. 운동도구로 놀이해 보기(바깥놀이)

바깥놀이터에서 다양한 도구를 사용하여 놀이를 한다.

교사를 위한 도움말

- 주제를 시작하기 전 주말을 이용하여 조사하기 활동을 하면 운동에 대한 흥미나 관심을 높일 수 있습니다.
- 유아들이 가져온 여러 도구는 역할놀이영역이나 바깥놀이터에서 직접 사용해 보며 탐색하는 기회를 주는 것이 좋습니다.
- 이야기 나누기와 연계하여 운동에 맞는 복장이 있다는 것을 알아보는 것도 좋습니다.

활동2 힘이 솟는 응원가 만들기

활동 유형	관련 직업
음악	응원단, 치어리더

생활주제	운동
진로교육개념 영역	• Ⅱ. 일과 직업 세계 이해–일과 직업에 대한 인식 • Ⅳ. 진로디자인과 준비–계획과 실천의 중요성 인식
활동목표	• 다양한 응원가와 응원구호에 관심을 갖고 직접 만들어본다. • 응원단, 치어리더의 역할과 보람을 알고 직업의 소중함을 느낀다.
누리과정 관련요소	• 예술경험–예술적 표현하기(음악으로 표현하기) • 의사소통–말하기(느낌, 생각, 경험 말하기)
활동자료	경기장에서 응원하는 사람들 사진과 동영상, 보드판, 필기도구

활동방법

1. 경기장에서 응원해 본 경험에 대해 이야기 나눈다.
   - 경기장에 가본 적 있니?
   - (사진을 보여주며) 경기를 관람하는 사람들은 무엇을 하고 있니?
   - 경기장에서 응원을 해 본 경험이 있니?
   - 어떤 응원을 했는지 보여줄 수 있니?
   - 박수치기, 노래 부르기, 크게 외치기, 율동하기 등 다양한 응원방법이 있구나.

2. 응원단, 치어리더의 역할에 대해 알아본다.
   - 응원단, 치어리더를 본 적 있니?
   - 이 사람들은 어떤 일을 할까?
   - 자기 팀을 응원하기 위해 무엇을 하니?
   - 응원단은 경기를 지켜보는 관중들에게 어떤 도움을 줄까?

3. 응원구호, 응원가를 재구성해 본다.
   - 선수들에게 어떤 말을 해 주면 힘이 날까?
   - 그 말을 사용해서 우리도 응원구호를 만들어 볼까?
   - 박수는 어떤 박자로 치면 좋을까?
   - 구호에 맞는 율동도 함께 정해 보자.
   - 너희가 알고 있는 응원가는 무엇이니?
   - 우리가 배운 노래 중에서 응원가로 바꾸어 부를 수 있는 노래가 있을까?

4. 함께 만든 응원구호, 응원가를 불러본다.

5. 활동을 평가한다.
   - 직접 응원구호, 응원가를 만들어봤는데 어땠니?
   - 우리가 만든 응원을 경기하는 선수들에게 들려준다면 어떨까?
   - 우리가 만든 응원가나 구호를 경기장에서 사용하려면 어떻게 해야 할까?

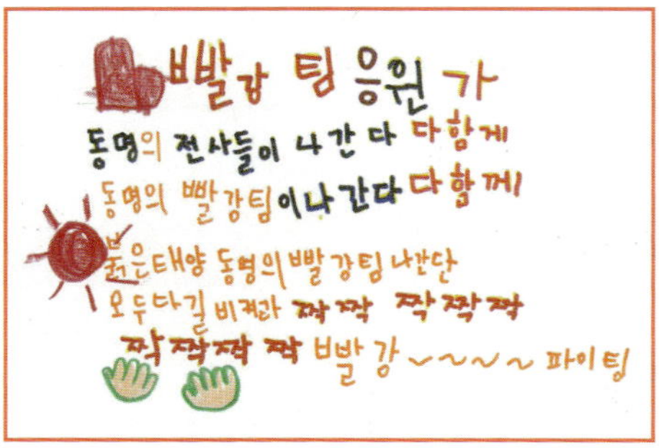

확장활동

1. 아빠와 함께 하는 운동회(바깥놀이)

   아빠와 함께 하는 다양한 운동에 참여하며, 응원가와 응원구호를 이용해 응원한다.

2. 응원도구 만들기(미술영역)

응원하는 팀의 이름과 상징, 마스코트 등을 정한 후 응원에 필요한 응원도구를 만들고 꾸민다.

교사를 위한 도움말

- 활동 전 다양한 응원가와 응원구호에 대해 자료를 찾아본 후, 유아들이 함께 따라 해 볼 수 있는 구호나 율동 등을 미리 준비하는 것이 필요합니다.
- 응원가를 재구성할 때는 배웠던 노래 중 밝고 힘찬 분위기의 노래로 활용해서 짧게 만드는 것이 좋습니다.
- 응원을 적극적으로 할 수 있도록 응원가와 응원구호를 연습할 시간을 가지면 좋습니다.

활동3 반칙은 안 돼!

활동 유형	관련 직업
동화	국제 심판

생활주제	운동
진로교육개념 영역	• Ⅱ. 일과 직업 세계의 이해－일에 대한 긍정적 태도 • Ⅲ. 진로탐색－직업정보의 탐색
활동목표	• 심판이 하는 일에 대해 관심 갖고, 심판의 중요성에 대해 안다. • 운동 규칙의 필요성을 알고, 지키는 태도를 기른다.
누리과정 관련요소	• 의사소통－듣기(동요, 동시, 동화 듣고 이해하기) • 사회관계－사회에 관심 갖기 (지역사회에 관심 갖고 이해하기)
활동자료	 그림동화 '반칙은 안 돼'(성은경 글, 이연지 그림, 키움 북스, 2014), 실물화상기, 동영상(축구 경기하는 모습)

활동방법

1. 동영상(축구 경기하는 모습)을 보며 이야기 나눈다.
   - 어떤 운동경기이니?
   - 이 사람은 누구일까?
   - 왜 노란색 카드를 들고 있는 걸까?

2. 동화 '반칙은 안 돼'를 듣고, 내용을 회상한다.

지후네 유치원에서 올림픽이 열립니다. 지후는 유치원에서 하는 올림픽 경기 초대장을 엄마에게 건네며 시무룩합니다. 엄마가 지후에게 이유를 묻자, 친구들의 경기를 지켜봐야만 하는 국제심판이 하기 싫다고 이야기합니다. 그런 지후에게 엄마는 국제 심판이 어떤 일을 하고, 얼마나 멋진지 알려줍니다.

- 지후는 왜 심판을 하기 싫어했을까?
- 심판은 어떤 일을 하는 사람이었니?

3. 심판의 중요성에 대해 생각해 보며 이야기 나눈다.
   - 운동경기를 할 때 심판이 없다면 어떻게 될까?
   - 운동선수가 규칙을 지키지 않고 마음대로 경기를 한다면 공정한 경기가 될까?
   - 심판이 공정한 경기를 할 수 있게 도와주려면 어떤 마음가짐이 필요할까?

4. 우리 반 운동경기에 대해 생각해 보며 함께 약속을 정한다.
   - 우리 반에는 어떤 운동 경기가 있니?
   - 심판이 없는 우리 반은 운동경기를 할 때 어떤 약속이 있으면 좋을까?
   - 우리가 함께 정한 약속을 잊지 않으려면 어떻게 하면 좋을까?
   - 운동규칙을 붙여두고 운동경기를 할 때 스스로 규칙을 지키며 놀이해 보자.

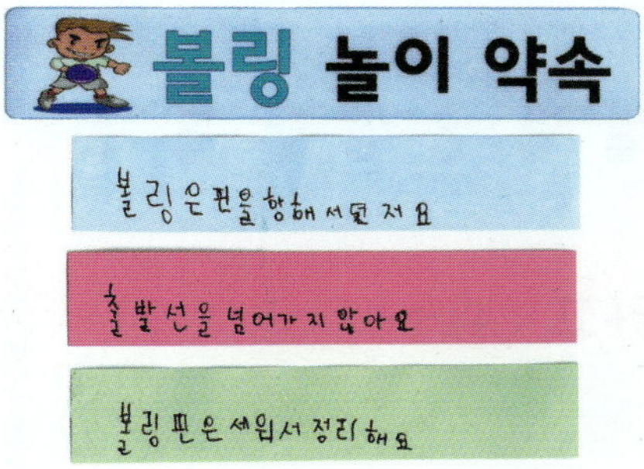

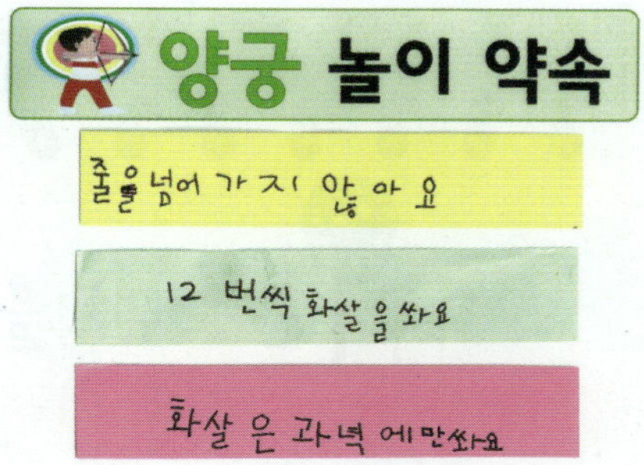

확장활동

1. 튼튼 체육관(역할놀이)

   운동경기 규칙을 지키며 친구들과 함께 놀이한다.

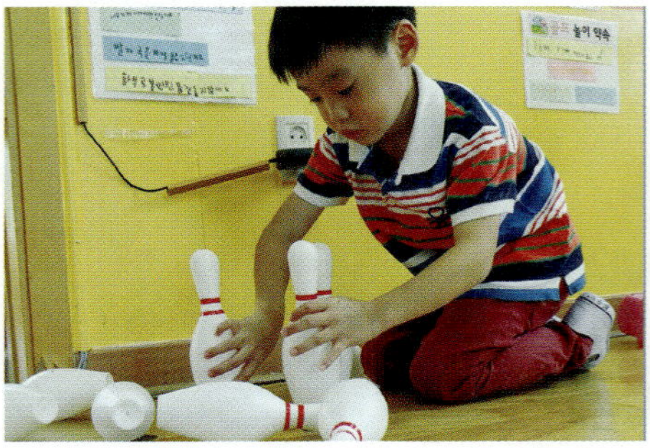

교사를 위한 도움말

- 운동경기를 자유롭게 하며 불편함과 불공정함을 경험한 후, 운동규칙 만들기 활동을 하면 유아들이 약속을 지키며 경기하려고 노력하는 태도를 기르는 데 많은 도움이 됩니다.

운동 규칙을 정하고 나서…

"모두 다 자기만 이겼다고 해서 속상했는데 규칙을 정하니까 정정당당해요."

"양궁할 때 친구들이 하고 싶은 만큼 마음대로 해서 너무 오래 걸렸는데 화살 개수를 정하니까 좋았어요."

"볼링하고 친구들이 그냥 가서 놀이하기 힘들었는데 이제 다 정리해 줘서 편했어요."

"규칙대로 하니까 서로 1등이라고 싸우지 않았어요."

활동4 우리가 만드는 올림픽 경기

활동 유형	관련 직업
토의	운동선수, 심판, 치어리더

생활주제	운동
진로교육개념 영역	• Ⅲ. 진로탐색–직업정보의 탐색 • Ⅳ. 진로디자인과 준비–계획과 실천의 중요성 인식
활동목표	• 친구들과 함께 올림픽을 계획하여 실천해 본다. • 새로운 운동경기를 창의적으로 만든다.
누리과정 관련요소	• 신체운동 · 건강–신체활동에 참여하기(자발적으로 신체활동에 참여하기) • 사회관계–다른 사람과 더불어 생활하기(사회적 가치를 알고 지키기) • 의사소통–말하기(느낌, 생각, 경험 말하기)
활동자료	다양한 올림픽 장면사진(경기하는 모습, 응원하는 모습, 시상하는 모습), 토의지, 필기도구, 신호악기, 보드판 등

활동방법

1. 다양한 올림픽 사진을 보며 우리들의 올림픽을 계획한다.
   - 사진 속에 어떤 모습이 보이니?
   - 운동하는 모습 이외에 또 어떤 것이 보이니?
   - 우리도 어린이 올림픽을 열어보자.

2. 우리가 하고 싶은 운동경기에 대해 이야기 나눈다.
   - 어린이 올림픽에서 어떤 운동경기를 하고 싶니?
   - 혼자서 하는 경기는 어떤 것이 있을까?
   - 여러 명이 함께하는 운동경기는 어떤 것이 있을까?
   - 우리가 할 수 있는 운동경기를 만들어보면 어떨까?

3. 그룹을 나누어 친구들과 함께 새로운 운동경기와 규칙을 만든다.

- 운동경기를 만들 때 생각해야 하는 것은 무엇이니?
  (경기의 이름, 참여인원, 도구, 장소, 규칙)
- 우리가 할 수 있는 경기를 만들어 친구들에게 소개해 보자.

4. 친구들과 함께 만든 운동경기를 발표한다.

- 우리들이 만든 운동경기를 친구들에게 소개해 볼까?
- 이 운동에 대해 궁금한 점이 있니?
- 친구들이 만든 경기 중에 한 가지의 운동경기를 고른다면, 무엇을 하고 싶니?
- 우리가 정한 운동경기를 직접 해 볼까?

5. 우리가 만든 운동경기를 한 후, 평가한다.

- 우리가 계획한 운동경기를 해 보니 어땠니?
- 즐거웠던 점은 무엇이니?
- 어려운 점도 있었니?
- 더 좋은 경기를 위해 경기방법이나 규칙을 바꾸고 싶은 것이 있니?

확장활동

1. 신나는 어린이 올림픽(신체)

우리가 만든 운동경기를 다른 반 친구들에게 소개한 후, 어린이 올림픽을 연다.

교사를 위한 도움말

- 토의를 할 때, 유아들이 창의적으로 생각을 할 수 있도록 허용적인 분위기를 만들어주면 좋습니다.
- 유아들이 많은 것을 창의적으로 생각하기 어려우므로 인원, 경기에 필요한 도구 등 기본적인 정보를 제공해 주는 것이 좋습니다.
- 유아가 계획(토의)한 운동을 직접 해 본 후, 수정할 수 있는 기회를 주는 것이 필요합니다.

활동5 내가 만약 운동선수가 된다면?

활동 유형	관련 직업
자유선택활동 언어영역	운동선수

생활주제	운동
진로교육개념 영역	• Ⅳ. 진로디자인과 준비–계획과 실천의 중요성 인식
활동목표	• 운동선수마다 잘하는 것이 다름을 알고, 관심 갖는다. • 운동선수가 된 나의 모습을 상상하여 글로 표현한다.
누리과정 관련요소	• 의사소통–쓰기(쓰기에 관심 가지기) • 사회관계–사회에 관심 갖기(지역사회에 관심 갖고 이해하기)
활동자료	활동지(내가 만약 운동선수가 된다면?), 필기도구

활동방법

1. 내가 좋아하는 운동에 대해 이야기 나눈다.
   - 너희들은 어떤 운동을 좋아하니?
   - 좋아하는 운동선수가 있니?
   - 그 운동(운동선수)을 좋아하는 이유는 무엇인가?

2. 운동의 종류와 특징을 생각하며 이야기 나눈다.
   - OO선수는 무엇을 잘 해야 할까?
   - 키가 큰 친구는 어떤 운동선수가 되면 좋을까?
   - 달리기를 잘하는 친구는 어떤 운동선수가 되면 좋을까?
   - 힘이 센 친구는 어떤 운동선수가 되면 좋을까?

3. 운동선수가 된 나의 모습을 상상하며 글로 표현한다.
   - 내가 만약 운동선수가 된다면 어떤 운동선수가 되어보고 싶니?
   - OO선수가 되려면 어떤 노력을 해야 할까?

- 운동선수가 되어 무엇을 하고 싶은지 생각한 것을 글로 적어보자.

4. 자신의 생각을 다른 사람에게 발표하고, 활동을 평가해 본다.
   - 나의 생각을 다른 친구들에게 소개해 주고 싶은 친구가 있니?
   - 운동선수가 된 나의 모습을 떠올리며 어떤 생각을 해 보았니?

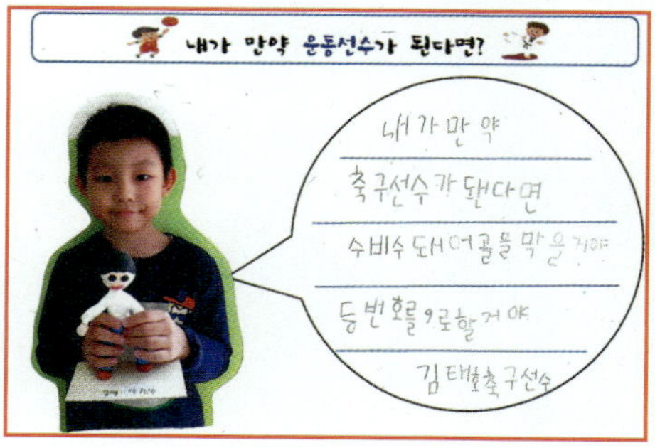

확장활동

1. 운동선수 만들기(미술영역)

   철사를 꼬아 운동하는 모습의 뼈대를 만든 후 점토를 이용하여 운동선수를 만든다.

교사를 위한 도움말

- 글로 표현하는 것을 어려워하는 유아는 교사가 다른 종이에 글을 적어주어 보고 쓸 수 있도록 도움을 주거나, 유아의 생각을 글로 적어 도와주는 것이 좋습니다.
- 활동을 마무리한 후 활동 결과물을 모아 책으로 만들어 언어영역에 제시해 주면 좋습니다.

Chapter 11

가정연계를 통한 유아진로교육의 실제

회기	유아진로교육 내용	주제
1	오리엔테이션	유아진로교육의 이해
2	자기 이해	나에 대해 알고 싶어요
3	긍정적 자아개념	나는 소중한 사람이에요
4	나와 타인의 차이 알고 존중하기	친구와 나는 서로 다르지만 우린 친구예요
5	바른 의사소통	나는 친구의 기분을 배려하여 말할 수 있어요
6	직업에 관심 가지기	우리 동네 사람들이 하는 일에 관심이 있어요
7	다양한 직업의 소중함	많은 직업들이 나에게 도움을 주고 있어요
8	직업에 대한 긍정적 태도	일을 하는 것은 기쁘고 보람 있어요
9	맡은 일에 최선을 다하는 태도 기르기	내가 맡은 일은 끝까지 열심히 해요
10	직업에 대한 개방적 태도 기르기	남녀 구분 없이 하고 싶은 일을 해요
11	다양한 방법으로 자료수집하기	TV 속에 다양한 직업이 있어요
12	의사결정의 중요성 인식하기	저도 혼자 결정할 수 있어요
13	계획과 실천의 중요성 인식하기	저도 하루를 계획할 수 있어요
14	자신의 꿈을 그려보기	저는 꿈과 끼가 있어요

진로교육 제1회

오리엔테이션_유아진로교육의 이해

○○유치원

부모교육자료

○○유치원 부모님들께

안녕하세요, 푸르름이 짙어가는 요즘, 가족 모두 건강히 잘 계시는지요?

유치원에서 진로교육을 한다고 하면 "진로교육은 직업교육 아니에요?" 또는 "유아들에게 진로교육은 너무 어려운거 아닌가요?" 라는 질문을 많이 하십니다. 그러나 진로발달(career development)은 삶의 어느 한 시점에서 이루어지는 일회적인 발달과정이 아니라 유아기부터 시작되어 아동기, 청소년기, 성인기, 노년기까지 최종적인 직업선택이 이루어지기까지의 크고 작은 일련의 의사결정과 관련된 발달과정입니다.

유아기는 미래학업 및 직업 성취의 기초를 형성하고 성인 진로발달의 모체가 되는 중요한 시기로 미래에 대한 초보적인 관심을 가지고 자신의 삶을 스스로 조절하기 시작하며 진로의사결정에 대한 기본적인 개념을 가지고 진로선택과 관련된 계획 및 실행에 대한 자신감을 가지는 것이 필요합니다. 그러므로 유아기는 진로발달의 시작점으로 자신과 일에 대한 기초적인 인식과 태도를 형성하도록 교육할 필요가 있습니다.

유치원의 교육이 최적의 효과를 내기 위해서는 유치원과 가정이 연계하여 교육이 이루어져야 합니다. 따라서 본 유치원에서는 유아기 진로교육에 대한 부모님들의 이해를 돕기 위한 자료와 함께 가정에서 자녀와 함께 하는 가정연계 활동을 안내해드리고자 합니다. 부모님들께서도 이러한 유치원의 취지를 잘 이해해 주시고 자녀들의 진로인식과 진로역량 개발을 위해 함께 협력해 주시면 감사하겠습니다.

○○유치원

Q. 유아진로교육이 무엇인가요?

유아진로교육은 유아가 자신과 일에 대한 인식과 긍정적 가치를 형성하고 다양한 일과 직업에 대한 탐색과 체험을 통해 자신의 진로를 개척하고 민주시민의 기초를 형성하며 공동체 발전에 기여하는 사람으로 성장하기 위한 기초를 기르는 교육입니다.

Q. 유아진로교육의 내용은 무엇인가요?

1 자기이해와 의사소통능력 기르기	• 자신에 대해 알기 • 자신에 대해 긍정적으로 생각하고 자신을 소중히 여기기 • 자신과 다른 사람의 차이 알기 • 자신과 다른 사람의 감정 알기 • 상황에 맞게 의사소통하기

"나는 친구한테 내 마음을 잘 이야기 할 수 있어."
"나는 내가 좋아하는 게 뭔지 알아."
"나는 소중한 사람이야."

2 일과 직업 세계 이해와 건강한 직업의식 형성하기	• 생활주변의 일과 직업에 대해 관심 갖고 알아보기 • 직업에 대한 긍정적인 태도 갖기 • 가정과 유치원에서 자신이 맡은 일에 최선을 다하는 태도를 기르기 • 직업에 대한 개방적인 태도를 기르기

"나는 우리 아빠, 엄마가 무슨 일을 하시는지 알아."
"우리 동네 사람들은 이런 일을 하는구나."
"일을 하는 것은 즐겁고 보람 있는 거구나."
"나는 선생님, 친구들과 한 약속과 규칙을 잘 지킬 수 있어."
"나는 엄마, 아빠, 동생을 도울 수 있어."
"나는 친구와 함께 서로 협력하여 놀 수 있어."
"남자도 간호사가 될 수 있고 여자도 군인이 될 수 있어."

3 배우는 즐거움과 다양한 직업 탐색 경험하기	• 주변의 궁금한 것을 알아보기 • 생활 속의 문제를 해결하기 위한 기초 능력 기르기 • 주변에서 경험하는 다양한 직업에 대해 알아보기 • 직업과 관련된 다양한 체험활동을 경험하기

"어, 이게 뭐지, 궁금하다."
"자동차를 만들려면 블록을 어떻게 끼워야 하지?"
"와~ 동화책을 읽으니까 재미있다."
"나는 노래 부르는 걸 좋아하니까 가수도 할 수 있구나."
"나는 그림 그리는 걸 좋아하는데 커서 화가가 될 수도 있구나."

4 의사결정 능력과 계획 · 실천능력 기르기	• 다양한 의사결정 방법이 있음을 인식하기 • 일상의 다양한 상황에서 스스로 의사결정하는 경험 갖기 • 일상생활에서 계획과 실천의 중요성을 알기 • 스스로 계획하고 실천하는 경험 갖기 • 자신이 좋아하는 일, 잘하는 일을 찾아보기 • 자신의 꿈을 그려보기

"나는 내가 입고 싶은 옷을 혼자 고를 수 있어."
"나는 내가 하고 싶은 놀이를 혼자 선택할 수 있어."
"나는 내가 선택한 퍼즐놀이가 조금 재미없더라도 끝까지 할 수 있어."
"나는 자유선택활동시간에서 무슨 놀이를 할지 스스로 계획할 수 있어."
"나는 유치원에서 내가 좋아하는 놀이가 무엇인지 알아."
"나는 집에서 내가 잘 할 수 있는 일이 무엇인지 알아."
"나는 커서 OO이 될 거야."

진로교육 제2회

나에 대해 알고 싶어요

○○유치원

부모교육자료

자기이해는 진로교육의 가장 기본입니다. 유아기는 자신에 대한 관심을 기초로 자아개념을 형성해가는 시기로 이 시기 유아가 자신을 이해하고 자신의 생각과 마음에 귀 기울일 수 있도록 부모가 함께 이야기해 보는 것은 매우 좋은 경험입니다. 그러므로 유아가 나의 이름은 무엇인지, 나이는 몇 살인지, 어디에 사는지 등의 가장 기초적인 것부터 시작하여 내가 좋아하는 것과 싫어하는 것은 무엇인지, 내가 잘하는 것과 못하는 것은 무엇인지 등을 부모와 함께 이야기하는 경험을 갖게 도와주세요. 이러한 경험은 유아가 자신에 대해 관심을 갖고 자신에 대해 알게 하며 올바른 자아개념을 형성하는 기초가 됩니다.

실천해보기

엄마 아빠와 함께 이야기 나누며 나에 대해 생각해 보세요.

♣ 자녀의 생각을 부모님이 적어주세요.

- 내 이름은 무엇인가요? 나는 몇 살 인가요?

유영서, 6살

- 내가 살고 있는 곳은 어디인가요?

분당입니다 (분당야탑).

- 내가 가장 좋아하는 것(싫어하는 것)은 무엇인가요?

좋아하는 것 (유치원에서 친구들이랑 놀이하는것)

시크릿 쥬쥬

, 그림그리기 (친구들)

싫어하는 것 (동생이랑 맘껏 놀아야하는것) + 인형놀이 + 아기돌봐주기놀이

민서랑 같이 안 놀거야

- 내가 잘 할 수 있는 것(잘 하지 못하는 것)은 무엇인가요?

잘 하는 것

춤추기 (가수들, 시크릿쥬쥬 캐릭터 춤)

발레, 색칠하기 (색칠공부책).

잘 못하는 것

청소하기. 책읽기.

(엄마처럼 더러운곳 청소하는것)

진로교육 제3회

나는 소중한 사람이에요

○○유치원

부모교육자료

유아기는 긍정적인 자아개념을 형성하는 시기입니다. 유아가 자신에 대해 알고 긍정적으로 생각하며 '나는 소중한 존재야'라고 인식하는 것은 매우 중요합니다. 따라서 부모는 자녀가 자신이 소중하고 가치있는 존재라고 느낄 수 있도록 자녀가 가지고 있는 능력을 인정해 주고 만족감을 느낄 수 있도록 도와주어야 합니다. 예를 들면 "넌 엄마, 아빠에게 가장 소중한 보물이야" 라고 이야기해 주기, 자녀가 유치원에서 가져온 활동결과물을 칭찬해 주기, 자녀가 자랑하고 싶어하는 것을 가족이나 친척들에게 보여주기, 자녀가 생각해낸 작은 의견에도 "와! 정말 좋은 생각이구나!" 라고 격려하기 등이 있습니다. 아이는 자신이 사랑받고 소중한 사람이라고 느껴야 자존감과 자신감이 생깁니다. 자녀에게 칭찬과 격려 많이 해 주시고 "엄마, 아빠는 언제나 너를 사랑해" 라는 말도 잊지 마세요.

실천해보기

자녀의 생각과 이야기에 귀 기울이며 격려해주세요.

♣ 자녀의 생각을 부모님이 적어주세요.

◉ 세상에서 가장 소중한 보물은 무엇일까요? 가족과 함께 이야기해보세요.

가족

친구

선생님

장난감.

저금통

♣ "넌 엄마, 아빠에게 가장 소중한 보물이야." 라고 이야기해주세요.

◉ 지쳐서 땀을 뻘뻘 흘리고 있는 거북이를 어떻게 도와줄까요?

<유아생각>

물도 먹여주고 거북이를 안아서 데리고 갈꺼에요. 힘든 거북이에게 "거북아 힘내!! 내가 도와줄께" 화이팅!! ♡

♣ "와! 정말 좋은 생각이구나" 라고 이야기해주세요.

◉ 주말동안 자녀와 함께 지내면서 어떤 칭찬과 격려해주었나요? 자녀가 잘하는 것을 이야기하며 격려해주세요.

* 밥먹을때 " 우준이가 골고루 편식하지 않고 잘먹는구나"

* 그림그릴때. " 열심히 그리고 색칠도 정성껏 잘 하는 우준이가 정말 최고야!"

* 공차기를 할때 " 힘들어도 씩씩하게 공차기를 열심히 하는 우준이가 정말 멋지구나!! "

멋진 코끼리

진로교육 제4회

친구와 나는 서로 다르지만 우린 친구예요

○○유치원

부모교육자료

유아의 긍정적인 자아개념과 진로발달은 유아가 다른 사람과의 친밀하고 긍정적인 대인관계를 통해 형성됩니다. 우선, 유아가 가족, 친구, 이웃 등 주위 사람들과 친밀하게 지낼 수 있도록 도와주세요. 가족끼리 서로 「고마운 마음을 담은 편지 주고받기」도 가족관계 증진에 도움이 됩니다. 또한 유아가 자신과 다른 사람의 차이에 관심을 갖고 차이점을 알 수 있도록 함께 이야기해 보는 것이 필요합니다.

이때 부모님은 서로 다른 생각과 행동을 인정하고 존중해야 한다는 것, 다른 사람과의 생각의 차이는 '틀림이 아니라 다름'이 라는 것을 말해 주세요. 이것은 유아가 자신과 다른 사람의 생각, 감정, 문화 등을 존중하는 태도를 기르는 데 매우 중요합니다. 부모님과의 이러한 대화는 유아가 자신과 다른 사람의 차이를 알고 존중하는 대인관계의 기초를 형성하게 도와줍니다.

실천해보기

서로의 생각을 인정하고 존중해주세요.

우리 가족이 좋아하는 음식은 무엇인가요? 가족과 좋아하는 것에 대해 이야기를 나누며 생각의 다른 점을 이야기 나누어 보세요.

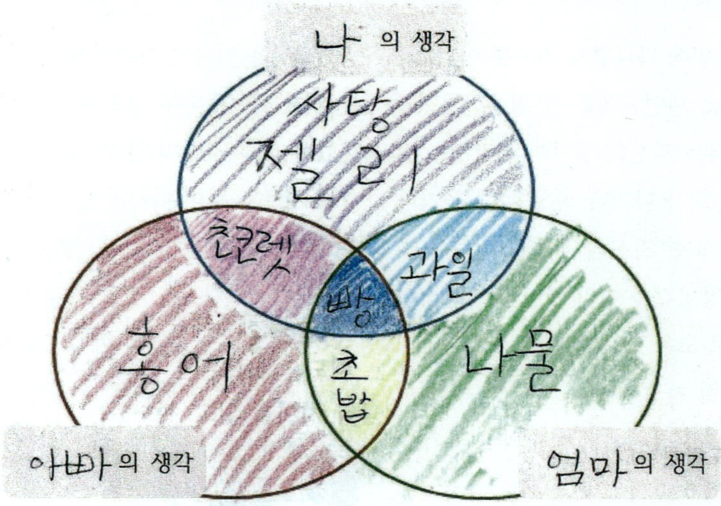

♣ '틀림이 아니라 다름' 이라는 것을 이야기해주세요.

할아버지, 할머니께 사랑하는 마음과 감사하는 마음을 그림이나 글로 표현해보세요.

♣자녀의 고운 마음을 사진으로 찍은 후, 할머니 할아버지께 보내주세요.

진로교육 제5회

나는 친구의 기분을 배려하여 말할 수 있어요

○○유치원

부모교육자료

유아는 유치원에 다니면서 가족뿐 아니라 친구, 선생님을 만나고 사귀면서 대인관계가 넓어집니다. 새로운 대인관계를 잘 형성하기 위해서는 의사소통이 매우 중요합니다. 원활한 의사소통을 위해서는 자신의 생각이나 감정을 잘 표현하고 다른 사람의 감정이나 생각도 잘 이해해야 합니다. 화가 나거나 속상할 때 울거나 소리를 지르는 것이 아니라 말로 표현하도록 지도해 주세요. 또한 자신의 감정을 상황에 맞게 조절할 수 있어야 합니다. 예를 들어, 유치원에서 하나의 장난감을 여러 명이 갖고 놀고 싶을 때 우기기보다는 감정을 조절하여 친구와 번갈아서 가지고 노는 것이 여기에 속합니다. 의사소통은 혼자 하는 것이 아니므로 대화 상대와 상황에 맞게 잘 듣고 적절하게 말할 수 있어야 합니다. 부모님은 아이의 거울입니다. 가정에서 아이와의 갈등상황에서 아이의 이야기를 끝까지 잘 듣고 적절하게 이야기해 주는 모습을 많이 보여 주세요.

실천해보기

친구의 기분을 배려하며 생각을 표현해 보세요.

친구(형제)와 놀이 할 때 속상했던 기억이 있나요? 왜 내 마음이 속상한지, 이럴 때 어떻게 하면 좋을지 가족과 함께 이야기 해 보세요.

속상했던 기억

동생이랑 놀이를 하다가 민제(동생)이 내가 놀고있던 장난감을 빼앗아 갔습니다!

나의 마음

그래서 내 마음은 기분이 안 좋았고 속상했어요

친구(형제)의 마음

재밌고 신이 났을 것 같아요

이럴 땐 어떻게 하면 좋을까요?

양보를 해요! 그리고 이야기를 해서 놀아요!

서로 사이좋게 놀자고 해요!

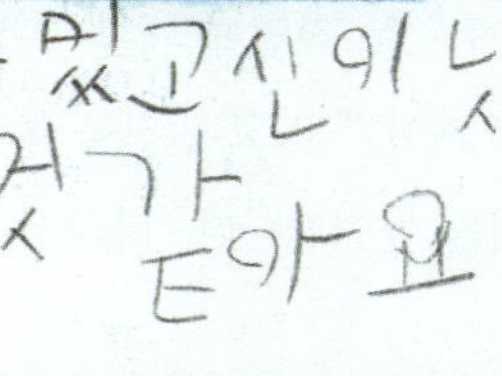

♣친구(형제)를 배려하여 자신의 생각과 감정을 표현할 수 있도록 도와주세요.

진로교육 제6회

우리 동네 사람들이 하는 일에 관심이 있어요

○○유치원

부모교육자료

유아는 일상생활 속에서 다양한 사람들을 만나고 그 사람들이 하는 일에 호기심을 갖게 됩니다. 유치원에 다니면서 유치원선생님, 버스기사님, 조리사선생님이 하는 일에 관심을 가지고 주의 깊게 지켜봅니다. 또한 엄마와 은행에 같이 갈 때는 은행원, 마트에 갈 때는 판매원, 병원에 갈 때는 의사, 미장원에 갈 때는 미용사, 빵집에 갈 때는 제빵사 등을 만나게 되고 그 직업에 자연스럽게 관심을 갖게 됩니다. 이러한 경험들은 유아가 우리 주변의 사람들이 다양한 일을 하고 있으며 그 고유한 역할과 기능이 있음을 이해해 나가는 데 도움을 줍니다. 따라서 부모님은 유아가 관심 갖는 다양한 직업과 하는 일에 대해 함께 이야기 나눠주시는 것이 필요합니다. 예를 들어, 경찰관에 대한 이야기를 하면서 자녀가 커서 경찰이 되겠다고 할 경우 부모님이 희망하는 직업과 다르다고 해서 "경찰은 범인과 싸울 수도 있어서 매우 위험한 직업이야." 등 직업에 대한 부정적인 이야기를 한다거나 "지난번에 가수된다고 하더니 또 꿈이 바뀐 거야?" 라고 핀잔을 주지 마세요. 이 시기는 꿈이 계속 바뀌고 그 과정에서 직업에 대한 이해를 높여갑니다. 따라서 유아와 이야기할 때는 각 직업이 갖는 보람에 초점을 맞춰 주세요.

실천해보기

주변사람들이 하는 일과 내가 하고 싶은 일에 대해 생각해 보세요.

우리가족의 직업과 하는 일은 무엇인가요?

가족이름	직업	하는 일
정인욱	회사원	컴퓨터로 뚝딱뚝딱 일을 해서 집이랑 아파트랑 도로를 만들어요! 돈을 벌어와요!
윤지영	가정주부	우리들을 돌봐주고 집을 깨끗이 만들어줘요. 맛있는 음식과 깨끗한 옷을 챙겨줘요!

궁금한 직업에 대해 가족과 함께 이야기 나누어 보세요.

궁금한 직업	하는 일(역할과 기능)
공사장 아저씨	위험한 곳에서도 튼튼한 길을 만들기 위해 열심히 일하는 아저씨들이 신기했어요. → 낡은 길을 고치고 사람들이 안전하게 다닐수 있도록 장비를 이용해 새 길을 만들어요.
의사 선생님	우리몸이 어떻게 아픈지, 어떻게 고치는지 아는게 신기해요 → 열심히 공부하고 학교에서 열심히 배워서 우리몸에 대해 잘알아요

나는 커서 어떤 일을 하고 싶나요? 왜 그렇게 생각했나요?

나의 희망

학교 선생님

그 직업의 보람

피아노를 배워서 아이들에게 새로운 노래도 가르쳐주고 여러가지 새로운 것들도 가르쳐주고 싶어요.

♣ 직업에 대해 긍정적인 생각을 할 수 있도록 도와주세요.

진로교육 제7회

많은 직업들이 나에게 도움을 주고 있어요

○○유치원

부모교육자료

유아의 하루도 수없이 많은 직업을 가진 사람들의 도움과 협력으로 이루어져 있습니다. 아침에 일어나 맛있는 우유를 한 잔 마실 수 있는 것은 젖소를 키우는 분, 우유를 생산하는 분, 우유를 새벽에 배달해 주시는 분들 덕분입니다. 또한 유치원까지 안전하게 올 수 있는 것은 기사아저씨 덕분이죠. 유치원에서 친구들과 재미있게 생활할 수 있는 것은 선생님들 덕분입니다. 엄마, 아빠랑 주말에 놀이동산에 놀러가 즐겁게 놀 수 있는 것은 놀이동산에서 일하는 분들이 있기 때문입니다. 이렇듯 자녀가 자신의 생활 속에서 경험할 수 있는 다양한 일과 직업이 무엇인지, 어떠한 일을 하는지에 관심을 갖고 이러한 직업들이 자신의 생활에 어떠한 도움을 주는지를 함께 이야기해 보세요. 또한 이러한 직업들이 없다면 생활에 어떠한 불편함이 발생할지에 대해서도 이야기해 볼 필요가 있습니다. 이러한 대화는 유아가 직업이 존재하는 의미와 소중함을 이해하는 데 도움이 됩니다. 자녀가 직업에 대한 대화에 관심을 많이 보인다면 미래에는 어떠한 직업이 있으면 좋을지도 함께 상상해 보면서 그 직업이 우리 생활에 미칠 영향도 생각해 보세요.

실천해보기

우리 주변의 다양한 일과 직업에 대해 부모님과 함께 이야기해보세요.

✺ 주말에 가족과 함께 어디에 다녀왔나요?

판교 어린이 도서관에 다녀왔어요.

✺ 그 곳에서 일하시는 분은 누구였나요?

도서관 직원은 책을 읽어 주시거나
대여나 반납하는 일을 해요.

✺ 그 분께 하고 싶은 말이나 궁금한 점을 적어보세요.

항상 밝은 모습으로 맞아주시고
책 빌리는데 불편함 없이 해주셔서 감사해요.

✺ 우리에게 도움을 주시는 고마운 분들께 감사한 마음을 표현해보세요(아이가 그림을 그리거나 대화한 내용을 글로 적어보세요).

진로교육 제8회

일을 하는 것은 기쁘고 보람 있어요

○○유치원

부모교육자료

어른들은 대부분 일을 하며 살아갑니다. 같은 일을 하면서도 어떤 사람은 즐겁고 재미있게 하는 반면, 어떤 사람은 괴롭고 짜증내며 일을 하기도 합니다. 부모님들도 모두 이런 경험을 갖고 계실 겁니다. 일을 하면서 내가 즐겁고 재미있게 할 때는 일도 더 잘되고 그 일을 통해 보람도 느낍니다. 그러나 내가 그 일을 하고 싶지 않은데 억지로 한다고 생각하면서 하면, 일도 잘 안될 뿐 아니라 일의 보람과 의미도 찾기 어렵습니다. 이러한 차이는 일이나 직업에 대한 태도에서 기인합니다. 우리가 평생 어떤 형태든 일을 하며 살아갈 때 가장 중요한 것은 일에 대한 혹은 직업에 대한 긍정적인 태도입니다.

유아기는 직업에 대한 긍정적인 인식을 형성하기 위한 가장 기초가 되는 시기입니다. 이 시기부터 형성되기 시작하는 직업에 대한 태도는 이후 자녀가 자라 중·고등학생이 되어 구체적인 직업관을 형성하는 데 기초가 됩니다.

실천해보기

부모님(가족)의 직업(일)에 대한 생각을 들어보세요.

- 일(직업)을 하면서 행복할 때와 보람을 느낄 때는 언제인가요?

행복할 때	보람을 느낄 때
일을 할수있어 행복하고, 하는일에 최선을 다하고. 목표에 도달했을때. 가장큰 행복을 느낍니다.	진심으로 대하며 관리한 업체들이 저를 믿고 최고라고 손을 잡아줄때. 보람을 느낍니다.

- 부모님은 왜 지금 하고 있는 직업(일)을 계속 하시나요?

군대를 전역하고 내가 가장잘할수 있는 직업이 무엇일까 고민을하다가 잘할수있는것보다 좋아하는 일을 택하자 하며 선택한것이 축산물유통업 이였습니다 왜냐 고기를 좋아해서 즐겁게 배우며 일할수 있을거라 생각했습니다.

♣부모님이 자신의 일을 즐기고 사랑하는 점을 이야기해주세요.

- 나도 부모님처럼 행복하거나 보람을 느낄 때는 언제인가요?

저는 그림을그릴 때 가장 즐겁고 행복하며 엄마아빠가 잘했다고 칭찬하실 때 보람을 느낍니다

진로교육 제9회

내가 맡은 일은 끝까지 열심히 해요

○○유치원

부모교육자료

직장에서든 가정에서든 혹은 동아리모임에서든 어떤 사람이 주변 사람들에게 인정받고 사랑받을 수 있을까요? 물론 그 영역에서 최고의 능력을 가지고 있는 것도 중요하지만 더 중요한 것은 자신에게 맡겨진 일에 최선을 다하는 태도를 갖고 있는 사람일 것입니다. 그렇다면 이러한 성실한 태도는 언제부터 형성되는 것일까요? '세 살 버릇 여든까지 간다'라는 말이 있듯이 유아기부터 작은 일에 최선을 다하는 과정과 습관 속에서 형성됩니다.

자녀가 어리다고 부모님이 무조건 다 해 주는 것은 무책임한 아이로 키울 수 있습니다. 어려서부터 작은 일에 최선을 다하는 사람이 중요한 일을 잘 해낼 수 있다는 것을 이해하는 것이 매우 중요합니다. 이는 나중에 직업인으로서 가져야 할 성실성과 책임감의 기초가 됩니다. 따라서 평상시에 자녀에게 아주 작은 일이라도 부여하고 그 일을 완수하였을 때 아낌없는 칭찬을 해 주세요. 주말에 청소를 할 때 아이도 참여시켜보세요. 작은 걸레로 의자를 닦도록 하는 식으로 아이에게 주는 일은 완수할 수 있는 범위 내에서 부여하는 것이 좋습니다. 이번 주말에는 식사 후 자신의 숟가락과 밥그릇은 씽크대에 가져오기, 엄마가 저녁 준비할 동안 동생과 놀아주기, 동화책을 본 후 제자리에 갖다놓기, 장난감 정리하기 등 아이가 실천할 수 있는 일을 자녀와 함께 이야기 하고 실천해 보세요.

실천해보기

내가 할 수 있는 일은 스스로 최선을 다해요.

✺ 우리 집에서 내가 할 수 있는 일은 무엇이 있을까요? 부모님과 함께 그동안 내가 잘 해왔던 일은 무엇인지, 내가 할 수 있는 일은 어떤 것이 있을 지 이야기 나누어보세요.

✺ 가족을 위해 서로 도울 수 있는 일을 생각해보세요. 가족회의를 통해 함께 정한 약속을 실천해보세요.

구성원	약 속	구성원	약 속
 아빠	 놀아주기	 엄마	 맛있는 요리 해주기
 연재	 장난감 정리하기	 예진이	 카드 정리하기

♣ 자녀가 작은 일이라도 열심히 할 수 있도록 부모님이 먼저 실천하며 모범이 되어 주세요.

진로교육 제10회

남녀 구분 없이 하고 싶은 일을 해요

○○유치원

부모교육자료

자녀에게 커서 어떤 일을 하길 바란다고 이야기한 적이 있으세요? 아니면 아이에게 커서 뭐가 되고 싶은지에 대해 이야기해 보신 적이 있으신가요? 아마도 대부분의 가정에서 이런 경험을 갖고 계실 겁니다. 때로는 할아버지, 할머니가 손주에게 물어보기도 하시지요. 이때 아이의 대답을 듣고 어떤 반응을 하셨나요? 부모님들과 조부모님들 중에는 자신의 기준에서 좋고 나쁜 직업이 있어서 아이의 답변이 마음에 들면 칭찬과 격려를 해 주시고, 평소에 좋지 않게 생각하는 직업군을 이야기하면 그 직업은 엄청 힘들다든지, 돈을 많이 벌지 못한다든지 등의 이유를 들어 아이가 꿈을 바꾸도록 설득하시는 경우가 많습니다. 사실 직업에 대한 편견과 고정관념은 유아기부터 형성되기 시작합니다. 특히 부모님의 편견과 고정관념은 아이에게 고스란히 전해집니다. 대표적인 것이 사회 · 경제적 지위나 성별에 따른 편견과 고정관념입니다. 예를 들어 특정 직업은 무조건 돈을 잘 벌 거라든지, 혹은 반대로 엄청 힘들고 돈도 많이 벌지 못할 것이라고 생각하는 겁니다. 또한 간호사나 유치원교사는 여자가 하는 일이라든지, 군인이나 엔지니어는 남자가 하는 일이라고 생각하는 것입니다. 이러한 직업에 대한 편견과 고정관념은 아이가 커서 사회생활을 할 때 아이에게 많은 장애가 되고 좋지 않은 영향을 미치게 됩니다. 따라서 부모님들은 평상시 대화와 행동을 통해, 내 아이가 모든 일과 직업은 사회에 꼭 필요한 것이며 자신이 좋아하는 일을 하는 것이 가장 좋은 것이라는 올바른 직업관과 개방적 태도를 가질 수 있도록 도와주세요.

실천해보기

남녀 구분 없이 하고 싶은 일을 하는 분들에 대해 이야기 나누어 보세요.

- 남자들이 하는 일과 여자들이 하는 일이 따로 있다고 생각하나요? 여자군인이나 남자간호사를 보면 어떤 생각이 드나요? 왜 그 일을 하게 되었을지, 어떤 점이 좋을지 등, 궁금한 점들을 부모님과 함께 이야기 나누어보세요.

나의 생각

- 여자도 남자처럼 강한 모습을 보여줄 수 있다.
- 남자보다 더 열심히 할 수 있다.
- 재빠르게 움직일 수 있다.

나의 생각

- 더 친절하게 대해준다.
- 힘든 일도 더 잘한다.
- 환자들을 잘 돌본다.

♣ 여자군인이나 남자 간호사를 예를 들어 이야기 나누며 직업에 대한 편견과 고정관념 없이 자기가 좋아하는 일을 할 수 있도록 도와주세요.

- 부모님과 이야기 나누며 알게 된 것이나 느낀 점은 무엇인가요?

알게 된 것이나 느낀 점

직업은 남자여자가 할 일이 정해진 것이 아니라, 하고 싶은 일을 열심히 하면 된다.

진로교육 제11회

TV 속에 다양한 직업이 있어요

○○유치원

부모교육자료

유아들이 매일 직접 만나고 경험하는 주변 사람들은 제한적입니다. 대체로 일정한 범위 안에서 만나는 사람들을 또 만나면서 생활하지요. 그러나 유아들이 거의 매일 보는 TV에서, 현실에서는 만나보지 못하지만 흥미가 가는 다양한 직업인들을 보게 됩니다. 예를 들어 노래하고 춤추는 가수, 연기를 하는 연기자, 사람들을 웃기는 개그맨, 뉴스를 전하는 기자, 일기예보를 해 주는 기상캐스터, 만화 더빙을 해 주는 성우, 프로야구, 축구경기에 나오는 선수와 해설가 등이 있습니다. 이러한 직업들은 유아들이 직접 보고 경험하거나 만나보지는 못했지만 매일 TV를 통해 보기 때문에 매우 익숙하고 유아들의 꿈에도 영향을 미칩니다. 실제 유아들이 커서 하고 싶은 일 중에 가수나 개그맨, 축구선수 등이 높은 순위를 차지하고 있습니다. 그러나 유아들은 브라운관에 보이는 모습만 보고 막연히 좋아보여서 동경하거나 하고 싶어 하는 경우가 많습니다. TV로만 접하는 직업 중에 유아가 흥미나 관심을 갖는 직업에 대해 함께 이야기를 나누어 보세요. 예를 들어 유아가 아이돌 가수가 되고 싶다고 한다면 "아이돌 가수는 춤과 노래로 사람들을 행복하게 해 주는 사람이야. 자신이 좋아하는 일을 하니까 행복할 거야. 아이돌 가수가 되려면 춤과 노래를 좋아하고 아주 열심히 노래 연습을 해야 해. 매일매일 노래 연습을 할 수 있겠니?" 등과 같이 직업의 역할, 가치, 능력 등에 대해 이야기해 주세요. TV를 함께 보면서 유아가 관심 갖는 직업에 대해 부모와 나누는 대화는 유아가 다양한 직업에 대한 이해를 하는 데 도움이 됩니다.

실천해보기

TV 속 궁금한 직업을 부모님과 함께 알아보아요.

TV에서 볼 수 있는 다양한 직업을 적어보세요.

TV에서 볼 수 있는 직업

- 요리사
- 의사
- 간호사
- 초콜릿 만드는 일
- 종이 만드는 일
- 커피 만드는 일 <바리스타>

다양한 직업 중 가장 궁금한 직업에 대해 이야기 나누어 보세요.

궁금한 직업: 바리스타

* 어떤 일을 하나요?

커피 만드는 일

* 어떤 노력이 필요할까요?

맛있게 하는 노력

* 다른 사람에게 어떤 도움을 줄까요?

맛있게 먹게 함

* 어떤 보람을 느낄까요?

야호, 행복함

진로교육
제12회

저도 혼자 결정할 수 있어요

○○유치원

부모교육자료

우리는 하루에도 수없이 많은 선택을 하며 살아갑니다. 최근 '결정장애' 라는 말을 많이 듣습니다. 스스로 무엇을 결정해야 할지 몰라 힘들어하는 경우인데요. 이런 사람들을 위해 짬짜면이 나왔다는 우스갯소리도 있습니다. 현명한 선택을 할 수 있는 능력은 직업 세계뿐 아니라 한 개인의 인생에서 가장 중요한 능력 중 하나입니다. 이러한 능력은 어려서부터 가정에서 길러져야 합니다. 그러기 위해서는 어떤 옷을 입을지, 어떤 신발을 신을지, 어떤 장난감을 고를지, 무슨 놀이를 할지, 식당에서 무엇을 먹을지 등을 정할 때 아이에게 어떤 선택들이 가능한지 알려주고 그 안에서 스스로 골라볼 수 있는 경험이 필요합니다. 그러나 많은 부모님들은 이럴 경우 아주 많은 시간이 걸리고 부모가 원하는 것과 다를 것을 염려해서 아예 선택권을 박탈하는 경우가 많습니다. 슈퍼에서 먹고 싶을 걸 고르라고 해 놓고 아이가 아이스크림을 고르면 추워서 안 된다고 하는 부모님, 유치원을 갈 때 입을 옷과 신발을 정해 주시는 부모님, 식당에서 마음대로 아이 메뉴를 정하시는 부모님, 나아가 아이가 하는 놀이와 하루일과까지도 다 정해 주는 부모님도 많습니다. 이렇게 자란 아이에게 자기 스스로 하루일과를 꾸려나가고 수없이 많은 선택의 기로에서 적절한 선택을 하길 기대하기는 어렵습니다. 이번 주말에는 아이가 일상생활 속에서 다양한 선택을 할 수 있고 자신의 선택이 존중받는 경험을 할 수 있게 해 주세요. 물론 자신의 선택에 대한 책임이 있음도 함께 이야기 나눠 주세요.

실천해보기

저도 혼자 결정할 수 있어요

오늘 어떤 일을 선택해 보았나요?

어떤 옷을 입을까?

치마

어떤 음식을 먹을까?

낙지

부모님과 무엇을 할까?

미술관

♣ 아이의 이야기에 귀 기울이며 자녀가 스스로 적절한 선택을 하도록 도와주세요.

스스로 결정하고 실천한 경험을 부모님과 이야기 나누어 보세요.

좋았던 점	어려웠던 점
∨내가 좋아하는것을 고를 수 있어서 기뻤어요	∨치마 입을때 바지는 무엇을 입어야 할지 고르기가 어려웠어요. ∨내가 고른 음식이 안 매울줄 알았는데 생각과 다르게 매워서 먹을 수가 없었어요

저도 하루일과를 계획할 수 있어요

○○유치원
부모교육자료

우리가 무슨 일을 함에 있어 중요한 것이 계획입니다. 계획 없이 일을 하다보면 빼먹기도 하고 정말 중요한 것을 놓치기도 합니다. 어머니들이 마트에 장보러 가실 때 계획 없이 가면 꼭 필요한 것은 잊고 1+1 행사에 혹하여 당장 필요 없는 물건들을 많이 사는 경우가 많습니다. 반면 '다이어트를 해야지' 하고 생각만 하기보다는 구체적인 계획을 세우면 실천 가능성과 효율성이 훨씬 높아집니다. 이렇듯 계획과 그에 따른 실천은 우리 일상생활 전반에 영향을 주며 직장에서는 업무성과에 큰 차이를 나타냅니다. '하루하루 하는 일들이 진로의 핵심'이라는 말처럼 진로를 개발하기 위해서는 계획을 세우고 실천하는 노력이 필요합니다. 그러나 이러한 태도는 하루아침에 형성되는 것이 아니므로 유아기 때부터 기르는 것이 중요합니다.

실천해보기

자신의 하루일과를 스스로 계획하고 실천해 보세요

이번 주말에는 가족과 함께 무엇을 할까요? 내가 계획한 것을 말씀드리고 부모님과 함께 실천해 보세요.

무엇을 할까?	키즈 카페 가서 놀아요
언제 할까?	토요일, 오후에
누구와 할까?	아빠랑 엄마랑
무엇이 필요할까?	키즈 카페비

♣ 스스로 세운 계획을 실천하기 위해 노력하며 만족감을 느낄 수 있도록 도와주세요.

내가 계획한대로 놀이해 보니 즐거웠나요? 얼마만큼 즐거웠는지 아래의 그림 중 나의 마음과 가장 비슷한 그림에 ○표시를 해 보세요.

오늘 하루를 돌아보며 즐거운 경험을 그림으로 그리거나 글로 적어보세요.

진로교육 제14회

저는 꿈과 끼가 있어요

○○유치원

부모교육자료

어른들이 어린 아이들을 만나면 흔히 하는 질문 중 하나가 "너 커서 뭐 되고 싶어?"입니다. 부모님이 자녀와 함께 가게를 가거나 친척을 만날 때 흔히 경험하는 일입니다. 이때 주저없이 자신의 꿈을 이야기하는 유아는 별로 없습니다. 대부분 "몰라요" 라고 답하거나 부모님이 "○○이라고 말해" 라는 식의 코치를 받아 대답합니다. 우리는 아이들의 꿈에 많은 관심을 가지고 있지만 유아들이 자신의 꿈을 생각해 볼 기회를 많이 제공하지는 않는 것 같습니다. 아이와 꿈에 대해 이야기하는 시간을 자주 가져주세요. 이때 아이의 생각을 돕는 대화순서가 있습니다. 먼저, 아이와 함께 무엇을 잘하는지, 무엇을 좋아하는지에 대해 이야기 나누세요. 그 다음 아이의 꿈에 대해 이야기 나누세요. 커서 어떤 사람이 되고 싶은지, 무슨 일을 하고 싶은지 등을 들어 보세요. 마지막으로 그 꿈을 이루기 위해 지금 무엇을 하면 좋을지에 대해 이야기해 보세요. 이때 많은 부모님들은 어떤 꿈이든 공부를 열심히 해야 한다는 결론을 내리기 쉽습니다. 유아기는 학습적인 측면보다는 유아수준에서 실천 가능한 방법을 함께 이야기하는 것이 좋습니다. 수의사가 되고 싶다면 강아지와 많이 놀아주고 사랑해 주기, 선생님이 되고 싶다면 동생에게 동화책 읽어주기, 축구선수가 되고 싶다면 친구들과 축구 많이 하기 등등.... 유아들이 즐겁게 실천하고 그 일에 대해 긍정적으로 생각할 수 있는 방법을 함께 생각해 주세요. 이 시기의 유아들은 매우 자주 꿈이 바뀌기도 하고 그것이 자연스러운 일입니다. 그렇지만 부모님과의 이런 대화는 자녀의 꿈과 끼가 싹트게 하는 자양분이 될 것입니다.

실천해보기

나의 꿈에 대해 생각해보세요.

부모님과 함께 자신이 좋아하는 것과 잘 하는 것에 대해 이야기 나누어보세요.

내가 좋아하는 것

1. 동생들과 선생님
2. 가족과 친척들
3. 동명유치원 과돌마초등학교

내가 잘 하는 것

1. 훌라후프
2. 줄넘기
3. 만들기
4. 그림
5. 요리하기
6. 빨래개기

나의 꿈

- 초등학교 선생님
- 제빵사
- 수의사

나의 꿈을 이루기 위해 지금 노력해야 할 점은 무엇인지 적어보세요.

1. 엄마와 같이 빵만들기를 연습해본다. (제빵사)
2. 공부를 잘하개되면 시험을해야한다. (수의사)
3. 아이들을 좋아.해야한다. (초등학교선생님)

(직업)

나는 직업을 갖고싶지 않아

참고문헌

강재태 · 배종훈 · 강대구(2003). **진로지도의 이론과 실제**. 서울: 교육과학사.

교육과학기술부(2012a). **유치원 교육과정 운영 지원을 위한 유아근로정신 함양교육 프로그램**. 서울: 교육과학기술부.

교육과학기술부(2012b). **학교진로교육의 목표와 성취지표**. 서울: 교육과학기술부.

교육과학기술부(2013). **3-5세 연령별 누리과정 해설서**. 서울: 교육과학기술부.

교육과학기술부 · 보건복지부(2012a). **5세 누리과정 교사용 지침서**. 서울: 교육과학기술부, 보건복지부.

교육과학기술부 · 보건복지부(2012b). **5세 누리과정 해설서**. 서울: 교육과학기술부, 보건복지부.

교육부(1998). **유치원 교육과정 해설서**. 서울: 대학교과서.

교육부(2015). **2015 학교진로교육의 목표와 성취지표**. 세종시: 교육부.

교육부 · 보건복지부(2015). **3-5세 연령별 누리과정 해설서**. 세종시: 교육부, 보건복지부.

교육인적자원부(2005). **생애단계별 진로교육의 목표 및 내용 수립**. 서울: 한국직업능력개발원.

교육인적자원부(2007). **개정 유치원 교육과정 유치원 지도서 1. 총론**. 서울: 교육인적자원부.

국립국어원(2016). **표준국어대사전**. http://stdweb2.korean.go.kr/main.jsp

김병숙 · 김봉환 · 김완석 · 이종목(1999). **직업심리학**. 서울: 박문각.

김봉환 · 김병석 · 정철영(2000). **학교진로상담**. 서울: 학지사.

김성실(2003). 진로인식 프로그램이 초등학교 1학년의 진로인식 성숙에 미치는 영향. 신라대학교 교육대학원 석사학위논문.

김세희 · 현은자(1995). **어린이의 세계와 그림 이야기책**. 서울: 양서원.

김연숙(2006). 지역사회 현장체험학습에 대한 유치원 교사의 인식 및 실태. 한국교원대학교 교육대학원 석사학위논문.

김영옥 · 홍혜경(1998). 유아의 소비생활 인식과 경제교육을 위한 IMF 관리체제에서의 아동 청소년 생활변화와 적응. 제2주제 발표, **아동학회 학술발표논문집, 1998**(1), 39-63.

김영옥(2008). 유아교육과정 통합의 근거와 형태 탐색: Forgarty모형을 중심으로. **유아교육연구, 28**(5), 77-92.

김은희(2001). **한국유아교육의 과제.** 서울: 한국유아교육학회.

김주현(2014). 직업 관련 그림책을 활용한 가정 연계 진로교육이 유아와 어머니의 진로인식에 미치는 영향. 중앙대학교 교육대학원 석사학위논문.

김충기(1986). **진로교육과 진로지도.** 서울: 배영사.

_____(2000). **진로교육과 진로상담.** 서울: 동문사.

_____(2001). **진로교육과 진로상담.** 서울: 동문사.

_____(2005). **진로교육과 진로지도: 이론 · 과정 · 방법 · 실제.** 경기: 한국학술정보.

김충기 · 황인호 · 장성화 · 김순자 · 모종수(2016). **진로상담과 진로교육**(개정판). 서울: 동문사.

김충기 · 황인호 · 장성화 · 김순자 · 윤향숙(2011). **진로상담과 진로교육.** 서울: 동문사.

김현희 · 박상희(2008). 유아문학교육. 서울: 학지사.

김희정 · 이경민(2016). 수학동화를 활용한 저널쓰기 활동이 유아의 수학능력과 언어표현력에 미치는 영향. **교과교육학연구, 20**(6), 480-289.

박미령(2005). 긍정적 자아개념과 관련된 유아용 그림동화책 내용분석. 중앙대학교 대학원 석사학위논문.

박봉환(2006). 유아교육기관현장학습의 실태조사. 상주대학교 대학원 석사학위논문.

박찬옥 · 정남미 · 곽현주(2008). **놀이지도.** 서울: 정민사.

서영숙(1997). 주제탐구 표현활동 중심 유아교육 프로그램의 운영체계 교육프로그램개발. **한국유아보육발표논문집.**

서울대학교 교육연구소(2004). **교육학 대백과사전.** 서울: 하우동설.

서정숙 · 남규(2010). **유아문학교육.** 서울: 창지사.

안이환(2013). **교육자를 위한 초등학교와 진로교육.** 경기: 서현사.

양계숙(2004). 유아의 진로인식 발달을 위한 직업프로젝트 수업의 효과. 경상대학교대학원 석사학위논문.

양옥승(2003). 자유선택활동에서 유아의 선택의 의미. **유아교육연구, 23**(3), 131-152.

유혜령(2001). 전통 아동 놀이 연구의 대안적 접근: 의미론적 해석. **교육인류학연구, 4**(3), 153-177.

유흥준(2000). 경제위기가 직업 세계 및 일상생활의 사회적 관계에 미치는 영향. **비교사회, 3,** 2000.10, 164-205.

이경우 · 장영희 · 이차숙 · 노영희 · 현은자(1997). **유아에게 적절한 그림책**. 서울: 양서원

이기숙(1993). **유아교육과정**. 서울: 교문사

이미숙(2009). 범교과 학습의 문제점 및 개선방안에 대한 교사 · 교육전문가의 인식 분석. 범교과 학습의 체계방안을 위한 세미나. **한국교육과정평가원, 연구보고ORM 2009-19,** 3-41.

이미옥(2010). 그림책에 나타난 직업 세계 연구. 성균관대학교 교육대학원 석사학위논문.

이세나 · 최미화 · 서강석(2009). 초등학교 교사와 학부모의 직업관 및 진로교육에 대한 인식. **아동학회지, 30**(6), 473-488.

이숙재(2004). **유아를 위한 놀이 이론과 실제**. 서울: 창지사.

이순희 · 윤복희 · 박혜경 · 최일선(1996). 유아언어교육의 이론과 실제. 서울: 양서원.

이영대 · 임언 · 이지연 · 최동선 · 김나라(2005). **생애단계별 진로교육목표와 내용체계 수립에 관한 연구**. 서울: 교육인적자원부.

이영자 · 유희정(1995). **3, 4세 유아를 위한 이야기 나누기: 3, 4세 유아프로그램의 이론과 실제**. 서울: 한국어린이육영회.

이원영(1985). **부모교육론**. 서울: 교문사.

이원영 · 박찬옥 · 노영희(1993). **유아의 사회성 발달 프로그램 개발 연구**. 서울: 한국 어린이 육영회.

이원영 · 이태영 · 강정원(2008). **영유아교사를 위한 부모교육**. 서울: 학지사.

이은영(2010). 역할놀이를 활용한 유아수학교육 프로그램 구성 및 적용효과. 중앙대학교 대학원 박사학위논문.

이은화 · 김영옥(2008). **유아사회교육**(개정판). 경기: 양서원.

이종범 · 정철영(2005). 제 7차 실과교육과정에서의 진로교육 실태 및 개선방안. **농업교육과 인적자원개발, 37**(3), 99-116.

이태영 · 이경희(1992). **유아 사회교육의 이론과 실제**. 서울: 양서원.

이한규(2004). 지역사회 이해를 위한 현장학습 방안. 한국교원대학교 교육대학원 석사학위논문.

이희영(2003). **진로성숙과 상담**. 서울: 학지사.

임미옥 · 정연옥(2010). 교과통합 진로교육 프로그램이 초등학생의 진로성숙도와 자아존중감

에 미치는 영향. **한국실과교육학회지, 23**(2), 279-298.

임병희(1996). 자아개념과 진로의식 성숙에 미치는 영향. 건국대학교 대학원 석사학위논문.

임연정(2011). 지역사회 현장체험학습을 통한 역할놀이가 유아의 진로의식에 미치는 영향. 이화여자대학교 교육대학원 석사학위논문.

장석민(1986). **진로교육의 이론과 실제**. 서울: 한국교육개발원.

장옥수 · 조붕환(2011). 가정과 연계한 진로교육프로그램이 초등학생의 진로인식에 미치는 영향. **초등상담연구, 10**(2), 223-236.

장혜순(1998). **아동문학론**. 서울: 창지사.

전라북도교육정보과학원 교육과정 연구위원회(2001). **진로와 직업 교수-학습지도자료**. 전북: 전라북도교육정보과학원 교육과정연구위원회.

전예화 · 제미경(2011). 어머니의 유아기 자녀 진로교육과 관련변수에 대한 연구. **한국영유아보육학, 68**, 23-44.

전예화 · 제미경 · 전영자(2009). 유아의 진로교육에 대한 어머니의 인식. **한국생활과학회 학술대회, 2009, 5**, 189-190.

정문성(2007). 취학 전 아동의 진로인식 발달에 관한 연구. 진주산업대학교 벤처창업대학원 석사학위논문.

정미라 · 허혜경 · 박은혜 · 권정윤(2007). **생애초기 기본학습 능력 보장방안 연구**. 한국교육개발원 수탁연구 CR 2007-2, 서울: 한국교육개발원.

정은혜(2012). '직업'프로젝트가 유아의 진로인식에 미치는 영향. 경인교육대학교 교육대학원 석사학위논문.

정철영(1997). 진로지도의 의의와 실태. **교육개발, 100**, 28-31.

정철영(2004). **학교진로상담**. 서울: 학지사.

정철영(2011). 초등학교 진로교육의 새로운 패러다임. **실과교육연구, 11**(2), 1-30.

정혜영 · 서현아 · 박순 · 변윤희(2008). 유아경제교육에 대한 부모의 인식 및 실시 현황. **열린유아교육연구, 13**(2), 165-184.

조진표(2012). **진로교육, 아이의 미래를 멘토링하다**. 경기: 주니어김영사.

조희경 · 장석민 · 이용순(2013). **초 · 중등단계 학부모 진로교육 현황 및 개선 방안 연구**. 서울: 한국직업능력개발원.

중앙대학교 부속 유치원 편(1995). **활동중심 통합교육과정**. 서울: 양서원.

중앙대학교사범대학부속유치원 편(2014). **관계에 기초한 중앙대학교사범대학부속유치원 교육과정**. 경기: 공동체.

지옥정(2015). **누리과정에서 범교육과정의 통합적 운영**. 2015년 유치원컨설팅장학요원 직무연수 기초1, 충북: 교육부, 한국교원대학교 유아교육원.

진혜영 · 정혜영(2006). 진로인식 향상을 위한 가정연계 초등 진로교육 프로그램 개발. **교과교육학연구**, 10(2), 497–513.

최동선(2005). **생애단계별 진로교육 지침개발 및 관련 법령 개정방안 연구: 초중등학교를 중심으로**. 서울: 한국직업능력개발원.

최동선(2006). **생애단계별 진로교육의 목표와 내용**. 서울: 한국직업능력개발원.

한국고용정보원(2008). **초등학생 진로인식검사 개발연구**. 서울: 한국고용정보원.

____________(2009). **2010 한국직업사전**. 서울: 한국고용정보원.

한국직업능력개발원(2012). **한국의 직업지표 연구**. 서울: 한국직업능력개발원.

한국진로교육학회(2011). **선진 패러다임을 위한 진로교육의 이론과 실제**. 경기: 교육과학사.

Bailey, L. J., & Stadt, R.(1973). *Career education : New approaches to human development*. Bloomington : Mcnight Publishing Co.

Bodrova, E.(2008). Make-believe play versus academic skills: A Vygotskian approach to today's dilemma of early childhood education. *European Early Childhood Education Research Journal, 16*(3), 357–369.

Casey, M., & Lippman, M. (1991). Learning to plan through play. *Young Children, 3*, 52–58.

Chard, S. C. (1997). 프로젝트접근법: 교사를 위한 실행지침서(지옥정 역). 서울: 창지사 (원저 1992 출판).

Dodge, D. T., & Colker, L., & Heroman, C. (2002). *The creative curriculum for early childhood*(4th ed.). Washington, DC: Teaching Strategies, Inc.

Evans, R. N.(1973). *Career education in the middle/junior highschool*. Olumpus Pub Co.

Forgarty, R.(1991). *The mindful school: How to integrate the curriculum*. Palatine, IL: IRI/Skylight Publishing, Inc.

Frances, L. S.(1986). Is role playing an effective EFL teaching technique? *WATESOL Working Papers, 3*(Spring). 10–18.

Ginzberg, E.(1951), *Occupational choice: An approach to a general theory*. New York: Columbia University Press.

Ginzberg, E., Ginzberg, S. W., Axelred, S., & Herma, J. L. (1951). *Occupational choice. An approach to a general theory*. New York: Columbia University Press.

Glazer(1986). *Literature for young children*(2nd ed.). Charles E. Merrill Publishing Company.

Heckman, J. J., & Masterov, D. V.(2004). *The productivity argument for investing in young children*. Working paper 5. Invest in Kids Working Group, Committee for Economic Development. University of Chicago.

Hendrick, J. (2000). *The Whole Child. Columbus*. Ohio: Charles Merrill.

Herr, E. L. & Crammer, S. H. (1996). *Career guidance through the life span*(5th ed.).New York: Macmillan Publishing Co.

Howes, C., & Smith, E.(1995). Relations among childcare quality, teacher behavior, children's play activities, emotional security, and cognitive activity in childcare. *Early Childhood Research Quarterly*,10, 381–404.

Hoyt, K, B.(1974). *An introduction to career education : A policy paper of the U. S. Office of Education*. U. S Dept. of Health, Education, and Welfare.

Mehaffey, J. I., & Sandberg, S. K.(1992). Conducting social skills training groups with elementary school children. *The School Counselor, 40*, 61–67.

NAEYC(1991). Guidelines for appropriate curriculum content and assessment in programs serving children ages 3 through 8: A position statement. *Young Children, 46*(3), 21–38.

Nodelman, P.(1988). *The relationships of picture and words, words about pictures*. Athens, Georgia: University of Georgia Press.

Osipow, S. H.(1983). *Theories of career development*(2nd ed.), Englewood Cliffs. NJ: Prentice-Hall.

Paker, J., & Asher, S. R. (1987). Peer relations and later personal adjustment: Are low accepted children at risk? *Psychological Bulletin. 102*, 357–389.

Rhoda, R.(1984). Open the Door, Let's Explore: *Neighborhood Field Trips Day Care & Early Childhood Education*. 12, 9–14.

Shaftel, F. R., & Shaftel, G.(1982). *Role playing in the curriculum*. Englewood Cliffs, NJ: Prentice–Hall.

Super. D. E.(1957). *The psychology of careers*. NY: Harper & Row.

Super. D. E., Savickas, M. L., & Super, C. M.(1996), *The life-span, life-space approach to careers*. In Brown, D., Brooks, L., & Associates(Eds.). Career choice and development, pp. 121–178.

Swan, M. D. (1995). *Tips and tricks in outdoor education*. Danville, IL: Interstate Publishers, Inc.

Taylor, R. E.(1972). *Career education : Implication for increased educational relevancy*. Paper Presented at the Central New York School Study Council Career Education Conference October.

Tolbert, E. L.(1980). *Counseling for career development*(2nd ed.), MA: Houghton Mifflin.

Trawick–Smith, J.(2003). 놀이지도:아이들을 사로잡는 상호작용 [*Facilitating play in the earlyyears*](송혜린 · 신혜영 · 신혜원 · 성지현 · 이종희 · 임세희 · 임용순 · 임지연 · 조혜진 · 황보영 역). 서울: 다음세대(원본발간일 1993년).

Tuckman, B. W.(1974). An age–graded model for career development Education. *Journal of Vocational Behavior. 4*(1), 193–212.

York, S.(1991). *Root and wings: Affirming culture in early childhood programs*. MN: Redleaf Press.

Zunker, V. G.(1981), *Career counseling: Applied concepts of life planning*. California: Brooks/Cole Publishing Company.

찾아보기

저/자/소/개

■ 이경민

중앙대학교 사범대학 유아교육학과 졸업(문학사)
중앙대학교 일반대학원 유아교육학과(문학석사)
중앙대학교 일반대학원 유아교육학과(문학박사)
전) 시연유치원 교사
　　미국 일리노이대학교(UIUC) 방문교수
현) 경인교육대학교 유아교육과 교수

수상
교육부장관 표창(2011)
경기도지사 표창(2013)

논문
- 초등학교 입장에서 본 만 5세아 초등학교 입학 : 교육주체를 중심으로(2010)
- 유치원에서의 "좋은 수업"에 대한 예비유아교사들의 인식(2010)
- 런치버디 프로그램이 유아의 식습관 및 또래유능성에 미치는 효과(2011)
- 유치원 교원 핵심역량 구성 방향 탐색(2011)
- 원내 자율장학에 대한 유치원 경력교사의 인식(2012)
- 유,초 연계 북버디 프로그램이 유아의 친사회적 행동과 이야기 이해력에 미치는 영향(2013)
- 유아과학교육의 방향과 과제(2013)
- 병설유치원 교사의 일일교육계획안 작성에 대한 인식(2013)
- 전통놀이를 통한 유, 초 연계 짝 게임 활동이 유아와 초등학교 아동의 사회성에 미치는 영향(2013)
- 유치원에서의 따돌림 실태와 교사의 인식(2014)
- 유 · 초 연계 북버디 프로그램이 유아의 또래유능성과 읽기태도에 미치는 영향(2015)
- 유 · 초 연계 북버디 프로그램이 초등학교 2학년 아동의 친사회성과 읽기태도에 미치는 영향(2015)
- 협동적 수학활동을 통한 바깥놀이가 유아의 수학개념과 친사회적 행동에 미치는 영향(2016)
- 수학동화를 활용한 저널쓰기 활동이 유아의 수학능력과 언어표현력에 미치는 영향(2016)
- 듣기능력증진활동이 유아의 듣기능력과 구문의미 이해력에 미치는 영향(2016)

저서
- 유아통일교육 활동 100선(2004). 서울: 다음세대(공저)
- 유아과학교육(2004). 서울: 정민사
- 유치원 통합교육 활동자료 지침서(2006). 경기: 국립특수교육원(공저)
- 통합교육과정의 효과적 운영(2009). 서울: 학지사(공저)
- 영유아를 위한 주제별 과학활동 시리즈(2011) 경기: 정민사(공저)
- 유아교육개론(2012). 서울: 학지사(공저)
- 유치원교직실무(2012). 경기: 교육과학사(공저)
- 유아교사를 위한 교직실무(2013). 서울: 학지사(공저)
- 영유아수학교육(2015). 서울: 학지사(공저)

동명유치원

- 1975. 동북교육청(동관47호) 유치원 설립 인가
- 1987. 서울특별시 교육청 지원 시범유치원 운영
- 1983. 교육감 표창 '교육시책구현'
- 1988. 문교부장관 표창(원장 안창희) '교육발전 공헌'
- 1992. 국무총리 표창 '국가사회발전 기여'
- 1996. 서울유아사회교육 연구회 운영
- 1997. 서울교육상(원장 안창희) '유아교육부문'
- 2003. 분당 이매동 이전 개원
- 2004. 경기도 교육감 표창 '으뜸 경기유아교육 구현'
- 2006. 박경애 원장 취임
- 2007. ~ 2009. 성남교육청 표창 '우수 교육과정 편성 · 운영계획'
- 2009. 경기도교육감 표창(원장 박경애) '창의적 교육과정 운영'
- 2012. 경기도교육감 표창 '유치원 교육과정 운영'
- 2013. ~ 2014. 성남교육지원청 표창 '우수교육과정 편성'
- 2014. ~ 현재. 경기도 혁신유치원 선정 및 운영
- 2015. 성남교육지원청 표창 '학생중심교육실천'

연구진

안창희(동명유치원 이사장)
박경애(동명유치원 원장)
고은주(동명유치원 원감)
김송희(동명유치원 만4세반 부장교사)
김지현(동명유치원 만5세반 부장교사)
한별이(동명유치원 만3세반 부장교사)

참여진

김재신, 김유진, 유진경, 최신실, 이세령(동명유치원 만5세반 담임교사)
정혜수, 한경진, 문정민, 이다혜, 진소라(동명유치원 만4세반 담임교사)
김규나, 김민숙, 최윤지(동명유치원 만3세반 담임교사)

삽화

진소라 동명유치원(만4세반 담임교사)
김경희 동명유치원(만4세반 방과후과정 교사)

건전한 진로인식과 자아형성을 위한

유 아 진 로 교 육

1판 1쇄 인쇄 — 2017년 2월 20일
1판 1쇄 발행 — 2017년 2월 25일

저 자 - 이경민 · 동명유치원
발 행 인 - 강 철 원
발 행 처 - 양 성 원
주 소 - 경기도 파주시 월롱산로 71
전 화 - 031-946-3861(代)
팩 스 - 031-946-3864
이 메 일 - tnwpub@naver.com
홈페이지 - tnwpub.co.kr
출판등록 - 2015년 8월 31일 제 2015-000211 호

ISBN 979-11-6126-029-7

정가 20,000원